가성비 갑! 교사와 학생 모두 행복한 체육시간

# 송쌤의 놀이를 적용한 체육수업

**가성비 갑! 교사와 학생 모두 행복한 체육시간**

# 쏭쌤의 놀이를 적용한 체육수업

**제1판 제1쇄** 발행 2019년 01월 03일
**제1판 제4쇄** 발행 2020년 08월 16일

**지은이** 송성근　**발행인** 조헌성　**발행처** (주)미래와경영
ISBN 978-89-6287-189-0 03370 **값** 20,000원
**출판등록** 2000년 03월 24일　제25100-2006-000040호
**주소** (08590) 서울특별시 금천구 가산디지털1로 84, 에이스하이엔드타워8차 1106호
**전화번호** 02) 837-1107　　**팩스번호** 02) 837-1108
**홈페이지** www.fmbook.com　**이메일** fmbook@naver.com

■ 좋은 책은 독자와 함께합니다.
　책으로 펴내고 싶은 소중한 경험이나 지식, 아이디어를 이메일 fmbook@naver.com로 보내주세요.
　(주)미래와경영은 언제나 여러분께 열려 있습니다.

가성비 갑! 교사와 학생 모두 행복한 체육시간

# 쏭쌤의 놀이를 적용한 체육수업

송성근 지음

#수업준비_최소화 #수업효과_극대화 #체육_소통거리 #미세먼지?!_놀이체육알지?! #교과서밖_학교안 놀이체육 ▾ 　Q

체육은 다른 교과보다 고민할 거리가 많은 교과입니다.

'뭘 하지?, 뭘 준비해야지?, 운동장에 나갈 수 있나?, 체육관은 사용이 가능한가?, 재미는 있을까?' 등 교육과정의 내용뿐만 아니라 체육시간에 사용할 용품과 기상 상황, 장소, 학생들의 안전, 흥미와 참여도까지 선생님이 직접 해결해야 할 것들입니다. 이러한 고민을 해결하며, 즐겁고 좋은 체육수업을 하고자 하는 선생님으로서 욕심은 당연하지만 현실은 만만치 않습니다. 그래서 현실적인 고민을 해결하고자 체육 교육과정 재구성을 통한 '가성비 갑! 놀이를 적용한 체육수업'의 열쇠로 시원하게 풀어보았습니다.

- 가성비?　　　　가격 대비 성능비
- 수업 가성비?　　수업준비 대비 수업의 효용성

교육적인 용어보다는 실생활과 관련한 경제학적 용어를 학교 수업에 적용시키는 것이 과연 옳은지 의문이 들 수 있습니다. 하지만 그 이면에는 답답하고 어렵기만 한 체육수업을 친현장, 친선생님적 관점으로 해결해 보기 위해 다음과 같이 생각해 보았습니다.

| NO | 체육수업의 어려움 | 관련 | 가성비 | 적용점 |
|----|----------------|------|--------|--------|
| 1 | 학생 안전사고 걱정 | 체육 인식 | 쉽고 편한 체육 | 용품이 최소화된 간단하고 쉬운 즐거운 놀이체육 |
| 2 | 체육에 자신이 없고 체육 자체에 대한 기피 | | | |
| 3 | 체육활동 재구성의 어려움 | 수업 준비 | 용품의 사용 줄이기, 재미있는 체육수업 | |
| 4 | 재미있는 체육수업에 대한 어려움 | | | |
| 5 | 체육 용품 준비 및 정리의 어려움 | | | |
| 6 | 신체 활동 시범의 어려움 | 수업 진행 | 복잡하고 전문적인 스포츠의 적용보다 즐거운 신체활동 중심 | |
| 7 | 체육교과 내용 설명 및 진행의 어려움 | | | |
| 8 | 교실보다 운동장에서의 학생 통제 어려움 | | | |
| 9 | 황사, 우천, 혹서기, 혹한기 등 기상 환경의 곤란함 | 체육 환경 | 실내 체육, 교실 체육 | 실내 놀이 체육 |
| 10 | 체육시설(체육관, 강당 등)이 조성되어 있지 않은 어려움 | | | |

이러한 고민들을 통해 도출한 가성비를 고려한 놀이 체육수업의 조건은 다음과 같습니다.

첫째, 선생님의 준비와 진행을 최소화하고 학생들의 신체 움직임(ALT-PE) 및 흥미, 재미는 극대화해야 합니다.

체육용품 준비, 교육과정 재구성 등의 어렵고 복잡한 부분이 간소해야 하며, 이를 위해서는 최소한의 체육용품으로 공, 팀 조끼, 점수판, 학생, 책상, 의자 등을 활용할 수 있는 활동이 필요합니다.

둘째, 환경 및 시설의 영향으로부터 보다 자유로워야 합니다.

체육관이 없는 경우 및 미세먼지, 혹서기, 혹한기, 우천(장마, 강설) 등의 기상 상황에서도 체육수업을 진행할 수 있기 위해서 실내 활동 자료가 필요합니다.

셋째, 특정 종목(축구, 피구 등)에 대한 의존도와 기능 습득의 부담을 벗어나서 체육활동 자체를 즐겨야 합니다.

놀이처럼 학생들에게 친근하고 부담이 없으며 즐거움의 대상으로 인식되는 활동이 필요합니다.

그래서 다음과 같은 사항을 이 책의 주요 내용으로 담았습니다.

① 1년간 체육시간에 어떻게 지도하고 운영할지 학기 초 체육시간 태도, 수업 운영 및 질서 확립 자료

② 본 활동 전에 실시할 즐겁고 충분한 준비운동(관절풀기, 가위바위보 놀이, 유산소 운동 등)

③ 학급운영 및 틈새시간에 활용할 수 있는 놀이 수업자료

④ 체육교육과정(건강, 도전, 경쟁)과 연계한 재구성된 놀이체육 자료

⑤ 학생들의 흥미와 관심을 끌며 누구나 쉽게 할 수 있는 재미있는 활동거리

⑥ 기상 현상 및 학교 시설 상황에 구애받지 않고 할 수 있는 다양한 장소의 활동거리

⑦ 어느 학교든 체육 자료실에 있는 최소한의 체육용품을 활용한 활동거리

⑧ 소외되는 학생 없이 모두 함께하는 전략적이고 협동적인 활동거리

⑨ 체육시간에 활용할 수업자료를 변형하고 적용하는 방법(팁)

⑩ 초등놀이체육에 대한 다양한 이야기


이 책에 소개된 놀이는 다음과 같은 특징이 있습니다.

① 「장소+용품」을 중심으로 한 놀이의 구분은 어디서, 무엇을 가지고 하는 활동인지 쉽게 이해할 수 있습니다.

- 장소 : 책에 나온 장소는 놀이 특성에 따라 가장 적합한 장소로 구분했습니다. 놀이를 보고 각 학교 현장의 환경에 따라 다양하게 적용해 보길 바랍니다.

| 장소 구분 | 특징 |
| --- | --- |
| 어디든 | 교실, 실내, 운동장 등 장소에 구애 없이 활동 가능 |
| 교실 | 교실 1칸의 환경요소에 어울리는 놀이 |
| 실내 | 교실 2칸 붙인 간이 체육시설, 강당, 다목적 교실, 체육관 등 |
| 운동장 | 넓은 운동장에 어울리는 놀이 |

• 용품 : 주변에서 쉽게 구할 수 있는 체육용품을 이용해 어느 학교, 학급이나 놀이체육 자료로 활용할 수 있게 하였습니다.

| 자료 구분 | 특징 |
|---|---|
| 학생(맨손) | 체육용품을 대신해서 학생 자체를 수업시간에 활용(인간 숫자, 인간장애물, 인간네트, 인간바둑돌, 인간바톤, 인간 골대 등) |
| 공 | 어디에서든 편하게 활용할 수 있는 피구공(KDBF 피구공 닷지볼, 초등 4호)을 주로 사용, 그 밖에 놀이체육에 따라 다양한 공 활용 |
| 팀조끼 | 편을 나눌 때만 아니라 실내에서 안전하게 팀조끼를 활용 하여 터치하기, 던지기, 넣기, 맞히기 가능 |
| 의자&책상 | 교실 환경에서 의자와 책상을 체육용품으로 활용한다면 공간의 효율적인 활용 가능 |
| 마커 | 어디서든 안전하게 활용이 가능하여 선 만들기, 공간 표시 하기 등 놀이체육에 많이 활용 |
| 점수판 | 아웃제 대신 점수제(간단한 벌칙 후 다시 경기 참여)를 위해 활용 |
| 기타 | 폐교과서를 활용한 책기둥, 장우산, 사물함 등 주변에서 쉽게 구할 수 있는 용품 활용 |

② 놀이체육을 체육교과 영역 중 건강, 도전, 경쟁으로 구분하여 체육교육과정과 의 연계를 꾀하였습니다.

③ 자료의 이해도를 높이기 위해서는 학생들의 실제 활동 영상이 담겨 있는 동영 상 자료를 제시(학생들에게 보여주면 바로 적용할 수 있을 정도)하였습니다.

④ 비슷한 형태의 놀이를 묶어 필요시 선생님이 한 시간 동안 다양한 활동을 할 수 있게 제시하였습니다.

이 책에 소개된 놀이를 체육수업시간에 100% 활용하는 방법은 다음과 같습니다.

① 활동 사진, 놀이 소개, 놀이 방법을 읽어 보고 놀이에 대한 이해도를 높이세요.

② 놀이에 대해 이해하고 적용할 때는 QR 코드의 동영상을 활용해 보세요.

③ 학생들에게 놀이에 대한 충분한 설명을 해주고 나서 학생들의 질문을 3명까지 만 받아보세요.

④ 놀이에 대해 이해하는 친구가 어느 정도 된다고 판단되면 일단, "연습!"이라고 말하고 간단한 연습을 3회 정도 해보세요.

⑤ 놀이에 대한 세세한 규칙 변경 및 적용은 놀이 활용 TIP을 보고 선생님이 상황 에 따라 변경해 보세요.

⑥ 학생들이 놀이를 즐기며 놀이의 목적에 어느 정도 달성이 되었다면, 허용적인 마인드로 학생을 이해하고 수업에 대해 스스로 만족하세요.

마지막으로 이 책이 나오는 데 가장 많은 도움을 준 평생의 반려자인 김주영 선생 님과 아들 송우현 군에게 감사한 마음을 전합니다. 또한, 놀이체육 자료를 보고 사전 매력도 평가와 객관적이고 현장에 충실한 의견을 제시해주신 '쏭쌤의 놀이 체육 서포터즈(밴드)' 회원님들에게 감사드립니다. 그리고 매주 한차시 놀이체육 자료를 게시할 때마다 많은 호응과 격려를 보내주신 '쏭쌤의 놀이를 적용한 주간 체육수업(밴드)'의 회원님들에게 고마운 인사를 전합니다. 그동안 제 놀이체육 자 료를 활용해 주신 많은 선생님 덕분에 지치지 않고 꾸준히 놀이체육에 대해 연구, 적용, 일반화, 평가가 이루어져 지금의 책 출판까지 오게 되었습니다. 다시 한 번 깊이 감사드립니다. 저의 놀이체육 자료를 통해서 현장의 선생님들에게 조금이 나마 체육이 고민거리가 아닌 소통거리가 되길 기원합니다. 앞으로도 초심을 잃 지 않고 꾸준하고 성실하게 활동하겠습니다.

송성근

요즘 학생들은 땀 흘리며 뛰어 노는 시간과 공간이 제한받고 있습니다. 이런 상황에서 마음껏 뛰어 놀며 배워야 할 학교 체육시간 마저 미세먼지의 위험 속에 움츠러들고 있습니다. 신체 움직임의 즐거움을 통한 평생 체육의 일환이 되어야 할 초등 체육시간…. 쏭쌤의 놀이체육이 학교 현장에서 많은 활력소가 되길 기대해 봅니다.

하춘식(경기도 교육청 체육건강교육과 장학사, 경기도 놀이체육교육 연구회 회장)

초등학생들은 체육시간을 매우 좋아합니다. 그러나 선생님들은 미세먼지, 학교 체육 공간 부족 등의 문제로 좋은 체육 수업에 어려움을 겪고 있습니다. 이러한 문제를 해결하기 위해 오랜 시간 현장 경험을 바탕으로 놀이체육에 관한 다양한 방안이 수록된 책이 출간되어 기쁘게 생각합니다. 끊임없는 연구를 통한 자료 제작 및 공유까지, 경험을 바탕으로 체육수업 방법 개선에 앞장서는 송성근 선생님의 첫 출판을 축하드립니다. 현장 선생님들이 이 책에 안내된 수업 방법들을 창의적으로 재구성하여 학생들과 즐거운 체육수업을 만들어갈 것이라고 기대합니다.

김정희(경기도교육청 체육건강과 장학사)

쏭쌤의 놀이체육은 미세먼지와 폭염으로 점점 어려워진 체육수업에 새로운 희망을 주며, 준비물을 최소화한 가성비 높은 놀이체육은 재미와 활용도 면에서 최고의 가치 있는 체육수업의 한 방법이 될 것이라고 확신합니다. 교실과 운동장 체육수업의 고민을 덜고, 놀이체육수업을 한 단계 업그레이드하는 데 이 책이 귀하게 쓰임받길 바랍니다.

김양수(양수쌤이 들려주는 체육수업 비법 Daum카페 운영자)

초등체육 활성화를 위해 열심히 노력하는 송쌤이 책을 낸다는 이야기를 들으니 너무 기쁩니다. 송쌤은 학급 아이들과 한 활동을 영상으로 만들고 밴드에 올리면서 여러 선생님들에게 도움을 주었습니다. 그 주옥같은 활동들이 책으로 정리되어 나온다니 너무나 기대됩니다. 송쌤과 이야기해 보면 체육 교육에서 '가성비'를 중요하게 이야기합니다. 교사가 기울인 약간의 노력으로 학생들이 많은 기쁨을 누리는 '가성비' 높은 체육 수업을 이 책을 통해 얻어 가면 좋겠습니다.   성기백('기백반 체육교실' 유튜브 채널 및 블로그 운영자)

준비는 최소화, 재미는 최대화! 체육수업은 자신 없지만 평범한 축구, 피구가 아닌 색다른 체육활동을 하고 싶으신 선생님께 이 책을 추천합니다. 익숙한 도구로 이용한 색다른 활동으로 선생님과 아이들의 만족도 150% up! 실제로 해 본 제가 보증합니다. ^^

경북 고령초 조익상 선생님

밖에 나가서 애들과 뛰어놀기 좋아하지만 늘 뭘 해야 할지 체육책 펴고 고민하는 교사입니다. 체육연수도 여러 번 들었지만 늘 배울 때뿐이더라고요. 교사에게는 부담 없고 학생들에게는 신나고 재미난 체육수업을 위한 다양한 활동들이 많아서 적용하기 쉬워요.

광주광역시 큰별초 전혜진 선생님

미세먼지에 지친 You, 변덕스런 날씨와 일기예보에 지친 You, 에너지 넘치는 우리 초등학생들과 씨름하는 You, 체육활동에 고민하는 초등선생님들께 강추하는 놀이체육의 보물창고 같은 책

경기 시흥 도일초 이주환 선생님

# CONTENTS

PART 01
쏭쌤의
놀이체육

PART 02
학기 초

PART 03
어디든 놀이

　　　　　※ 쏭쌤의 놀이체육 이야기 3  철봉의 존재 이유
　　　　　※ 쏭쌤의 놀이체육 이야기 4  '체육', 힘들다.

**PART 05**
**실내 놀이**

**PART 06**
## 운동장 놀이

**PART 07**
**부록**

CHAPTER 01 **비슷한 형태의 놀이 묶음**

CHAPTER 02 **선생님과 학생 모두 행복한 놀이체육 QR 코드집**


**리얼 후기**

# 이 책의 구성과 활용

## 1 장소+도구

체육에서 가장 중요한 요소가 장소와 도구이다. 어디에서 무엇을 가지고 할 것인지 쉽게 알 수 있다.

## 2 QR 코드

해당 놀이체육 자료의 실제 활동영상을 포함한 전체 설명 영상을 스캔을 통해 한눈에 알아볼 수 있다.

## 3 제목

상세 영역(체육교육과정과 연계한 영역 표시) + 놀이 제목(이해하기 쉽고 명료한 놀이 제목)

## ④ 상세 준비물

본 활동을 하기 위해 필요한 상세 준비물을 이해할 수 있다.

## ⑤ 해시태그

핵심 체력이나 운동 역량, 놀이 포인트 등 놀이의 특징과 특성을 해시태그로 표시하여, 활동을 보다 쉽고 재미있게 이해할 수 있도록 도와준다.

## ⑥ 사진

실제 활동사진 4컷을 통하여 활동 내용과 방법을 쉽게 이해할 수 있다.

## ⑦ 놀이 소개

놀이에 대한 전체적인 설명을 통해 내용을 이해할 수 있다.

## ⑧ 놀이 방법

놀이 전 준비와 연습부터 놀이 과정, 놀이 승패구조까지 상세한 놀이 방법을 알 수 있다. 포인트의 부가설명을 통해 상세한 규칙과 방법을 이해할 수 있다.

## ⑨ 놀이 유의사항

안전사고 대비를 위해 활동 전 학생들에게 제공할 주의사항이나 유의사항을 알 수 있다.

## ⑩ 놀이활용 TIP

장소 변형의 팁, 수준과 난이도 조절, 규칙 변경, 전 학년 적용 가능 팁 등을 제공하여 상황에 따라 보다 쉽게 변형할 수 있도록 하였다.

PART 01

쏭쌤의
놀이체육

# 쏭쌤의 놀이체육 이해

# 쏭쌤의 놀이체육이란?

'쏭쌤의 놀이체육'은 초등 체육시간의 현실적인 어려움을 극복할 수 있는 방법의 일환으로 '놀이'를 적용한 체육수업을 의미합니다. '놀이'의 개념에 포함된 재미, 변형 가능성을 주된 요소로 기존 체육수업을 재구성하였습니다.

첫 번째, **재미**의 요소를 통해 신체 움직임으로 평소 체육을 싫어하거나 어려워 하는 친구들에게 체육의 긍정적 이미지를 통한 모두의 체육, 평생체육의 기틀이 되길 바랍니다.

두 번째, **변형 가능성**의 요소를 통해 현장마다 다른 환경(선생님 & 학생, 체육시설, 기상환경 등)에 체육자료의 방법과 규칙이 유연하고 다양하게 적용되어 선생님에게는 체육 인식, 진행, 운영의 편안함을, 학생에게는 쉽고 간단하며 즐거운 체육시간이 되길 바랍니다.

## 놀이와 스포츠의 차이점

초등 체육시간은 기능 중심의 스포츠 종목 활동이 주가 되기보다 놀이를 적용한 체육시간을 중심으로 운영하기에 알맞습니다. 평생체육의 일환으로 어릴 때부터 '체육은 재미있고 즐겁다.' 라는 가치관이 서기 위해서는 신체활동의 기초 및 기본교육을 중심으로 한 누구나 편하게 즐길 수 있는 체육시간이 되어야 합니다.

| | |
|---|---|
| **2015 체육과 교육과정 중 체육과 목표** | |

체육과의 목표를 달성하기 위해 초등학교에서는 체육과 역량을 기르기 위한 '신체활동의 기본 및 기초 교육'을, 중학교에서는 '신체활동의 심화 및 적용 교육'을 담당한다.

| | |
|---|---|
| 스포츠 | - 경기 규칙, 인원, 경기장의 규격 등 원칙이 정해져 있다.<br>- 기본 동작 습득 및 경기 규칙에 맞게 전술을 익혀 경기를 치루기까지 체계적인 훈련 및 학습시간이 걸린다.<br>- 체육수업과 같이 일정한 수업형태에서 학습시키기보다 용이하다.<br>- 신체발달 및 운동능력 필요 점수 : 놀이보다 높음 |
| 놀이 | (○○형 게임이 포함된 개념 )<br>- 경기 규칙, 인원, 경기장의 규격이 제한 없이 융통성 있다.<br>- 간단한 규칙만 이해한다면 누구나 바로 놀이를 할 수 있다.<br>- 체육수업뿐만 아니라 언제, 어디서든 시간과 장소에 구애받지 않고 놀이를 경험할 수 있다.<br>- 신체발달 및 운동능력 필요 점수 : 스포츠보다 낮음 |

※ 신체발달 및 운동능력 필요 점수 : 특정 체육활동을 할 때 필요한 신체발달 및 운동능력 필요점수(학생마다 타고난 운동신경과 신체발달 정도, 경험과 환경에 따라 운동능력이 다른 부분을 점수화시켜 특정 체육활동에 몇 점의 점수가 필요할지 판단)

## 활동목적에 따른 놀이교육 구분

'교실놀이', '놀이수업', '놀이체육' 등 놀이와 관련된 용어가 많이 사용되고 있습니다. 그만큼 초등 교육현장에서 놀이교육이 차지하는 비중이 점점 높아지고 있습니다. 하지만 용어의 개념과 의미가 사용하는 사람마다 다르고 해석도 달라 놀이교육이라는 큰 범주 안에서 목적에 따라 놀이를 아래와 같이 구분할 수 있습니다. 이는 철저하게 저의 분석에 따른 개념으로, 이 책에서 이야기하는 놀이체육의 주된 목적은 '신체 움직임을 통한 즐거운 체육시간 만들기'라는 점을 이해해 주기 바랍니다.

| 종류 | | 목적 | 주체 | 교과 | 특징 |
|---|---|---|---|---|---|
| 놀이교육 | 놀이수업 | 즐거운 인지적 학습 | 선생님 | 모든 교과 | 수업 목적에 맞게 놀이를 접목, 신체 움직임 없음 |
| | 놀이체육 | 즐거운 신체 움직임 | 선생님 | 체육 | 학년군과 5개 영역의 경계를 넘어 누구에게나 쉽고 재미있는 체육시간 |
| | | | | 타 교과 연계 시도 | 교육과정 재구성을 통해 타 교과와 체육을 연계한 놀이<br>예) 신체 움직임을 통한 수학교과 지도 방법 |
| | 여가놀이 | 즐거운 여가활동 | 학생 | 교과 외 | 학교체계를 벗어나 학생끼리도 가능한 놀이<br>예) 전래놀이, 보드게임 등 |

## 장소에 따른 놀이체육 구분

각 장소별 특성에 따라 놀이체육을 구분하면 다음과 같습니다. 체육시설 미비로 인해 체육을 운동장과 정규 체육관이 아닌 교실이나 강당, 간이체육실에서 할 경우가 있습니다. 이 책의 놀이체육 자료는 각 장소별 특성에 맞게 상대적으로 적합한 공간을 선택하여 적용했습니다. 각 학교별로 적합한 장소를 판단하여 적용해 보기 바랍니다.

| 구분 | 상대적 비교 | | | 특징 |
|---|---|---|---|---|
| | 운동 공간 | 신체 움직임 | 활동량 | |
| 교실놀이<br>(담임 선생님) | 좁음 | 제한 | 적음 | - 주로 바닥에 앉거나 의자에 앉아서 활동<br>- 의자나 책상을 이용하여 공간 활용도 극대화<br>- 안전한 체육을 위한 신체 움직임이 적은 신체활동 |
| 실내놀이<br>(다목적<br>교실 포함) | 보통<br>(천장이<br>낮음) | 보통 | 보통 | - 교실 2칸을 붙여 만든 간이체육시설이나 강당 :<br>  창문이 있고 천장이 낮아 체육관보다는 작은 형태<br>  의 놀이 가능<br>- 정식 체육관 : 대부분의 활동이 가능 |
| 운동장<br>놀이 | 넓음 | 자유 | 많음 | - 넓은 영역을 효율적으로 쓸 수 있는 활동<br>- 인원과 놀이에 따른 경기장 규모를 잘 정해야 함 |

# 체육수업을 위한 TIP

체육수업은 타 교과와 달리 유의해야 할 점이 많습니다. 한정된 교실 공간이 아닌 넓은 환경에서 수업을 하다 보면 학생들의 집중도가 떨어질 수 있습니다. 또한 신체를 활용한 방법과 규칙을 지도하다 보면 학생마다 신체발달 정도와 운동 능력이 달라서 어려워하거나 싫어하는 경우도 있습니다. 효율적이고 안정적인 체육수업을 운영하기 위해 다음의 방법을 머릿속에 담고 실천해 보기 바랍니다.

## 명확한 규칙과 방법 설명

체육시간은 넓은 환경의 공간에서 규칙과 방법의 설명이 다소 복잡하고 길어진다면 학생들이 집중력과 이해도가 떨어질 수 있습니다. 최대한 단 몇 개의 문장으로 짧고 굵게 규칙과 방법을 설명할 수 있도록 해야 합니다.

## 안전사고 대비 주의사항 사전 공지

계획된 활동거리에 학생들이 다치거나 어려움이 예상되는 부분에 대해서는 반드시 활동 시작 전 복명, 복창(3가지 이내로 단순하게)을 통해 정확하게 인지하도록 공지해야 합니다.

## 질문은 3개만, 규칙과 방법 이해는 연습이 필요

규칙과 방법 설명, 안전사고 대비 주의사항을 공지했으면 학생들에게 질문을 받도록 합니다. 선생님도 미처 생각 못 했던 부분에 대해 학생 입장에서 좋은 질문거리가 나올 수 있습니다. 전체 인원의 약 70%가 이해되었으면 활동을 시작합니다. 또한 규칙과 방법을 이미 파악한 팀원이 파악하지 못한 팀원에게 방법 설명을 하며, 학생들이 직접 신체를 이용해 연습해 보고 전체적인 놀이 방법을 습득하도록 합니다.

## 연습은 실제처럼, 실제는 연습처럼(연습시간 100% 활용법)

연습이란 실제 놀이를 위한 준비 및 예비단계로 실제 놀이보다 훨씬 중요한 시간입니다. 다음을 보면 각 입장에 따라 연습시간을 제시하는 것이 얼마나 중요한지 알 수 있습니다.

■ 학생 입장
선생님의 "연습이야!" 라는 언급과 함께 보다 편한 마음으로 룰(rule) 이해 및 방법 습득, 실수에 대한 미안함 또는 팀원에 대한 비판이 줄어듦. 팀별 전략 협의나 역할 나누기(협력놀이) ⇒ 이 과정 자체가 학생들의 움직임의 탐색, 판단 및 비판적 사고력, 의사소통 능력 향상

■ 선생님 입장
놀이 전반에 걸친 문제 상황 탐색을 통한 안전사고 예방, 우리 반 수준에 맞는 변경사항 체크로 안정적인 활동 가능(기존의 놀이에서 공의 종류, 파울의 경우, 참여 학생 수, 경기장 크기 조절), 공간 대비 적정 인원 찾기(공간 및 인원의 확대 및 축소), 공격과 수비의 밸런스 조절

## 체육을 싫어하는 학생 또는 고학년 여학생 체육에 대한 방안

선생님의 입장에서 학생들의 취향이 다양하고 신체 발달 및 운동 능력이 다르다는 것을 인정하는 것이 우선시되어야 합니다. 만약 너무 강하게, 또는 일부러 시키는 것은 악영향을 줄 수 있으므로 자신이 할 수 있는 최소의 역할을 주어 관중이 아닌 참여자로 인식할 수 있는 기회를 마련해 주는 것이 중요합니다. 막연히 싫어하고 안 하니까 고민 없이 배제하기보다는, 이렇게 하면 조금이라도 참여시

킬 수 있을지 고민해야 합니다. 선생님이 왜 싫어하고 안 하려고 하는지 학생들에게 물어보는 것 자체가 관심이며, 체육시간에 학생이 관중이 아닌 참여자가 될 수 있는 기회가 더욱 확대될 것입니다.

# 놀이체육 변형과 적용을 위한 TIP

선생님이라면 누구나 각자의 교육철학 관점에서 자신에게 어울리는 수업을 하기 위해 노력합니다. 체육수업에서도 마찬가지입니다. 만약 '나 같으면 이거 사용 안 해! 이렇게 바꾸지!'라고 생각하는 선생님을 위해 체육시간에 활용할 수업자료를 변형하고 적용하는 방법을 제안합니다.

## 학생 자체가 최고의 체육자료다(맨손 놀이)

- **인간바둑돌**(릴레이 빙고 놀이)
  기존의 틱택토 놀이를 변형한 것으로 바둑돌 역할을 학생들이 하게 되어 참여 인원, 운동량, 활동시간을 늘렸으며 팀 전체가 두뇌를 활용하여 협력한다.

- **인간숫자**(인간숫자 릴레이 놀이, 인간숫자 피구릴레이 놀이, 인간숫자 맞추기 릴레이 놀이, 원형 인간숫자 터치 놀이, 인간숫자 찾아라 놀이)
  기존의 숫자카드 놀이를 변형한 것으로 숫자카드 대신 인간숫자로 대체하여 참여 인원을 늘렸으며 다양한 방식의 놀이에 적용해 즐길 수 있다.

- **인간바톤**(인간바톤 & 바늘 릴레이 놀이1, 2)
  바톤의 기능을 학생들이 하기 때문에 새롭고 재미있는 역할을 만들어 즐거운 체력 증진

활동이 가능하다.

■ 인간장애물(공 연결 릴레이 놀이, 지그재그 릴레이 놀이, 벌려라 모여라 릴레이 놀이)
학생 자체가 장애물이 되어 단조로운 신체활동이 아닌 다양한 형태의 놀이로 변형, 발전
시킬 수 있다.

---

**맨솔놀이의 효과**

- 팀의 협력도가 늘어남
- 체육용품의 준비가 줄어듦(수업 준비의 수월성)
- 새로운 역할을 창조해 즐겁고 재미있게 활동
- 학급 유대감 형성(하이파이브 등의 손터치), ALT-PE가 상승
- 체육을 못해서 수업에 배제된 학생이 놀이의 참여자로 변화(체육의 긍정적 이미지)

---

## 주변의 사물에 관심을 갖자(교실체육)

■ 우산(우산 세우기 놀이, 팀조끼 & 우산 표적 놀이1, 2, 팀조끼 농구형 놀이)
플레이 스틱을 대신 활용하거나 우산을 펼쳐 골대로 활용하여 교실 안에서 안전하게 표
적 도전 및 농구형 활동이 가능하다.

■ 교실 벽(벽치기 피구 놀이)
교실의 벽을 활용하여 바로 굴린 공과 벽을 맞고 온 공 모두 반응하게 하여 신체활동의
즐거움을 향상시킨다.

■ 의자 & 책상(강강술래 가위바위보 놀이, 교실 지진대피 놀이, 쓰로볼(배구형) 놀이, 바운딩 피구
놀이, 4칸 쓰로볼 놀이, 넣어라 막아라(농구형) 놀이, 신과 함께(핸드볼형) 놀이, 원바운딩 놀이)
의자에 앉아서 활동하거나 책상을 네트, 골대, 테이블, 영역구분에 사용하므로 공간 활
용도를 높인다.

■ 사물함(열려라! 사물함 놀이)

사물함 문을 열면 보이고 닫으면 보이지 않는 특성을 활용하여 다양한 주제의 낱말 기억
놀이로 활용한다.

■ 팀조끼(팀조끼 터치 피구 놀이, 팀조끼 피해라! 놀이)

휘두르거나 던졌을 때 맞아도 아프지 않는 소재로 실내에서 안전하게 패스 및 공격이 가
능하다.

■ 폐교과서(책기둥 활용 놀이, 책 치기 놀이, 책 연결 놀이)

버릴 교과서로 책기둥을 만들어 쌓거나 세워 놓고 놀이에 활용하거나 책을 징검다리 삼
아 이동하는 놀이에 사용한다.

## 팀 협력 및 유대감을 형성하자(학기 초, 팀 빌딩 놀이)

■ 인간숫자 찾아라! 놀이

팀이 서로 협력하여 숫자를 찾아 함께 한 줄로 서서 숫자 순서대로 터치하는 놀이이다.

■ 원바운딩 놀이

책상 위나 바닥에서 공을 최대한 오래 살려야 하는 놀이이다.

■ 벌려라! 모여라! 릴레이 놀이

달리기를 하는 주자만이 아닌 팀 전체가 열심히 벌리고 모여야 하는 놀이이다.

■ 돌아라! 잡아라! 놀이

도전자의 터치를 피하기 위해 팀원 모두 손을 잡고 좌우로 도는 놀이이다.

# 단순한 아웃제 대신 '점수제' 또는 '시간제+아웃제'를 활용하자(모두의 체육)

■ 점수제

아웃이 되면 활동을 멈추는 것이 아니라 간단한 벌칙을 하고 점수를 넘기고(실점) 다시 활동에 참여(실제 운동시간 증가, 경기장의 인원이 줄어들지 않음)한다.

※ 간단한 벌칙의 의미?

아웃에 대한 구분을 통해 점수를 매기는 단위, 활동에 대한 자기반성 및 팀 협력도 증가, 체력 향상, 지속적인 활동의 당위성 부여("벌칙을 수행했으니 다시 활동하는 건 당연해!")

■ 시간제 + 아웃제

경기시간을 짧게(5분~7분) 정하고 공수 교대의 횟수를 많게 한다. 아웃된 학생의 경기 참여시간은 줄어들지만 경기시간을 길게 하는 것보다는 참여 횟수 증가, 경기장의 인원이 줄어들어 긴박감을 느끼게 해준다.

# PART 02
# 학기 초

#수업준비_최소화
#수업효과_극대화
#가성비_갑
#체육_소통거리

"체육수업은 가성비와의 싸움.
놀이로 체육이 더 이상 고민거리가 아닌 소통거리가 되길 바란다."
by 송성근

# 학기 초 체육수업

# 체육시간, 첫 발걸음

## ■ 수업 소개

체육 첫 시간, 1년 동안 체육을 어떻게 지도 및 운영해야 할지에 관한 동영상을 바탕으로 한 PPT 자료입니다. 주요내용은 체육시간에 참여하는 학생들의 자세(가치교육), 즐거운 체육시간이 되기 위해 지켜야 할 사항, 집중과 질서, 앉아번호 및 팀나누기 방법입니다. 동영상이 포함된 내용이라 학생들의 관심 및 이해도에 도움이 될 것입니다.

## ■ 놀이활용 TIP

① '집중 & 질서' 방법은 예시 자료이니 편하게 변형하여 활용합니다.

② 파워포인트와 동영상 내용의 예시 내용을 학년, 학교, 학생 상황에 맞는 예시로 바꿔 진행합니다.

③ 지금까지 체육수업을 받는 친구들의 태도를 되돌아보고 체육수업에 임하는 학생들의 자세에 대한 깊이 있는 생각이 나오도록 유도합니다.

## ■ 플러스

본 자료의 전반적인 내용을 담은 PPT 활용(쏭쌤의 놀이를 적용한 주간체육수업 게시글 내 PPT 다운로드)

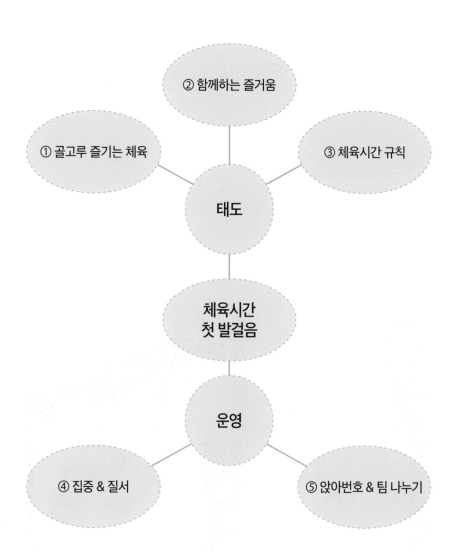

활동 영상 보러가기

# [태도] 골고루 즐기는 체육

체육시간을 단지 노는 시간으로만 생각하는 학생들이 있습니다. 학생들은 주로 자신이 좋아하는 활동만 하려고 목소리를 높이는 경우도 있습니다. 체육교과서에 나오는 예시 활동만 꼭 지도해야 하는 법은 아니지만 최소한 체육교과 성취기준에 맞는 다양한 활동을 학생들이 경험하는 것이 좋다고 생각합니다. 체육시간이 단지 노는 시간이 아닌 다른 교과처럼 배움의 시간이며, 그런 배움을 위해서 다양한 활동을 골고루 경험해 볼 수 있도록 해 봅시다.

## '골고루 즐기는 체육' 동영상을 시청해 봅시다.

■ 동영상 시나리오

체육시간 골고루 먹고 있니? 볶음밥 재료 중 싫어하는 건? 좋아하는 재료는? 햄? 그럼, 채소를 빼고 볶으면 맛있을까? 햄만 넣고 볶으면 볶음밥일까? 볶음밥을 맛있게 즐기는 것처럼 체육에서도 어떤 활동을 할 때 재미있나요? 달리기? 피구? 스트레칭? 피구? 근력운동? 피구? 여자축구? 체육시간은 재미있는 활동만 하는 시간일까?

체육은 학습하는 시간? 노는 시간? 체육시간은 노는 것처럼 즐겁게 학습하는 시간, 다양한 재료를 넣고 볶아 만든 볶음밥처럼 체육도 다양한 활동을 즐겨보자!!

## 체육활동을 골고루 즐기는 방법에 대해 생각해 봅시다.

① 어떤 활동을 할 때 재미있나요?

② 체육시간은 재미있는 활동만 하는 시간일까요?

③ 우리 반 체육시간은 무슨 시간일까요?

④ 국어, 수학, 사회, 과학과 체육의 공통점과 차이점은?

  (체육은 단지 노는 시간이 아닌 다른 교과처럼 배움의 시간입니다.)

⑤ 볶음밥을 즐기는 것과 체육시간을 즐기는 것의 공통점은?

## 체육교과서를 훑어보며 어떤 활동이 나왔는지 생각해 봅시다.

① 관심 있는 활동에는 무엇이 있나요?

② 한 번도 해보지 못한 활동에는 무엇이 있나요?

활동 영상 보러가기

# [태도] 함께하는 즐거움

체육시간 활동을 하다 보면 신체발달 및 운동능력이 뛰어나거나 승부욕이 지나쳐 다른 학생의 체육시간 즐거움을 뺏는 경우가 있습니다. 그러다 보니 운동을 못하는 학생들이 자연스레 활동에서 배제가 되거나 눈치를 봐야 하는 상황이 발생합니다. 모두가 즐겁고 재미있는 체육시간이 되기 위해서는 자신이 잘하는 활동을 할 때는 친구를 배려하고 함께해야 하며, 자신이 못하는 활동을 할 때는 무조건 잘하는 학생에게 패스하거나 의존하며 뒤에 빠져 있는 것이 아니라 자신도 최선을 다해 활동을 해야 한다는 것을 함께 이야기해 봅시다. 나의 다짐 시간을 통해 그동안 나는 어떤 마음가짐으로 체육시간을 보내왔고, 앞으로는 어떤 생각으로 우리 반 친구들과 함께 즐거운 체육시간을 보낼지 이야기해 봅시다.

## '함께 하는 즐거움' 동영상을 시청해 봅시다.

### ■ 동영상 시나리오

이 사람은 누구지? 바로, 세계에서 가장 빠른 사나이 우사인 볼트 선수. 축구스타에는 누가 있지? 2002년 월드컵 4강 신화의 주역 박지성 선수.

우리 반 체육시간의 목적은 무엇일까? 스포츠 스타가 되는 것? 우사인 볼트가 되기? 박지성 선수가 되기?

체육시간 잘하는 활동을 할 때의 태도는 과한 승부욕을 내는 것? 나머지 친구는 소외?

자신 있는 활동을 할 때의 태도는 배려!

체육시간에 자신 없는 활동을 할 때에도 최선을 다하는 자세와 '함께'하는 즐거움을 느끼며, 체육시간에 임하는 나의 다짐을 말해 봅시다.

## 어떤 마음가짐으로 체육시간에 활동할지 생각해 봅시다.

① 우리 반 체육시간의 목적이 무엇일까요?

② 우사인 볼트나 호날두 같은 스포츠 스타가 되는 것이 목적일까요?

③ 체육시간 자신이 잘하는 활동을 할 때 어떻게 해야 할까요?

　(잘하는 종목에서는 친구를 배려해서 활동한다.)

④ 체육시간 자신이 못하는 활동을 할 때 어떻게 해야 할까요?

　(못하는 종목에서는 최선을 다해 활동한다.)

⑤ 지나친 승부욕은 체육시간에 도움이 될까요?

　(친구를 배려하지 못하고 소외된 친구, 즉 관중이 발생한다.)

## 체육시간에 임하는 나의 다짐을 생각해 봅시다.

① 나는 어떤 마음으로 체육시간에 임해야 할까요?

# [태도] 체육시간 규칙

체육시간에 안전하고 원활한 활동을 위해서는 학생들 스스로 지켜야 하는 규칙이 있습니다. 운동장이나 체육관 등 열린 공간에서 체육수업을 진행하다 보면 자칫 학생들의 집중도가 떨어져 활동이 제대로 이루어지지 않고 다치는 경우도 발생합니다. 자세한 규칙 안내를 통해 우리 모두가 안전하고 재미있는 체육시간이 되길 바랍니다. 그 밖에 지켜야 할 규칙을 학생들과 함께 토의해 봅시다.

**체육시간에 지켜야 할 규칙에 대해 알아봅시다.**

① 체육시간 활동에 편한 '옷차림'을 합시다.

② 실내화 가방은 깔끔하게 '정리'합시다.

③ 개인 행동보다는 모두의 안전을 위한 '질서'를 지킵시다.

④ 본 활동 전 몸을 풀기 위한 '준비'운동을 열심히 합시다.

⑤ 선생님의 단 한 번의 설명에 '집중'합시다.

⑥ 모두의 즐거움을 위한 '스포츠맨십'을 발휘합시다.

⑦ 활동 중 남녀 사이 손 잡는 것은 '남사친', '여사친'입니다. 안 잡겠다고 하는 것
   은 '남친', '여친'입니다.

⑧ 우리가 사용한 물품 '뒷정리'는 함께합시다.

활동 영상 보러가기

# [운영] 집중 & 질서

안전하고 즐거운 체육시간을 위해서는 집중과 질서가 필요합니다. 넓은 공간에서 수업이 이루어질 때 선생님의 목소리만으로 수업을 하기에는 어렵기 때문에 휘슬을 이용한 집중 방법을 익힙니다. 또한 줄서는 방법, 체조 간격으로 벌리기, 대열 이동하기 등 기초적인 질서 유지방법을 익히면 체육시간에 보다 많은 시간을 학생들의 신체활동 시간으로 사용할 수 있습니다. 그 밖에도 선생님이 집중과 질서를 유지시킬 수 있는 편한 방법을 학생들에게 반복 연습시켜 보기 바랍니다.

# 체육시간 '손+휘슬'을 이용해 집중하는 방법을 동영상으로 시청해 봅시다.

## 1. '손가락+휘슬' 2박자 집중 : 박수치기
① 선생님은 휘슬을 2번 불며 손가락으로 박수의 개수(1개~5개)를 표시한다. 학생은 선생님의 손가락 개수를 보고 그에 맞게 박수를 친다.

## 2. '손모양+휘슬' 2박자 집중 : 움직이기
① 선생님은 휘슬을 2번 불려 손의 움직임을 달리한다. (손 내리기 - 앉기, 손 올리기 - 일어서기, 손 올렸다 내리기 - 점프하기 등) 학생은 선생님의 손 움직임을 보고 반응하여 움직인다.
② 앉기, 일어서기, 점프하기 등 몸을 움직일 때마다 학생은 '하나!, 둘!' 큰 목소리로 구호를 붙인다.

# 체육시간 질서를 유지하는 방법을 동영상으로 시청해 봅시다.

## 1. 한 줄 & 두 줄 서기
① 한 줄로 선 후 앉아 번호를 실시하며 자신의 번호를 외운다.
② 두 줄인 경우 앉아번호가 짝수인 학생만 대각선 앞으로 나와 옆 친구와 줄을 맞춘다.

## 2. 체조 간격 벌리고 모이기
① 우선 기준을 정한다. (기준 학생 : 오른팔 들며 "기준!" 이라고 크게 외친다.)
② 체조 간격으로 벌려! (양팔을 벌려 앞뒤 간격을 맞춘다.)
③ 고개만 돌려 옆줄과 앞줄을 맞춘 후 차렷한다.
④ 기준을 정한다. (기준 학생 : 오른팔 들며 "기준!" 이라고 크게 외친다.)
⑤ 기준을 정한 후 "모여!" 라는 말에 처음 위치로 신속하게 모인다.

## 3. 줄넘기 간격 벌리고 모이기
① 양팔을 2배 간격으로 벌린다.

## 4. 대열 이동
① 오른쪽, 왼쪽, 앞, 뒤로 해당하는 발만큼 이동한다.
② 이동 후 "오와 열!" 이라는 말을 복창하며 앞줄과 옆줄을 고개를 돌려 맞춘다.

# [운영] 앉아번호 & 팀 나누기

체육시간, 팀의 숫자를 세기 위해 앉아번호가 필요합니다. 앉아번호 전 "준비!"를 복명복창하며, 줄을 맞춘 후 실시해 보면 보다 빠르고 정확하게 앉아번호가 가능합니다. 점프 앉아번호는 반 전체 협력도와 즐거움을 높이는 효과가 있습니다. 매번 똑같은 방식으로 나누어진 팀은 구성원이 동일해 반 전체의 협력도가 떨어질 수 있습니다. 쉽고 간단한 방식의 다양한 팀으로 나누는 방식을 통해 매번 다른 구성원과 활동을 해 보기 바랍니다.

2. "준비"라는 말과 함께 고개를 돌려 앞줄과 뒷줄을 맞춘다.

2. 같은 줄과 호흡을 맞춰 제자리에서 높이 뛰며 앉아번호 한다.

2. 동성끼리 가위바위보 후 이긴 학생 VS 진 학생으로 나눈다.

1. 가위바위보를 한 후 이김(손들기), 짐(손머리)를 한다.

# 체육시간 '앉아번호 & 팀 나누기' 방법을 알아봅시다.

## 1. 앉아번호

① 선생님 : "앉아번호, 준비!"

　 학생　 : "준비!" 라고 대답하며, 고개를 좌우로 돌려 앞줄과 옆줄을 맞춘다.

② 선생님 : "앉아번호, 시작!"

　 학생　 : 차례대로 앉으며, 큰 소리로 숫자를 센다.

## 2. 점프 앉아번호

① 앉아번호 후 반 전체의 협동력과 즐거움을 위해 점프 앉아번호를 실시한다.

② 선생님 : "점프 앉아번호, 시작!"

　 학생　 : 차례대로 점프하고 앉으며, 큰소리로 숫자를 센다.

③ 같은 줄과 호흡을 맞춰 제자리에서 높이 뛰며 앉아번호를 한다.

④ 랜덤 숫자 부르기 : 선생님이 줄의 숫자를 부르면 해당한 줄의 학생들이 크게 숫자를 말하고, 제 자리 점프하고 앉는다.

## 3. 두 팀 나누는 방법

- 키순으로 두 줄을 선 후 대표자끼리 가위바위보

- 학급 번호순으로(홀수, 짝수)

- 학급 모둠순으로(짝수 모둠, 홀수 모둠)

- 가위바위보로 두 팀 나누기

　① 남녀 같은 인원수로 두 팀 나누기를 한다.

　② 동성끼리 가위바위보 후 이긴 학생 대 진 학생으로 나눈다.

　③ 이긴 학생은 선생님이 손든 쪽으로 진학생은 반대쪽에 서며, 선생님은 손을 계속 들고 있 는다.

　④ 가위바위보 후 선생님의 손을 보고 남자 한 줄, 여자 한 줄 신속하게 움직여 맞춰 선다.

　⑤ 팀원의 숫자가 맞는지 확인하기 위해 앉아번호를 한다.

## 4. 네 팀 나누는 방법

- 키순으로 네줄서기

- 학급 출석번호순으로 네줄서기

- 학급 모둠순으로 네줄서기

- 혈액형별로 선 후 인원 조정하기

- 가위바위보로 네 팀 나누기

① 가위바위보 후 이긴 학생은 손을 들고 다닌다.

② 손을 든 학생끼리 가위바위보를 한 번 더해 두 번 이긴 팀은 A팀, 한 번 이기고 한 번 진 팀은 B팀이 된다.

③ 가위바위보에 진 학생은 손 머리를 하고 다닌다.

④ 손 머리를 하고 있는 학생끼리 가위바위보를 한 번 더해 한 번 지고 이긴 팀은 C팀, 두 번 다 진 팀은 D팀이 된다.

⑤ 2연승(A팀), 1승 후 1패(B팀), 1패 후 1승(C팀), 2연패(D팀)에 맞춰 남녀 섞어서 한 줄로 선다.

⑥ 중간에 가위바위보 할 친구가 없으면 조용히 선생님 뒤로 선다.

⑦ 줄을 맞춰 선 후 앉아번호를 실시해 팀원의 숫자를 확인한다.

⑧ 가위바위보를 못 한 학생은 인원이 모자란 팀으로 적절하게 간다.


## 5. 대열 이동

① 오른쪽, 왼쪽, 앞, 뒤로 해당하는 발만큼 이동한다.

② 이동 후 "오와 열!" 이라는 말을 복창하며 앞줄과 옆줄을 고개를 돌려 맞춘다.

Chapter

02

준비놀이

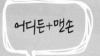

어디든+맨손

활동 영상 보러가기

# [어디튼] 관절풀기 가위바위보 준비놀이

📍 상세 준비물 : 없음

#레벨업_가위바위보 #관절풀기_그레잇 #즐거운_준비놀이 ▾ 🔍

2. 관절 풀기 순 목-어깨-손발목-허리-무릎 5 세① ② 은 단계의 학생을 만나면 서로 마주보고 관절풀기

9. 선생님을 이기면 최종 통과된다.

4. 이긴사람만 단계가 올라가고 진사람은 유지된다.

## 놀이 소개

뻔하고 지루한 준비운동보다는 간단해서 학생들이 쉽게 이해할 수 있고, 재미있어 하면서 몸을 충분히 풀 수 있는 놀이입니다. 같은 관절풀기 단계의 친구끼리 만나 가위바위보를 통해 단계를 높여갑니다. 관절풀기라는 준비운동을 놀이로 만들어 학생들이 재미있게 참여할 수 있습니다.

## 놀이 방법

① 관절풀기 단계를 이해한다.

　👉 1단계 목 / 2단계 어깨 / 3단계 손·발목 / 4단계 허리 / 5단계 무릎

② 관절풀기 방법을 이해한다.

　👉 시계방향(4박자), 반시계방향(4박자)으로 해당 관절을 최대한 넓은 범위로 천천히 돌린다.

③ 관절풀기 단계 이해와 정확한 방법을 연습 후 실제 준비놀이를 한다.

④ 같은 관절풀기 단계의 친구를 만나면 서로 마주본다.

⑤ 마주본 상태에서 사전에 숙지한 관절풀기를 한다.

⑥ 하이파이브를 2번 한 후 가위바위보를 한다.

⑦ 가위바위보를 이긴 친구는 단계가 올라가고, 진 친구는 단계가 유지된다.

⑧ 같은 관절풀기 단계의 친구를 만나기 위하여 자신의 단계 관절을 가볍게 풀며 돌아다닌다.

⑨ 처음과 같은 방법으로 같은 관절풀기 단계의 친구를 만나면 가위바위보를 한다.

⑩ 5단계까지 모두 이긴 학생은 선생님에게 도전한다.

⑪ 도전하기 전 팔벌려 뛰기를 3회 실시한다.

⑫ 선생님과 가위바위보를 해서 이기면 통과한다.

　👉 선생님에게 지면 다시 무릎단계로 내려가 다른 친구를 이기고 돌아와서 도전한다.

⑬ 선생님을 이겨 통과한 친구가 다음으로 도전하는 친구를 상대한다.

⑭ 놀이 전에 예고한 통과 학생 수가 나오면 준비놀이를 끝낸다.

## 놀이 유의사항

① 놀이를 모두 끝낸 후 충분히 못 푼 관절이 있을 수 있으므로 함께 4, 5단계(허리, 무릎)를 진행하며 관절을 다 함께 풀어준다.

② 가위바위보를 하기 전에 친구와 마주보고 해당 관절을 최대한 넓은 범위로 천천히 풀어준다.

③ 같은 관절풀기의 단계끼리만 가위바위보를 하며, 본 활동을 위한 준비운동인 만큼 활동시간은 5분을 넘기지 않는다.

### 놀이활용 TIP

① 관절풀기 단계를 역순으로도 한다.

② 최종 통과자 학생 수는 인원 및 시간에 따라 재량으로 정한다.

③ 관절풀기 가위바위보에 진 친구에게 간단한 벌칙(앉았다 일어나기 2회)을 내린다.

활동 영상 보러가기

# [어디든] 가위바위보 준비놀이

📍 상세 준비물 : 없음

---

#팔벌려_가위바위보 #언제_어디든 #간단_그레잇

## 놀이 소개

가위바위보는 언제 어디서든 쉽게 할 수 있는 간단한 놀이죠? 몸을 이용한 팔벌려 가위바위보를 통해 전신운동을 하며 즐겁게 할 수 있는 준비놀이입니다. 1대1로 가위바위보를 하고 승패를 가린 뒤 간단한 벌칙을 수행하며 몸 풀기를 할 수 있습니다

## 놀이 방법

### ■ 놀이 1

① 1대1 팔벌려 가위바위보 연습을 소리내며 한다.
  ↳ 팔벌려 뛰기 자세에서 팔을 모두 편 상태 : 보
  ↳ 팔벌려 뛰기 자세에서 팔을 45도 위로 올린 상태 : 가위
  ↳ 팔벌려 뛰기 자세에서 팔을 머리 위로 동그랗게 만든 상태 : 주먹
② 충분한 연습 후 실제 준비놀이를 한다.
③ 팔벌려 가위바위보 후 진 사람은 앉았다 일어나기 3회를 한다.
④ 미리 정한 시간만큼 가위바위보 놀이를 한다.
  ↳ 진 사람은 정확한 자세로 벌칙을 수행한다.
  ↳ 정확한 자세로 팔벌려 가위바위보를 한다.

### ■ 놀이 2

① 하이파이브 가위바위보를 한다.
② 이긴 사람이 좀비(사자), 진 사람은 인간(사슴)이 된다.
③ 등을 맞대고 하나둘셋 후 서로 뒤를 돌아본다.
④ 눈이 마주치면 좀비 승, 마주치지 않으면 인간이 승리한다.
⑤ 진 사람은 팔벌려 뛰기 3회를 한다.
⑥ 가위바위보 - 등 맞대고 뒤 돌아보기
  ↳ 승패 결정하기를 정해진 시간 동안 반복해 활동한다.
  ↳ 정확한 팔벌려 뛰기 자세로 벌칙을 수행한다.
  ↳ 정해진 시간만큼 준비놀이를 계속한다.
⑦ 하이파이브 가위바위보 대신 팔벌려 가위바위보로 해도 된다.

## 놀이 유의사항

① 팔벌려 가위바위보를 사전에 충분히 연습한다.
② 팔벌려 가위와 팔벌려 보의 자세를 애매하게 하지 않고 정확하게 한다.

### 놀이활용 TIP

① 간단한 벌칙은 재량으로 정한다.
② 준비놀이 시간은 5분 이내가 적당하다.
③ 팔벌려 가위바위보 외에 다른 가위바위보 놀이를 대신 활용할 수 있다.

활동 영상 보러가기

운동장+맨손

# [운동장] 시험지 걷어와 준비놀이

📍 상세 준비물 : 없음

#팀협력_시간경쟁 #다음번호_누구야?! #즐거운_유산소준비놀이

2. A팀 "시험지" 역할/ B팀 "시험지" 흩어놓는... ①

2. A팀은 자신과 뒷친구의 번호를 기억한다. ②

13. 뒤에 있는 친구와 모두 터치한다. ④

3. ③

## 놀이 소개

힘들고 지루한 운동장 달리기는 이제 그만! 상대팀에서 정해준 위치의 친구를 순서에 맞게 터치하여 시간 경쟁을 하는 놀이로 달리기에 즐거운 놀이를 결합한 유산소 준비운동입니다. 팀원끼리 협력하여 달릴 순서를 정하고 상대팀 위치를 정해야 자신의 팀이 이길 수 있어 협동심이 필요합니다.

58

## 놀이 방법

① 간단한 스트레칭 후 놀이할 영역을 정하고 두 팀으로 나누어 선다.

② 팀장이 가위바위보를 하여, 어느 팀이 먼저 할지 역할을 결정한다.

    ⤷ A팀 : 시험지 / B팀 : 시험지 흩어 놓기

③ 앉아번호로 자신의 번호와 짝을 기억한다.

④ A팀(시험지)은 자신과 친구들의 번호를 기억한다.

⑤ 학생 수에 따라 놀이의 시작번호를 정한다.

    ⤷ 6명일 경우 : 1번이 놀이 시작번호가 된다.

    ⤷ 11명일 경우 : 1번과 6번이 놀이 시작번호가 된다.

    ⤷ 15명일 경우 : 1번, 6번, 11번이 놀이 시작번호가 된다.

⑥ B팀(시험지 흩어놓기)은 A팀 짝의 손을 잡는다.

⑦ B팀은 서로 협력하여 사전에 정한 놀이의 영역 안에서 A팀을 최대한 넓게 흩어 놓는다.

⑧ B팀은 흩어 놓은 후 스탠드에 모여 "시험지 걷어와!"를 크게 외쳐 놀이의 시작을 알린다.

⑨ 놀이의 시작과 함께 시간을 잰다.

⑩ 놀이의 시작번호의 학생이 다음 번호의 학생을 손 터치하기 위해 달린다.

    ⤷ 11명일 경우 : 1번 친구는 2, 3, 4, 5번 순으로 손 터치, 6번 친구는 7, 8, 9, 10, 11번 순으로 손 터치

⑪ 다음 번호와 터치를 할 때는 뒤에 있는 친구와 모두 손 터치하고 번호순으로 달린다.

⑫ 먼저 끝난 번호팀은 출발 지점으로 들어와 다음 번호팀을 기다려 순서대로 모두 손 터치한다.

⑬ 모든 친구들이 손 터치를 끝낸 시간을 측정한다.

⑭ A팀과 B팀의 역할을 바꾸어 실시하고 시간경쟁을 하여 빠른 팀이 이긴다.

## 놀이 유의사항

① 시작번호는 체력이 좋은 친구로 팀에서 협의해서 정한다.

② 손 터치를 할 때 앞 번호 친구와 뒷 번호 친구 모두 실시한다.

③ 상대팀이 세운 위치에서 자기 팀원이 손 터치하기 전까지는 움직이지 않는다.

### 놀이활용 TIP

① 활동이 익숙해지면 달릴 순서를 미리 정하지 않고 상대팀에서 위치와 순서를 정하게 한다.

② 시작할 위치를 정할 때 눈을 감게 하여 어디에 몇 번이 있는지 모르게 놀이를 시작한다.

③ 가운데에 콘을 놔두고 뛰지 않는 학생은 다리 찢기로 이동이 가능하게 하여 모든 학생의 운동량을 늘린다.

# [운동장] 오른발 왼발 준비놀이

📍 상세 준비물 : 1m 선 1개

#즐거운_유산소운동 #오른발왼발_어딜까? #꼴등에게_관심

2. 진 팀은 목적지점을 향해 뛰어 갔다 온

5. 갔다온 학생들은 한줄로 선을 지나치며 들어온다

3. 다음 목적지점 뛰어 갔다 올 팀 선정방법

진 팀 왼발 / 이긴팀 오른발

10. 선을 넘은 발이 왼발이므로 진팀이 뛰어 갔다가 온다

진 팀 왼발 / 이긴팀 오른발

## 놀이 소개

준비운동으로 운동장을 단순히 달리는 것보다 즐거운 놀이를 통해 유산소 준비놀이를 해보는 건 어떨까요?! 가위바위보를 한 후 진 팀이 목적지점으로 달려갔다 오는 동안 남은 학생끼리 가위바위보를 해서 달리고, 들어오는 마지막 학생이 정해진 선을 왼발로 넘을지 오른발로 넘을지에 따라 다음 목적지로 달려갔다 오는 팀이 결정되는 놀이입니다. 놀이에 익숙해지면 목적지점으로 달려갔다 오는 학생 중 선생님이 지목한 순위의 학생의 발로 다음 목적지로 달려갔다 오는 팀을 결정해도 재미있습니다.

## 놀이 방법

① 남자 2줄, 여자 2줄로 선 후 각 줄의 대표가 '가위바위보'를 한다.

  ↳ 각 줄의 대표가 아닌 1대1로 '가위바위보'를 해도 된다.

② 진 팀은 목적 지점을 향해 뛰어갔다 온다.

③ 진 팀이 뛰어갔다 오는 동안 나머지 학생 두 명끼리 짝 지어 '가위바위보'를 한다.

④ 1m 정도의 선을 중심으로 이긴 팀과 진 팀으로 나눠 선다.

  ↳ 이긴 팀 : 선의 오른쪽 / 진 팀 : 선의 왼쪽

  ↳ 달려오는 학생과 충돌을 방지하기 위해 선의 앞에 서지 않도록 한다.

⑤ 뛰어갔다 온 학생들은 한 줄로 선을 넘으며 들어온다.

⑥ 마지막으로 들어온 학생의 발이 선을 넘을 때 오른발인지 왼발인지 잘 본다.

  ↳ 다음 목적지점까지 뛰어갔다 올 팀 선정방법 : '가위바위보' 진 팀(왼발로 선을 넘은 경우), 가위바위보 이긴 팀(오른발로 선을 넘은 경우)

⑦ 마지막으로 들어온 학생이 선을 오른발로 넘었다면 '가위바위보'를 이긴 팀이 뛰어갔다 온다.

⑧ 목적지점을 뛰어갔다 온 학생은 한 텀을 쉰다.

⑨ 나머지 학생끼리 가위바위보를 한 후 선을 중심으로 나눠 선다.

  ↳ 가위바위보를 할 사람이 없으면 선생님과 한다.

⑩ 마지막으로 들어온 학생이 선을 넘은 발을 기준으로 다음 목적지점으로 뛰어갈 팀이 정해진다.

## 놀이 유의사항

① 걸린 팀은 최선을 다해 뛰도록 한다.

② 마지막 학생이 친구들의 눈치를 보지 않고 자연스럽게 정해진 선을 넘도록 한다.

③ 뛰어갔다 온 학생이 선을 넘어 잘 들어올 수 있게 선 앞이 아닌 옆에서 보도록 한다.

④ 목적지점으로 들어오는 학생을 막지 않는다.

### 놀이활용 TIP

① 방법을 익힐 때까지 충분히 연습한다.

② 열심히 안 뛰는 학생에게는 간단한 벌칙을 준다.

③ 준비놀이가 아닌 유산소 활동으로 해도 적당하다.

Chapter

03

# 학급운영놀이

활동 영상 보러가기

# [인사] 안녕! 가위바위보 놀이

📍 상세 준비물 : 없음

#즐거운_등하교 #친구_사랑 #인사_놀이 🔍

2. 손을 들어 "○○야 안녕!" 인사를 주고 받는다 ①

6. 밤을 표정으로 하이파이브 가위바위보를 한다. ②

놀이+인사
9. 선생님과 반갑게 악수 인사를 한다. ④

8. 가위바위보를 7회 이기면 선생님께 온다. ③

## 놀이 소개

등·하교 시간에 학생들끼리 어떻게 인사를 나누나요? 친한 친구끼리만 인사를 나누는 경우가 많습니다. 학급 전체가 서로 자연스럽게 얼굴을 보고 이름 부르며 손뼉 치면서 인사를 하는 건 어떨까요? 하이파이브 가위바위보를 실시하여 정해진 승수나 패수를 쌓은 후 선생님과 악수를 하는 인사 놀이입니다. 고학년인 경우 남녀끼리 먼저 가위바위보를 한 후 동성끼리 할 수 있게 하여, 평소 얼굴 보고 이름 부르지 않던 친구와도 자연스럽게 인사를 나눌 수 있습니다.

## 놀이 방법

① 등교시간과 하교시간에 주변의 친구와 눈빛을 교환하며 마주본다.

  ↳ 등교시간은 학급 학생들이 대부분 온 시간에 하며, 하교시간은 가방을 메고 활동을 실시한다.

② 손을 들어 "○○아, 안녕?" 인사를 주고받은 후 하이파이브 가위바위보를 한다.

  ↳ 상황에 맞춰 하교시간에는 "○○아, 잘 가!" 하고 인사한다.

③ 주변의 다른 친구를 만나 자연스럽게 인사를 나눈다.

  ↳ 남녀끼리 먼저 인사를 한 후 동성끼리 하도록 한다.

④ 밝은 표정으로 하이파이브 가위바위보를 한다.

⑤ 주변을 돌아다니며 적극적으로 인사할 친구를 찾는다.

⑥ 가위바위보를 하여 정해진 승수(7승)를 모두 채우면 선생님께 와서 반갑게 악수 인사를 한다.

  ↳ 정해진 승수(7승) 또는 정해진 패수(7패)를 번갈아 가며 할 수 있도록 선생님이 사전에 안내
  한다.

    예) 선생님 : "오늘은 7패를 모아 오세요."

⑦ 이기거나 진 횟수를 채우기 위해 열심히 친구들과 반가운 마음으로 인사한다.

  ↳ 정해진 승수(7승) 또는 정해진 패수(7패)를 다 채워 선생님과 인사를 끝냈어도 아직 채우지
  못한 친구를 위해 인사를 해준다.

## 놀이 유의사항

① 여러 명의 친구와 골고루 하이파이브 가위바위보를 한다.

② 친구의 얼굴을 보고 이름 부르며 인사 후 가위바위보를 한다.

③ 정해진 승수, 패수를 완료한 친구도 남은 친구를 위해 놀이에 참여한다.

### 놀이활용 TIP

① 승수나 패수는 재량으로 정한다.

② 남남, 여여도 괜찮으나 남녀끼리 먼저 인사하도록 한다.

③ 가위바위보를 묵찌빠, 하나빼기 가위바위보로도 할 수 있다.

어디든+맨손

활동 영상 보러가기

# [친교] 하이파이브 가위바위보 놀이

📍 상세 준비물 : 없음

#몫을지켜라 #지금바로_굿 #잼난_친교놀이 ▾ 🔍

1. 손가락은 다 접고 머리위로 손을 들고 돌아다... ①

몫이 하나인 친구들...
②

⑥

6. 선생님을 이긴 3명은 보상을 받는다.

③

⑤

5. 손가락 5개를 다 펴서 선생님께
도전할 때까지 계속해서 몫을 늘린다.

## 놀이 소개

학급 친구들끼리 친하게 지내기 위해 친교놀이를 해보는 건 어떨까요? 언제 어디서든 쉽게 할 수 있으며, 레벨업 가위바위보 형식을 이용한 놀이입니다. 손가락은 몫을 의미하며, 몫이 같은 학생끼리 만나 하이파이브 가위바위보를 통해 자연스럽게 여러 친구와 하이파이브를 하게 되는 유대감 형성 친교놀이입니다.

### 놀이 방법

① 손가락 5개를 다 펼치고 돌아다닌다.

　↳ 손가락 개수는 자신의 몫(레벨)을 의미한다.

② 손바닥 하이파이브 2번 후 가위바위보를 한다.

　↳ 하이파이브 가위바위보 대신 팔벌려 가위바위보로 하면 신체 활동량을 늘릴 수 있다.

③ 진 사람은 손가락 한 개를 접는다.

④ 이긴 사람은 손가락 한 개를 편다. (최대 5개까지)

⑤ 같은 손가락 개수인 사람끼리만 가위바위보를 할 수 있다.

　↳ 손가락 개수가 같은 친구가 없으면 선생님과 한다.

⑥ 손가락을 다 접은 학생은 정해진 가벼운 벌칙을 받는다.

　↳ 반대로 손가락을 다 접고 시작해서 가위바위보를 이겨 손가락을 5개 다 펼치면 보상을 해준다.

### 놀이 유의사항

① 양심껏 같은 몫끼리만 가위바위보를 한다.

② 손가락 개수가 같은 친구가 없으면 선생님과 가위바위보를 한다.

③ 시간에 따라 가위바위보에서 진 사람은 손가락 접기를 하지 않는다.

---

### 놀이활용 TIP

① 수업 자투리 시간에도 언제든 활용 가능하다.

② 벌칙자, 보상자 인원은 시간에 따라 재량으로 정한다.

③ 방식을 반대로도 할 수 있다. 즉, 손가락을 다 접고 이기면 펴서 5개를 다 펴면 보상한다.

어디든+맨손

활동 영상 보러가기

# [발표] 집중 & 발표 연습

○ 상세 준비물 : 없음

#손드는연습_우선 #선생님말씀_집중 #자연스럽게_발표

집중시키기

3박자 구호(예시)

선생님 : 선생님, 학생 : 보세요
선생님 : 칠판, 학생 : 보세요
선생님 : '000(학생이름)', 학생 : 보세요
선생님 : 바르게, 학생 : 앉아요
선생님 : 글씨는, 학생 : 바르게
선생님 : 뒷정리, 학생 : 하세요

발표시키기

발표연습

1. 손드는연습_우선
2. 선생님 말씀_집중
3. 자연스럽게_발표
4. 재미있는_발표

발표시키기

말의 끝을 올려 발문할 때에는
가장 늦게 손든 친구를 발표시킨다.

표시키기

우리반은 왼손을 귀에 붙여 자신감 있게
손을 높이 들도록 지도하고 있다.
늦게 손들기, 오른손 들기, 주먹으로 들기
한 친구를 발표시킨다.

## 놀이 소개

선생님 말씀 또는 친구 발표에 집중하는 것은 수업시간의 기본이 되는 부분이
죠? 다양한 집중구호 방법이 있지만 저의 사례를 공유하고자 합니다. 집중구호
는 모두 3박자로 만들어 상황에 따라 학생들이 뒤 3박자 구호를 말할 수 있게 하
면 재미있게 집중시킬 수 있습니다. 학생들이 자진해서 발표하면 좋겠지만 자신
감이 없거나 발표 습관 형성이 되지 않아 일부 학생만 발표하는 편중 현상이 발
생하기도 합니다. 손 드는 연습과 함께 발표를 해야만 하는 상황을 만들어 자연
스럽게 선생님 말문의 끝소리를 이용하여 발표 연습을 시켜보기 바랍니다.

**놀이 방법**

## ■ 놀이 1) 집중시키기

① 선생님은 상황에 따른 3박자 구호를 만들어 활용한다.

　☞ 선생님을 보게 할 때 : "선생님!"

　☞ 칠판을 보게 할 때 : "칠판!"

　☞ 글씨를 예쁘게 쓰게 할 때 : "글씨는?"

② 학생은 선생님의 3박자 구호를 듣고 상황을 판단해 3박자를 대답하며 행동한다.

　☞ 정해진 대답이 아니더라도 상황에 맞은 학생들의 대답은 허용해 준다.

### 3박자 구호 예시

| 선생님 | "선생님!" | 학생 | "보세요!" |
|---|---|---|---|
| 선생님 | "칠판!" | 학생 | 보세요!" |
| 선생님 | "○○○(학생 이름)!" | 학생 | "보세요!" |
| 선생님 | "바르게!" | 학생 | "앉아요!" |
| 선생님 | "글씨는?" | 학생 | "바르게!" |
| 선생님 | "뒷정리!" | 학생 | "하세요!" |

## ■ 놀이 2) 발표시키기

① 말의 끝을 올려 발문할 때에는 가장 늦게 손든 친구를 발표시킨다.

　예) "다음의 내용을 누가 한번 이야기해 볼까요?"에서 "까요?" 부분을 위로 올린다.

　☞ 선생님 발문에 집중하는지 여부를 판단할 수 있다.

　☞ 대부분 학생이 비슷하게 빠르게 든 경우 평소 발표를 시켜보고 싶은 학생을 시킨다.

　☞ 말의 끝을 올리지 않고 평범하게 말한 발문에도 헷갈려서 손을 드는 경우가 있는데 자연스럽게 발표를 시킨다.

② 학급 발표 방법에 따라 발표 표시가 정확히 되지 않은 친구도 발표를 시킨다.

　예) 왼손을 귀에 붙여 자신감 있게 손을 높이 들도록 지도한다.

　☞ 늦게 손들기, 오른손 들기, 주먹으로 들기를 한 친구를 발표시킨다.

① 3박자 집중구호는 다양하게 만들어 활용한다.

② 발표시키는 다양한 방법(뽑기, 번호시키기, 발표 릴레이 등)과 함께 활용해도 좋다.

③ 발문의 끝을 올려 발표시키기는 방법은 학기 초나 발표자가 없을 때 가끔 사용하여 효과를 높인다.

④ 발문의 끝을 올릴 것처럼 하다가 내려서 빠르게 손든 학생을 시켜 자연스럽게 발표를 진행한다.

어디든+맨손

활동 영상 보러가기

# [타 교과] 교실 지진대피 놀이

📍 상세 준비물 : 없음

#지진대피법_활용놀이 #지금바로_굿 #당신의이웃을사랑합니까_변형 ▼ 🔍

### 놀이 소개

재난대응 훈련으로 자주하는 지진대피 훈련을 평소 진지하게 해봤다면 놀이로 익혀보는 것은 어떨까요? 선생님이 말한 상황("안전하다!", "용암이다!", "지진이다!")에 따라 행동하며 자연스럽게 "지진이다!"일 때 주변 책상 밑으로 빠르게 숨는 연습을 하게 됩니다. 그 후 "당신의 이웃을 사랑합니까?" 놀이와 비슷한 형식으로 술래가 정한 특정 학생이 말한 해당 조건의 학생이 자리를 옮기게 되고 가장 늦게 대피한 학생이 가벼운 벌칙을 받는 놀이입니다. 놀이 전 지진에 대한 경각심과 정식 대피 방법을 정확히 익힌 후 놀이를 해보길 바랍니다.

① 책상에서 의자를 빼고 모두 자연스럽게 걸어 다닌다.

② 선생님이 "안전하다!"라고 말하면 학생들은 내 몸이 안전하니 기뻐하는 마음으로 옆 사람과 양
   손 하이파이브 후 다시 자연스럽게 걸어 다닌다.

③ 선생님이 "용암이다!"라고 말하면 학생들은 바닥에 용암이 있다고 상상하며, 근처 의자에 모두
   앉되 바닥에 다리가 닿지 않게 한다.

   ↳ 빠르게 높은 곳으로 올라가거나 책상 위로 올라가다가 다치지 않도록 주의한다.

   ↳ "지진이다!"를 하기 전 단계로 서서 책상 밑으로 바로 들어갈 경우 다치는 경우가 발생할 수
   있으므로 이 단계를 실시한다.

④ 자리에 앉은 후 "안전하다!", "용암이다!" 두 문장을 반복해서 헷갈리게 한다.

⑤ 선생님이 "지진이다!"라고 말하면 학생들은 지진이 났다고 상상하며 책상 아래로 안전하게 대
   피한다.

   ↳ 머리가 책상에 부딪치지 않게 사전에 주의를 준다.

⑥ 가장 늦게 책상 아래로 대피한 학생은 선생님이 지목하여 술래가 된다.

   ↳ 술래가 3번 될 경우 가벼운 벌칙(코끼리코 10바퀴)을 준다.

⑦ 술래는 원하는 학생에게 가서 "지진을 느끼셨나요?"라고 물어본다.

   ↳ 상대 학생이 "네!"란 대답을 하면 다른 친구에게 다시 물어본다.

   ↳ 상대 학생이 "아니오!"란 대답을 하면 "그럼 누가 지진을 느꼈나요?" 라고 물어본다.

   ↳ "아니오!"를 3번 이상 연속할 수 없다.

⑧ 술래의 물음에 상대 학생이 "◇◇◇한 학생이요!"라는 대답에 ◇◇◇한 조건에 해당하는 학생
   은 다른 모둠의 책상 밑으로 대피한다.

   예) 안경 쓴 학생이요!, 머리를 묶은 학생이요! 등

⑨ 가장 늦게 대피한 학생은 가벼운 벌칙을 받는다.

① 놀이 중 안전하게 이동하고 대피한다.

② 놀이를 하기 전 사전에 지진대피교육을 한다.

③ 학생들이 놀이와 실제를 구분하여 판단할 수 있도록 한다.

---

### 놀이활용 TIP

① 벌칙이 굳이 없어도 재미있다.

② 수업 자투리 시간에도 언제든 활용할 수 있다.

③ "용감하다!"라고 말하면 용감한 포즈 취하기를 추가해도 좋다.

# 체육 좋니?

#나의_이야기 #쏭쌤의_놀이를_적용한_주간체육수업

윤종신 씨의 직업은 가수입니다. 2010년 3월부터 지금까지 약 8년간 한 달에 한 곡씩 발표해서 월간 윤종신이라고 하는데요. 그렇게 꾸준히 작업을 해 오던 중 '좋니'라는 노래가 많은 이의 사랑을 받았습니다. 윤종신 씨의 원래 직업이 뭔지 헷갈릴 정도로 많은 활동을 하면서도 음악에 대한 열정으로 꾸준하게 작업을 해 온 결과라고 생각합니다. 자신의 전문성을 바탕으로 일정한 목표를 정하고 꾸준 하게 뭔가를 해내는 모습에서 나도 한번 해보고 싶다는 강한 생각이 들었습니다.

저의 직업은 초등학교 선생님으로서 주된 업무는 학생을 지도하는 일입니다. 담 임선생님으로서 다양한 교과를 지도하지만 그중 가장 자신 없는 교과는 미술입 니다. 어릴 적 신체검사 중 가장 싫어했던 건 색약 판정 책 숫자 읽기였습니다. 앞 쪽의 몇 개를 읽는 것을 제외하고 뒤쪽은 거의 읽지 못하는 색약이기 때문입니다. 꼭 그 이유에서는 아니겠지만 미술 수업은 항상 고민의 대상입니다. 색감이나 그 림으로 표현하는 것이 전부는 아니지만 그쪽 부분이 약하다고 생각하니 늘 인디 스쿨에 의존하게 되더라고요. 그럼, 내가 잘하는 분야는 없을까? 생각해 보니 바 로 체육이 떠올랐습니다. 어릴 적 달리기 선수로 체육 중학교에 진학하려고도 했 고 체육전담, 놀이체육 직무연수 강사 활동을 하다 보니 자연스럽게 체육교과만 큼은 지도하기 즐거운 교과가 되었습니다.

'내가 어려워하는 미술을 마음 편하게 매주 알려주시는 분이 있으면 얼마나 좋을 까?'를 생각하던 중 반대로 '내가 매주 놀이체육 자료를 만들어 올려보면 어떨까?' 로 생각이 전환되어 놀이를 적용한 주간 체육수업이 만들어졌습니다.

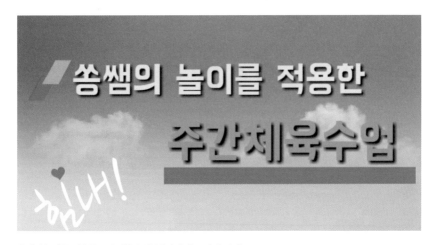

쏭쌤의 놀이를 적용한 주간 체육수업 (네이버 밴드 커버 사진)

처음에는 기존에 있는 재미있는 놀이를 동영상으로 찍어 올리는 수준에서 시작하였습니다. 그렇게 만들다 보니 기존의 놀이를 변형하거나 새롭게 만들어 보고 싶은 욕구가 생겼습니다. 나만의 놀이체육 자료를 직접 만들어 게시하다 보니 밴드의 회원도 생각보다 빠르게 늘고 반응도 좋아 보람을 느꼈습니다. 그만큼 현장에서 체육에 대한 어려움을 많이 느끼고 있으며, 그런 어려움을 해결하는 데 제가 만든 놀이체육 자료가 조금이나마 도움이 된다는 걸 느꼈습니다. '나의 열정이 허락하는 한 일주일에 한 차시 분량의 놀이체육 자료를 선생님의 손바닥 위에 올려드리겠다.' 라는 초심을 잃지 않고 꾸준히 연구하여 많은 선생님께 도움이 되고자 합니다.

# 군중 속의 고독

#모두가_즐거운_체육                                      ▼   🔍

'군중 속의 고독'이라는 작품을 아시나요? 여러 명이 함께 살아가고 있지만 그중에서도 고독한 사람은 분명 존재합니다. 체육수업시간에도 마찬가지입니다. 모두 즐겁게 웃으며 피구를 하는데 하기 싫어하는 학생이 있고, 티볼을 하는데 모여서 잡담하는 학생들이 있죠? 그런 학생들을 보면 어떤 생각이 드시나요?

"왜 모두가 재미있어 하는 체육을 안 하는 거지?, 왜 움직이지 않고 가만히 보고만 있는 거지?"

그 학생들은 보통 체육을 못하거나 싫어하는 경우일 것입니다. 학기 초 주지과목 중심으로 진단평가를 보죠? 진단평가를 보는 이유는 학생이 어떤 과목을 잘하고 어떤 과목은 못하는지 파악하여 학습지도 시 참고하기 위함입니다. 예를 들어, 진단평가에서 수학 30점을 받은 학생에게는 학습 부진이라고 판단하여 기초학습 보정지도를 하죠? 이 학생에게 평소 수학시간은 힘들고 어려운 시간일 것이며, 선생님도 수준별 지도를 하기 위해 노력합니다.

그렇다면 체육시간에도 학생 개개인별로 운동능력과 신체발달(※신체발달 및 운동능력 필요 점수 : 특정 체육활동을 할 때 필요한 점수로 학생마다 타고난 운동신경과 신체발달 정도, 경험과 환경에 따라 운동능력이 다른 부분을 점수화시켜 특정 체육활동에 몇 점의 점수가 필요할지 판단)을 기초로 점수를 매겨보면 어떨까요? 신체발달이 뒤처지고 운동을 못하는 학생은 30점, 신체발달이 뛰어나며 운동을 잘하는 학생을 100점으로 본다면 '티볼'은 몇 점의 학생들이 즐길 수 있는 운동일까요?

티볼은 야구라는 스포츠를 초등학생도 즐길 수 있게 쉽게 만든 뉴스포츠입니다. 하지만 티볼도 사실 티 위에 공을 놓고 치는 것일 뿐 야구만큼 많은 기능과 규칙의 이해가 필요합니다. 티볼을 제대로 즐기기 위해서는 규칙을 이해하고 배팅, 캐치볼, 베이스 런닝 등의 기능 향상을 위한 꾸준한 연습이 있어야 합니다. 따라서 티볼은 운동능력 필요점수가 80~90점대는 되어야 제대로 즐길 수 있습니다. 이런 높은 운동능력 점수가 필요한 종목에 30점대의 운동을 못하는 학생은 어떤 시간이 될까요? 마치, 수학시간에 덧셈의 개념도 모르는데 나눗셈을 풀라고 하는 격이지 않을까요?

그렇다면 모두가 즐겁게 티볼 활동을 하기 위해서는 어떤 방법이 필요할까요? 두 가지 방법이 있는데 첫째, 티볼에 대한 규칙 설명부터 기능 훈련까지 꾸준한 연습을 한 후 경기를 하는 방법, 둘째, 티볼에 필요한 운동능력 필요점수를 낮추는 방법이 있습니다. 두 방법을 고려하지 않은 채 그냥 티볼 경기를 한다면, 분명 제대로 즐기지 못하고 고독을 느끼는 학생이 발생합니다. 두 번째 방법인 운동능력 필요점수를 낮춰 모두가 즐거울 수 있는 방법에는 무엇이 있을까요? 배팅을 못해서 1루에 나가지 못하는 학생을 위해 1루 베이스를 본루에서 가까운 곳에 두는 경우, 남자와 여자 베이스를 따로 두는 경우, 티볼에서 배팅이 전혀 안 되는 학생을 위해 발야구와 접목을 시키는 경우 등을 생각해 볼 수 있습니다. 이 방법은 티볼 활동에서 운동능력 필요점수가 낮은 학생을 위한 폭넓은 구조가 존재하기 때문에 잘하는 학생부터 못하는 학생까지 즐길 수 있습니다.

체육시간에 즐거워하는 많은 학생 속에서 고독한 학생 수를 줄일 수 있는 방법은 무엇일까요? 바로 수업의 수준과 목표를 체육을 잘 못하는 학생을 중심으로 정하는 것입니다. 지금하고 있는 체육이 구조적으로 신체발달 및 운동능력 필요점수가 높은 학생만 즐길 수 있어 그런 학생만 활동을 주도하고 있는 것이 아닌지 생각해 봐야 합니다. 만약, 초등체육에서 학생 개개인의 신체발달 및 운동기능과 능력이 강조된 체육을 지속적으로 지도한다면 어떻게 될까요? 그것은 곧 빈익빈 부익부 체육(잘하니깐 즐겁고 즐거우니 잘하고, 못하니깐 재미없고 재미없으니깐 못하고), 양육강식의 체육(한줄 세우기 체육)이 될 수 있으며 그 속에서 군중 속의 고독

본 책의 '학기 초_[태도]함께하는 즐거움' 동영상 캡쳐 사진

자가 만들어 질 수도 있습니다.

체육수업에 참여하는 학생들에게 어떠한 마음가짐으로 체육에 임해야 하는지 사전교육도 필요합니다. 내가 잘하는 활동을 할 때의 태도와 못하는 활동을 할 때의 태도에 대한 방법을 탐구하고 생각해 보게 합니다. (본 책의 '학기 초_[태도] 함께하는 즐거움' 내용 참고)

또한, 학기 초 체육활동은 협력활동 및 팀 빌딩 놀이를 제시하여 팀 간 경쟁이 아닌 팀원과 어떻게 협력하고 소통해야 모두 즐겁게 체육시간을 즐길 수 있는지 생각해 보게 합니다. 체육수업에서 학생을 관중으로 만드느냐 참여자로 만드느냐는 선생님의 생각과 노력에 달려있습니다. 그 고민을 조금이라도 이 책이 풀어드렸으면 좋겠습니다.

# PART 03
# 어디든 놀이

#친_현장&선생님
#친_절한동영상
#친_구같은_소통거리

"놀이는 변형을 위해 존재. 선생님이 생각하는 것이 곧 답입니다."

by 송성근

Chapter

01

어디든+맨손 놀이

활동 영상 보러가기

어디든+맨손

# [건강] 지그재그 릴레이 놀이

📍 상세 준비물 : 없음

---

#지그재그_민첩성 #팀협력_그레잇 #즐거운_건강놀이 ▾ 🔍

1. 6명이 한팀으로 손잡고 원으로 선다. ①

② 각팀의 첫번째 주자는 팀원을 지그재그로 통과한다.

④

4. 주자의 오른쪽 학생이 다음주자로 출발한다.

③

3. 원 안으로 들어가며 시작한다.

---

**놀이 소개**

아무 준비물 없이 어디서든 활동할 수 있는 놀이는 어떤가요? 팀이 원형으로 손을 잡고 마치 유기체처럼 주자와 함께 움직여 주는 놀이입니다. 지그재그로 빨리 통과하여 다음 주자에게 터치해야 이길 수 있어 자연스럽게 유연성 및 순발력이 증진되는 팀 협력 릴레이 놀이입니다.

## 놀이 방법

① 5~10명이 한 팀으로 손을 잡고 원 모양으로 선다.
② 각 팀의 첫 번째 주자는 팀원을 지그재그로 통과한다.
　　↪ 주자가 출발할 때에는 원 안으로 들어가며 시작한다.
③ 주자의 오른쪽 학생이 다음 주자로 출발한다.
④ 팀원은 주자가 통과할 때 잘 갈 수 있게 협력한다.
　　↪ 협력하는 방법 : 손 들어주기, 몸 피해주기 등
⑤ 모든 팀원이 터치하며 빠르게 움직여 릴레이한다.
⑥ 릴레이를 먼저 끝낸 팀이 이긴다.
　　↪ 먼저 끝낸 팀은 손을 잡고 자리에 앉으며 "성공!"을 외친다.

## 놀이 유의사항

① 주자가 도착하는 것을 확인하고 다음 주자가 출발한다.
② 주자가 지그재그로 통과하며 다치지 않게 팀이 협력해 준다.
③ 지그재그로 통과한 앞선 주자가 다음 주자의 등을 터치하면 출발한다.

### 놀이활용 TIP

① 팀 경쟁 대신 반 전체가 특정 시간을 목표로 도전하는 활동으로 해도 좋다.
② 인원은 5~10명, 바퀴 수는 재량(1~2바퀴)으로 정한다.

Chapter

02

# 어디든+팀조끼 놀이

어디든+팀조끼

활동 영상 보러가기

# [건강] 돌아라! 잡아라! 놀이

📍 **상세 준비물 : 팀조끼(팀당 1~2개), 초시계(스마트폰)**

#잡아라_돌아라 #민첩성_팀협력 #30초_대결!

### 놀이 소개

팀조끼 한 개로 어디서든 활동할 수 있는 놀이는 어떤가요? 수비팀이 원형으로 손을 잡고 마치 유기체처럼 술래를 피해 함께 움직이는 놀이로, 가운데에 있는 팀조끼를 벗어나지 않으면서 도전자의 터치를 막아야 합니다. 도전자는 팀조끼를 입은 학생을 터치하기 위해 수비팀을 좌우로 흔들면서 민첩성 있게 움직여야 합니다. 민첩성 및 순발력이 증진되는 팀 협력 놀이입니다.

## 놀이 방법

① 남녀를 분리해서 한 팀당 6~9명으로 나눈다.

② 수비팀은 가운데 팀조끼를 놓고 손을 잡고 원형으로 선다.

　⮑ 가운데 팀조끼 대신 마커, 콘 등 움직이지 않은 물체로 대체할 수 있다.

　⮑ 수비팀의 원형이 위험하게 움직일 수 있어 원형의 중심을 잡기 위해 놓는다.

③ 수비팀 중 한 명은 팀조끼를 입는다.

　⮑ 팀조끼 입는 역할은 모두 돌아가며 할 수 있도록 한다.

④ 원 밖에서 도전자 1명은 출발 신호를 기다린다.

　⮑ 도전자는 모두 돌아가며 할 수 있도록 한다.

　⮑ 원 밖에서 시간(30초)를 재는 친구가 대기하며, 시간이 되면 시간 종료를 알려준다.

⑤ 시작 신호와 함께 도전자는 원 밖을 좌우로 돌며 팀조끼 입은 학생을 터치하기 위해 움직인다.

⑥ 수비팀은 도전자가 팀조끼 입은 학생을 터치하지 못하도록 손잡고 협력하며 좌우로 돈다.

⑦ 다음의 경우 도전팀이 득점한다.

　⮑ 수비팀이 돌다가 손을 놓친 경우

　⮑ 수비팀이 중앙의 팀조끼를 발로 밟거나 벗어난 경우

　⮑ 수비팀이 도전자를 고의로 몸을 이용해 막은 경우

　⮑ 30초 이내에 도전자가 팀조끼 입은 학생을 터치한 경우

⑧ 도전 시간 30초가 지나면 도전팀과 수비팀이 역할을 바꾸어 실시한다.

⑨ 중간에 쉬는 시간을 주어 충분히 쉬며 활동시키고 득점제로 승패를 결정한다.

## 놀이 유의사항

① 수비팀은 도전자의 움직임을 몸으로 막지 않는다.

② 수비팀 가운데 팀조끼를 벗어나면 실점이므로 팀조끼를 중심으로 움직인다.

③ 수비팀의 팀조끼 입는 학생의 역할은 모두 돌아가며 실시하고, 수비팀과 도전
팀 역할도 번갈아 가며 한다.

### 놀이활용 TIP

① 수비팀은 손잡기 대신 어깨동무를 해도 좋다.

② 도전 시간은 재량(20초, 30초, 40초 등)으로 정한다.

③ 중간 쉬는 시간도 재량(쉬면서 활동시키기)으로 정한다.

어디든+팀조끼

활동 영상 보러가기

# [건강] 돌아라! 잡아라! 변형 놀이

📍 **상세 준비물 : 팀조끼(팀당 2~3개), 초시계(스마트폰)**

#왔다리_갔다리 #사이드스텝_수비 #30초_버텨라!

1. 수비팀은 손잡고 박자에 맞춰 사이드 스텝 돌기 연습을 한다. ①

2. 도전자는 수비팀원 중 2명을 지목, 팀조끼를 입는다. ②

5. 도전자는 팀조끼 입은 수비자를 터치하기 위해 좌우로 돈다 ④

8. 시간내에 도전자가 팀조끼 수비를 터치하면 이긴다. ③

## 놀이 소개

팀조끼를 입은 학생이 1명일 때 도전자가 터치해서 성공하기가 생각보다 어렵습니다. 수비팀의 팀조끼 입은 학생을 2~3명으로 늘려 도전자가 성공할 수 있는 기회를 높일 수 있습니다. 또한, 수비팀 전체가 터치를 피하기 위해서 사이드 스텝으로 돌아 속도를 낮춰 안전성을 높여주고 공격과 수비의 밸런스를 조절할 수 있습니다. 다양하게 변형하며 놀이를 안전하고 재미있게 즐겨보길 바랍니다.

PART 01 친화의 놀이프트

PART 02 짝기 초

PART 03 메디트 놀이

PART 05 미니 놀이

PART 06 룸과 놀이

PART 07 력조

## 놀이 방법

① 수비팀은 손을 잡고 박자에 맞춰 사이드 스텝으로 도는 방법을 익힌다.
   - 사이드 스텝 : 한 발을 옆으로 내고 뒷발을 끌어 붙이는 형태
   - 시계방향으로 박자에 맞춰 돌다가 "반대!"라고 말하면 반대로 방향을 바꿔 돈다.
   - 중앙에 놓인 팀조끼를 벗어나지 않은 채 팀이 협력하여 돈다.
② 수비팀은 가운데 팀조끼를 놓고 손을 잡고 원형으로 선다.
   - 가운데 팀조끼 대신 마커, 콘 등 움직이지 않은 물체로 대체할 수 있다.
   - 수비팀의 원형이 위험하게 움직일 수 있으므로 원형의 중심을 잡기 위해 놓는다.
③ 도전자는 수비팀 중 두 명을 지목하고, 지목 당한 수비팀원은 팀조끼를 입는다.
④ 원 밖에서 도전자 한 명은 출발 신호를 기다린다.
   - 도전자는 모두 돌아가며 할 수 있도록 한다.
   - 원 밖에서 시간(30초)을 재는 친구가 대기하며, 만약 시간이 되면 시간 종료를 알려준다.
⑤ 시작 신호와 함께 도전자는 원 밖을 좌우로 돌며 팀조끼 입은 2명의 학생을 터치하기 위해 움직인다.
⑥ 수비팀은 도전자가 팀조끼 입은 학생을 터치하지 못하도록 손잡고 협력하며 좌우를 사이드 스텝으로 돈다.
⑦ 다음의 경우 도전팀이 득점한다.
   - 수비팀이 돌다가 손을 놓친 경우
   - 수비팀이 중앙의 팀조끼를 발로 밟거나 벗어난 경우
   - 수비팀이 도전자를 고의로 몸을 이용해 막은 경우
   - 30초 이내에 도전자가 팀조끼 입은 2명의 학생을 터치한 경우
⑧ 도전 시간 30초가 지나면 도전팀과 수비팀이 역할을 바꾸어 실시한다.
⑨ 중간에 쉬는 시간을 주어 학생들이 충분히 쉬고 활동할 수 있도록 득점제로 승패를 결정한다.

## 놀이 유의사항

① 수비팀은 도전자의 움직임을 몸으로 막지 않는다.
② 수비팀 가운데 팀조끼를 벗어나면 실점이므로 팀조끼를 중심으로 움직인다.
③ 수비팀은 사이드 스텝으로만 도전자의 터치를 피한다.

### 놀이활용 TIP

① 수비팀의 팀조끼 숫자는 2~3명이 적당하다.
② 도전 시간은 재량(20초, 30초, 40초 등)으로 정한다.
③ 수비팀의 사이드 스텝 대신 자유롭게 뛰기로 대체할 수 있다.

Chapter

03

# 어디든+공 놀이

활동 영상 보러가기

실내+공

# [건강] 다리 벌려 3종 놀이

📍 상세 준비물 : 공(팀당 1~2개)

#공_왔다리갔다리 #아웃없어_굿 #즐거운_실내놀이 🔍

4. 공을 굴려 3바퀴가 돌아오는 시간을 ①

② 다리 사이로 공이 지나가면 (-1포인트)

공 2개 활용

6. 어느정도 적응이 되면 한손만을 이용한다.

## 놀이 소개

실내에서 공 1~2개를 가지고 활동할 수 있는 쉽고 간단하면서 재미있는 매력적인 실내놀이입니다. 굴러온 공을 상대방의 다리 사이로 넣어 포인트를 차감시키는 방식으로 다음과 같이 3종으로 되어 있습니다.

①다리 벌려 공굴리기(협력놀이, 준비놀이) : 시간 경쟁 또는 자신들이 세운 기록
   을 깰 수 있도록 협력하는 놀이
②앞 방향 다리 벌려 공 막기(양손 이용, 한 손 이용, 공 1~2개)
③뒷 방향 다리 벌려 공 막기(양손 이용, 공 1~2개)

PART 01 음악의 놀이예술

PART 02 우리가 짠

PART 03 아디드 놀이

PART 05 리듬 놀이

PART 06 전통과 놀이

PART 07 부록

## 놀이 방법

### ■ 놀이 1) 다리 벌려 공굴리기(협력놀이, 준비놀이)

① 시간을 재기 위해 타이머를 준비한다.

② 두 팀으로 나눈 후 다리 벌려 원을 만든다.

③ 공을 앞사람 다리 사이로 굴린다.

   ↪ 공을 앞으로 굴리는 경우, 공을 뒤로 굴리는 경우(2가지 방식)

④ 공을 굴려 3바퀴를 돌고 들어오는 시간을 잰다.

⑤ 공이 빠지면 빠트린 사람이 공을 가져와 계속한다.

   ↪ 공이 안 빠지게 협력하여 굴린다.

⑥ 정해진 시간 안에 공이 들어오면 성공하는 팀이 승리하며, 협력 놀이 또는 팀 경쟁 놀이로 할 수 있다.

### ■ 놀이 2) 앞 방향 다리 벌려 공 막기

① 원의 중심을 보고 어깨 넓이 이상으로 다리를 벌리고 선다.

② 각자 10포인트씩 주어진다.

③ 공을 굴려서 상대방의 다리 사이로 넣어 공격한다.

④ 수비 측에서는 공이 다리 사이로 지나가지 않게 손을 이용하여 잘 막는다.

⑤ 다음과 같은 상황에서 1포인트가 차감된다.

   ↪ 소리를 내었을 때

   ↪ 자신의 다리 사이로 공이 지나갔을 때

   ↪ 공을 잡고 3초 이내에 굴리지 않았을 때

   ↪ 바로 옆 사람의 다리 사이로 공을 넣었을 때

   ↪ 무리하게 공을 쳐서 공이 뜨거나 원 밖으로 나갔을 때

⑥ 어느 정도 적응이 되면 한 손만을 이용하여 공을 굴리거나 공을 1개 더 투입한다.

⑦ 활동이 마무리되면 각자 포인트를 계산해서 보상한다.

### ■ 놀이 3) 뒷 방향 다리 벌려 공 막기

① 앞 방향 다리 벌려 공 막기와 같은 방식이다.

② 공의 세기가 더 세기 때문에 공이 뜨는 경우를 조심한다.

③ 어느 정도 적응이 되면 공을 1개 더 투입한다.

④ 활동이 마무리되면 각자 포인트를 계산해서 보상한다.

① 자신의 포인트를 양심껏 계산하도록 지도한다.

② 놀이 시간이 길어지는 경우 중간에 잠깐 쉬게 하여 다리를 풀게 한다.

③ 놀이 전 모두 다리를 어깨 넓이 이상 벌리게 하여 비슷한 조건이 되도록 한다.

### 놀이활용 TIP

① 교실이나 운동장에서도 가능하다.

② 처음 지급하는 포인트는 시간에 따라 재량으로 정한다.

③ 포인트제 대신에 아웃제(1판 5분 이내 활동 시간)로 할 수 있다.

어디든+공

활동 영상 보러가기

# [건강] 원바운딩 놀이 1

📍 상세 준비물 : 공(팀당 1개)

#한마음_한몸으로 #간단한_몸풀기 #팀_협력

① 1. 5명~7명, 한 팀으로 공 1개를 준비하고 원형으로 선다.

② 2. 손바닥으로 공의 아래를 쳐서 안으로 원바운딩 시킨다.

④ 11. 원바운딩이 오래 유지되게 팀원 모두 노력한다.

③ 10. 자세를 낮추고 공을 언제든 칠 준비를 한다.

## 놀이 소개

팀 협력도를 높이기 좋은 원바운딩 놀이입니다. 팀이 원형으로 서서 공의 아랫부분을 손바닥으로 치며 원바운딩을 유지하는 놀이로 간단하고 쉬워 모든 학년이 쉽게 접근할 수 있습니다. 협력하지 않으면 이길 수 없는 놀이로 혼자서 또는 일부만 연속해서 바운딩을 시키면 안 됩니다. 공과 관련한 체육수업 전 몸풀기용으로도 좋은 놀이입니다.

① 5~7명이 한 팀으로 공 1개를 준비하고 원형으로 선다.

② 1명이 공을 원 안으로 던져 바운딩시켜 놀이를 시작한다.

③ 손바닥으로 공의 아래를 쳐서 원 안으로 원바운딩시킨다.

④ 팀원은 언제든 공을 칠 준비를 하며, 자기 앞으로 온 공은 손바닥으로 쳐서 원바운딩이 되게 한다.

⑤ 원바운딩이 오래 유지되게 다음과 같이 팀원 모두 노력한다.

    ↳ 자세를 낮추고 공을 언제든 칠 준비를 한다.

    ↳ 팀원이 실수를 하여도 서로 파이팅하며 즐겁게 활동한다.

    ↳ 공치는 것을 서로 미루지 말고 적극적으로 원바운딩시킨다.

⑥ 공이 원바운딩 유지가 안 될 때까지의 개수를 센다.

    ↳ 공이 신체 일부에 맞으면 안 된다.

    ↳ 공이 벽이나 천장에 맞으면 안 된다.

    ↳ 공이 원 밖으로 나가 투바운딩 이상이 되면 안 된다.

    ↳ 팀의 일부(1~3명)만 참여하는 것은 반칙이므로 모두 참여하도록 한다.

⑦ 정해진 시간(5분)에 가장 많이 성공한 개수로 등위를 가른다.

① 실수해도 이해하며 서로 격려하고 즐겁게 활동한다.

② 팀원의 일부만 참여하지 않고 모두 참여하도록 한다.

③ 다른 팀에 방해가 되지 않도록 팀별 간격을 적절하게 둔다.

#### 놀이활용 TIP

① 공의 신체 접촉 허용 여부는 재량으로 정한다.

② 바운딩 허용 숫자는 수준에 따라 늘릴 수 있다.

③ 넓은 공간이라면 배구 동작, 족구 동작도 활용 가능하다.

어디든+공

활동 영상 보러가기

# [건강] 원바운딩 놀이 2

📍 상세 준비물 : 공(팀당 1개)

#원바운딩유지_팀협력 #적극_참여 #방법_다양

## 놀이 소개

'원바운딩 놀이 2'는 팀원이 원형으로 서서 손바닥으로 공의 아랫부분을 쳐서 원바운딩을 유지시키는 놀이로 팀원이 협력하여 다양한 방법으로 원바운딩을 시킵니다. 첫 번째 방법은 시계방향의 옆 사람이 원바운딩 하기, 두 번째 방법은 주로 사용하지 않은 손으로 원바운딩 하기, 세 번째 방법은 손과 손이 아닌 신체 부위를 번갈아 가며 원바운딩 하기입니다. 이런 형태로 배구나 축구, 족구의 기본기 연습 때 하면 좋은 놀이입니다. 다양하게 원바운딩 하며 팀원과 협력하는 방법을 익혀봅시다.

## ■ 놀이 1) 시계방향으로 원바운딩

① 5~6명이 한 팀으로 공 1개를 가지고 원형으로 선다.

② 공을 위로 가볍게 던지며 놀이를 시작하고 손바닥으로 공의 아랫부분을 치며 원바운딩을 시킨다.

③ 공을 처음 친 학생부터 시계방향으로 돌아가며 다음을 유의하며 쳐야 한다.

　☞ 옆의 사람이 잘 칠 수 있도록 협력해서 원바운딩시킨다.

　☞ 원바운딩이 안 되거나 손바닥이 아닌 신체 부위에 닿으면 안 된다.

④ 원바운딩이 되는 개수가 더 많은 팀이 이긴다.

## ■ 놀이 2) 주로 사용하지 않은 손으로 원바운딩

① 주로 사용하는 손은 허리 뒤로 한다.

② 공을 위로 가볍게 던지며 원바운딩을 시작한다.

③ 주로 사용하지 않은 손만을 이용하여 원바운딩의 개수를 센다.

④ 시계방향의 옆 사람이 공을 원바운딩시킨다.

⑤ 원바운딩이 멈출 때까지의 개수가 많은 팀이 이긴다.

## ■ 놀이 3) 손과 손이 아닌 신체 부위 번갈아 바운딩

① 손으로 한 번, 손이 아닌 신체 부위로 번갈아가며 실시한다.

② 손과 손이 아닌 신체 부위를 한 번씩 번갈아 한다.

　☞ 손이 아닌 신체 부위 : 무릎, 발, 머리, 어깨 등

　☞ 최대한 안정적으로 원바운딩이 유지되게 집중한다.

　☞ 손이 아닌 신체 부위를 칠 때가 어려우니 손으로 치는 사람은 공을 최대한 안정적으로 만든다.

③ 원바운딩 개수를 잘 세고 원바운딩을 많이 한 팀이 이긴다.

① 놀이의 방법을 정확히 익혀 활동한다.

② 팀원이 실수해도 이해하며, 팀원과 협력한다.

③ 팀원끼리 서로 이야기하며, 원바운딩을 유지시킨다.

### 놀이활용 TIP

① 투바운딩까지 허용 여부는 재량으로 정한다.

② 축구나 족구의 경우 인사이드로 원바운딩을 하면 좋다.

③ 배구의 경우 언더핸드, 오버핸드 원바운딩을 하면 좋다.

어디든+공

# [건강] 원바운딩 놀이 3

📍 상세 준비물 : 공(팀당 1개), 팀조끼(인원의 절반), 라인 또는 마커(원 라인 그리기용)

---

#팀협력+팀경쟁 #적극_참여 #어느팀_차례?!

## 놀이 소개

원바운딩 놀이 1과 2를 통해서 원바운딩을 유지시키는 법을 익혔다면, '원바운딩 놀이 3'은 팀별 경쟁놀이입니다. 일정한 원(약 3~4m) 밖에서 두 팀이 섞여 서서 번 갈아가며 원바운딩을 시켜야 하는 놀이로 자기 팀이 쳐야 할 타임에 치지 못하면 실점합니다. 원 안으로는 한 발만 넣을 수 있으며 뒷발은 선을 밟지 않고 원 밖에 있어야 하기 때문에 놀이 전에 자세를 연습하면 보다 수월하게 놀이 방법을 익힐 수 있습니다. 팀명을 말하며 원바운딩시키기 때문에 어느 팀이 원바운딩을 시켜 야 하는지 활동에 집중해야 합니다.

① 라인 테이프나 마커 또는 줄을 이용해 지름 4m 정도의 원을 만든다.

　↳ 체육관의 농구 센터 원 라인을 이용해도 좋다.

② 공 1개와 점수판을 준비한다.

③ 원 밖으로 A팀, B팀이 섞여 선다.

④ 본 놀이 전 선생님이 팀명(빨강, 노랑)을 말하면 해당 팀만 움직이고 다음과 같이 연습한다.

　↳ 노랑팀, 빨강팀 번갈아 가며 연습한다.

　↳ 한 발을 원 안으로 넣으며 팀명을 복창한다.

　↳ 두 발 중에 한 발은 원 안으로 들어가면 안 된다.

　↳ 각 팀명을 번갈아가며 집중해서 반복 연습한다.

　↳ 큰소리로 자신의 팀명을 말하며 정확한 자세로 연습한다.

　↳ 한 손을 원 안으로 뻗으며 공의 아랫부분을 치는 모습을 흉내낸다.

⑤ 충분한 연습 후 서브로 놀이를 시작한다.

　↳ 서브 : 공 1개를 원 안으로 던지며 자신의 팀명을 말한다.

⑥ 서로 번갈아 가며 손바닥으로 공을 쳐 원바운딩시킨다.

　↳ 공은 원 안에서 허리 높이 이상으로 바운딩이 되게 친다.

⑦ 원 안으로 한 발만 뻗어 칠 수 있으며 뒷발은 선 밖에 있다.

　↳ 공이 자신의 앞으로 오면 원 안으로 발을 넣지 않고 쳐도 된다.

⑧ 다음과 같은 경우 실점한다.

　↳ 공을 치며 팀명을 말하지 않으면 실점한다.

　↳ 손바닥으로 친 공이 선 밖으로 나가면 실점한다.

　↳ 자기 팀이 칠 차례에 아무도 치지 않으면 실점한다.

　↳ 공을 손바닥으로 아래에서 위로 치지 않으면 실점한다.

⑨ 자기 팀이 칠 차례에 앞으로 온 공을 미리 준비하고 있다가 팀명을 말하며 친다.

⑩ 득점 또는 실점이 되면 이긴 팀의 서브로 다시 시작한다.

⑪ 자신 있게 자기 팀 차례에 열심히 참여하며 팀과 협력하여 상대팀의 실수가 나올 때까지 최선을 다한다.

⑫ 일정한 시간에 다득점한 팀이 이긴다.

① 상대방의 진로나 활동을 몸으로 방해하지 않는다.

② 손바닥으로 공을 칠 때 큰소리로 자신의 팀명을 말하게 한다.

③ 중앙에 있는 볼은 같은 팀 두 명 이상이 들어가 공을 쳐도 된다.

## 놀이활용 TIP

① 라인 표시는 마커, 점프밴드, 농구코트 원 등을 활용하면 된다.
② 공 옆으로 치기도 허용되며 나가면 아웃이 된다.

PART 01 협동의 놀이체육

PART 02 박기 초

PART 03 어디든 놀이

PART 05 술나 놀이

PART 06 운동장 놀이

PART 07 보물

# 철봉의 존재 이유

#평생_체육

철봉하면 무슨 생각이 나시나요? 전 초등학교 아니, 국민학교 때 철봉에서 다리걸 어 돌기 수업을 하다가 떨어진 기억부터 납니다. 그 뒤로 친구들은 철봉에 매달려 잘 놀았지만 저는 철봉 운동하는 것을 자연스럽게 무서워하게 되었죠. 또 체력급 수시험(체력장)을 본 것도 기억이 나는데요. 오래 버티기, 턱걸이 몇 개 하는지를 평가받은 기억이 있습니다. 초등학교 운동장에 철봉이 있는 이유는 뭘까요? 철봉 운동을 통한 기초체력 증진이 주목적이지 않을까요?

하지만 저에게 철봉은 무서운 운동기구 또는 평가받기 위한 도구라는 이미지가 큽니다. 운동을 잘하고 체육을 좋아하는 저에게도 어릴 적 어떤 경험을 하느냐에 따라 특정 운동기구나 운동종목에 대한 부정적 이미지가 만들어 졌습니다. 이런 경험에 비추어 본다면 우리 아이들이 체육에 대한 이미지를 만드는 데 초등시절 학교체육의 경험이 중요하다고 생각합니다. 그런 의미를 되새겨 보며, 2015 개정 교육과정의 체육과 목표를 보면 다음과 같습니다.

| 2015 개정 교육과정 체육과 목표 | 신체활동을 통하여 활기차고 건강한 삶에 필요한 핵심역량을 습득함으로써 스스로 미래의 삶을 개척하고 바람직한 사회인으로 살아갈 수 있는 지식, 기능, 태도를 기르는 것을 목표로 한다.<br><br>이와 같은 체육과의 목표를 달성하기 위해 초등학교에서는 체육과 역량을 기르기 위한 '신체활동의 기본 및 기초 교육'을, 중학교에서는 '신체활동의 심화 및 적용 교육'을 담당한다. |
| --- | --- |

이를 토대로 초등 체육과 목표를 재해석해 보면 초등 체육의 궁극적인 목표는 즐거운 신체활동을 통해 평생체육의 기틀 마련하기라고 생각합니다. 어릴 적 저의 철봉에 대한 경험과 기억으로 현재의 철봉에 대한 이미지가 만들어진 것처럼 초등학생들에게 지금의 경험이 미래의 체육에 대한 이미지가 될 것입니다.

체육을 싫어하는 학생을 좋아하게 만들기는 어렵습니다. 하지만 단순히 싫어하는 것을 넘어 증오가 되어 운동하는 것을 부정적으로 생각하는 어른이 되는 것은 막아야 됩니다. 어릴 적부터 체육에 대한 긍정적인 이미지와 가야 할 목표를 잘 지도해 준다면 평생체육의 길을 우리가 열어 줄 수 있지 않을까 생각해 봅니다.

# '체육', 힘들다

### 송선생님의 체육시간(교단일기)

체육수업시간. 그동안 티볼 공 주고받기, 배팅 연습, 수비 연습 등을 하고 오늘 드디어 티볼 경기를 하기로 약속한 날이다. 학생들의 기대가 가득한 경기를 하기 전 오늘의 미세먼지 농도를 보니 54. '다행이다.' 그런데, 그 밑으로 초미세먼지 농도 40 '나쁨'이다. 안 볼걸 그랬다. 결국 실내체육. 학생들의 반응이 어떨지 초조해진다.
미세먼지가 뭔지? 이런 미세뭔지?!!

예상과 다른 기상환경에 강당 사용이 가능한지 강당 시간표상에 사용하는 반에 전화를 해서 물어봤다. 다행히도 사용 가능. 학생들은 다행이 아닌 불행인 표정. (얘들아! 난 최선을 다하고 있다.) 마땅히 생각해 둔 게 없어 지난달에 잠깐 했던 매트운동을 해야겠다. 구석에 쌓아져 있는 매트를 바닥에 깔고 준비운동을 했더니 벌써 수업시간 10분이 지났다. 수업을 시작하려고 하던 그때 지난번에 앞구르기를 하고 목이 아파서 오늘 수업을 못하겠다고 하는 아이들이 등장한다. (분명 방금 전까지 정말 멀쩡했었는데…)

참여가 어려운 학생을 제외하고 오늘은 다리 벌려 앞구르기를 하기로 생각했다. 다치는 학생이 없어야 하는데 걱정이다. 직접 시범을 보여 주려는데 몸을 안 풀고 해서인지 다리가 안 찢어져 겨우 일어섰다. 3번의 유도 끝에 박수를 겨우 받아냈다. 결국, 체육을 잘하는 학생에게 시범을 보이도록 하고 난 옆에서 말로만 지도. 한 명씩 시켜보며 칭찬으로 흥을 돋아 주지만 대부분이 어려워하고 반응도 그저 그렇다.

*난 최선을 다해 체육수업을 했는데 어디서부터 잘못된 거지??!! 교과서에 나온 대로 충실히 지도하려고 노력했는데… 학생들은 떠나고 매트를 질질 끌며 오늘 오후에는 인디스쿨에 들어가 봐야겠다고 마음먹었다.*

위의 교단일기를 읽고 공감되는 부분이 있었나요? 현장에서 선생님들이 체육수업을 힘들어 하는 이유를 정리해 보았습니다. 여러분에게 해당하는 것을 체크해보세요.

| NO | 내용 | 관련 | 체크 |
|---|---|---|---|
| 1 | 학생 안전사고 걱정 | 체육 인식 | |
| 2 | 체육에 자신이 없고 체육 자체에 대한 기피 | | |
| 3 | 체육활동 재구성의 어려움 | 수업 준비 | |
| 4 | 재미있는 체육수업에 대한 어려움 | | |
| 5 | 체육용품 준비 및 정리의 어려움 | | |
| 6 | 신체활동 시범의 어려움 | 수업 진행 | |
| 7 | 체육교과 내용 설명 및 진행의 어려움 | | |
| 8 | 교실보다 운동장에서의 학생 통제 어려움 | | |
| 9 | 황사, 우천, 혹서기, 혹한기 등 기상 환경의 곤란함 | 체육 환경 | |
| 10 | 체육시설(체육관, 강당 등)이 조성되어 있지 않은 어려움 | | |

몇 개를 체크하셨나요? 제가 운영하는 네이버 밴드에서 실태조사를 한 결과, 가장 크게 어려움을 겪는 부분이 '재미있는 체육수업에 대한 어려움'(50%, 84명 중 42명 체크), '기상환경의 곤란함'(56%, 84명 중 47명 체크), '체육시설 미조성'(53% 중 44명 체크)으로 나타났습니다.

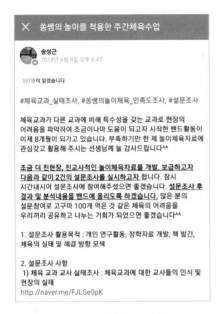

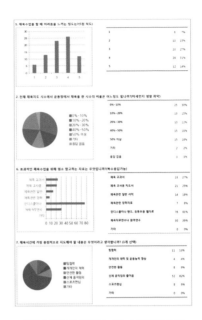

네이버 밴드의 실태조사 게시글      체육수업의 어려움을 느끼는 구체적인 요인
(실태조사 결과)

위의 어려움을 극복하기 위한 저의 생각은 다음과 같습니다.

선생님 입장에서 체육시간은 항상 고민의 시간이다. 오늘 체육시간에는 무엇을 할까? 무엇을 준비해야 할까? 날씨는 어떨까? 등 생각해야 할 것이 많다. 특히, 요즘 미세먼지 농도기준이 강화됨에 따라 체육관이나 실내 체육시설이 없는 학교 현장에서는 체육수업이 더욱 어려워지고 있는 실정이다.

그렇다면 체육교육과정이 담겨 있는 체육교과서가 선생님 입장에서 많은 도움이 될까? 교과서 내용에 나와 있는 체육자료를 자세히 살펴보면 교실에서 신체 움직임이 있는 자료는 없으며, 교과서에 나와 있는 활동의 용품이 없거나 준비가 어려워 선생님이 재구성 하지 않으면 안 되는 상황이 많다.

이러한 상황을 타파하고자 교과서 밖 놀이체육의 인기가 높아지고 있다. 쉽고 재미있는 놀이를 체육과 접목시켜 학생, 학급, 환경 상황에 따라 변형하여 친선생님, 친현장, 친학생의 놀이체육 자료가 필요하다.

이러한 놀이체육 자료의 핵심 관점은 첫째, 환경(체육시설, 기상상황)의 영향을 덜 받으며 선생님의 준비(체육용품, 교육과정 재구성)와 진행은 최소화, 학생들의 신체 움직임(ALT-PE) 및 흥미, 재미는 극대화가 되어야 한다. 둘째, 체육관 없는 학교 및 기상상황(미세먼지, 혹서기, 혹한기, 우천, 장마) 등에 따른 실내 놀이체육(다목적실, 교실)이 필요하다. 이에 최소한의 준비로 최대의 수업 효과를 낼 수 있는 놀이체육을 만들어 선생님들에게 제공해 드린다면 선생님과 학생 모두 행복한 체육시간이 될 것이다.

PART 01 환경의 놀이체육

PART 02 학기초

PART 03 미디어 놀이

PART 05 팀피 놀이

PART 06 팀프로젝트 놀이

PART 07 부록

# PART 04
# 교실 놀이

#미세뭔지?!_놀이체육알지?!
#교과서밖_학교안_놀이체육

"미세먼지가 와도 교과서 밖의 놀이체육으로 학교 안에서 체육을 즐겨 봅시다."

by 송성근

# 교실+맨손 놀이

教室+맨손

활동 영상 보러가기

# [건강] 가위바위보 씨름 5종 놀이

📍 상세 준비물 : 의자와 책상

#가위바위보_종목선택권, #책걸상_활용, #씨름_종합선물세트  ▾  🔍

## 놀이 소개

실내에서 할 수 있는 씨름의 종류가 많죠? 이것을 모두 묶어서 해 보는 건 어떨까요? 씨름의 종류에는 무릎씨름, 팔씨름, 손가락씨름, 손뼉씨름, 돼지씨름이 있습니다. 가위바위보를 해서 이긴 학생이 종목을 선택하고 해당 종목의 씨름을 해서 이긴 학생 2점, 진 학생 1점을 얻는 놀이입니다. 누적한 최종 점수로 우승자를 가리는 놀이로 상대를 달리하여 학급의 모든 학생과 한 번씩 각 종목의 놀이를 할 수 있어 좋습니다. 가위바위보를 연속으로 이길 시 같은 종목을 연속해서 할 수는 없게 하여 다양한 종목을 치르게 하였습니다.

PART 01 학년 초 놀이

PART 02 짝기 초

PART 04 교실 놀이

PART 05 체육 놀이

PART 06 진로별 놀이

PART 07 부록

## 놀이 방법

① 책상과 의자를 활용해 다음과 같이 놀이장을 준비한다.

   ↪ 무릎씨름 : 의자 2개를 마주보게 하여 2쌍을 놓는다.

   ↪ 팔씨름 : 책상을 가운데 놓고 의자를 마주보게 하여 2쌍을 놓는다.

   ↪ 손가락씨름 : 책상과 의자 2개를 마주보게 하여 2쌍을 놓는다.

   ↪ 손뼉씨름 : 중앙에 넓게 공간을 비워둔다.

   ↪ 돼지씨름 : 한쪽 구석에 공간을 비워둔다.

   ↪ 가위바위보 장소 : 한쪽에 공간을 비워둔다.

② 모두 가위바위보 장소에 모인 후 동성끼리 가위바위보를 한다.

③ 이긴 학생이 원하는 장소로 친구를 데려간다.

④ 해당하는 종목의 씨름을 각자 실시한다.

⑤ 각 놀이장에 학생이 꽉 차 있으면 대기하며 심판을 본다.

⑥ 승패가 나면 이긴 학생은 2점, 진 학생은 1점을 얻는다.

⑦ 놀이가 끝난 학생은 가위바위보 장소로 간다.

⑧ 다른 친구와 만나 가위바위보를 한다.

⑨ 일정 시간 경과 후 누적점수가 높은 학생에게 보상한다.

   ↪ 보상방법 : 칭찬하며 박수 쳐주기

## 놀이 유의사항

① 자신의 포인트를 양심껏 계산하도록 지도한다.

② 학급의 모든 친구와 한 번씩 돌아가며 활동한다.

③ 몸 접촉이 있는 놀이가 있으니 동성끼리 활동을 하게 한다.

④ 놀이 전 각 씨름의 규칙 및 승패 구조에 대한 이해 및 연습을 실시한다.

### 놀이활용 TIP

① 각 씨름별 규칙 이해 및 연습은 재량으로 정한다.

② 종목 선택권을 정할 때 가위바위보 대신 묵찌빠를 할 수 있다.

③ 씨름 종류 추가는 재량이며, 입씨름('구구단을 외자!' 등)도 있다.

활동 영상 보러가기

# [건강] 원형 인간숫자 터치 놀이

📍 상세 준비물 : 없음

#숫자_터치_기억, #인간숫자_활용, #순발력_굿

## 놀이 소개

좁은 교실에서 인간숫자를 외워 민첩하게 활동하는 놀이 어떤가요? 인간숫자팀과 도전팀으로 나눠 원형의 인간숫자를 순서대로 터치하며 릴레이하는 놀이입니다. 인간숫자팀은 도전팀 모르게 숫자를 정한 후 도전팀이 손으로 터치할 때 자신의 숫자를 알려 줍니다. 도전팀은 민첩하게 움직이며 첫 번째 학생은 인간숫자 '1', 두 번째 학생은 인간숫자 '1', '2'를 터치해야 하기 때문에 인간숫자를 기억하고 자기 순서에 맞게 인간숫자를 터치하고 나와야 합니다. 팀원이 함께 도와주며 빠르게 상대 도전팀보다 먼저 성공해야 이기는 놀이입니다.

## 놀이 방법

① 도전팀과 인간숫자팀으로 나눈 후 인간숫자팀은 도전팀 모르게 숫자를 정한 후 원형으로 숫자를 섞어 선다.

② 도전팀은 순서를 정해 원형 밖에서 순서를 정해 벽에 붙어 선다.

③ 인간숫자팀은 오른손 손바닥을 앞으로 내민다.

　↳ 도전팀이 인간숫자의 손바닥을 칠 때는 살살 치게 한다.

　↳ 도전팀이 원에 들어와 인간숫자의 손바닥을 치면 자신의 숫자를 큰소리로 알려준다.

④ 도전팀은 순서를 정해 원 밖에 선다.

⑤ 시작 신호와 함께 도전팀 첫 번째 학생은 인간숫자 '1'을 터치하고 나온다.

　↳ 도전팀은 첫 번째 학생이 인간숫자의 손바닥 터치할 때 공개된 숫자를 잘 기억한다.

⑥ 도전팀 첫 번째 학생은 다음 주자에게 릴레이하기 위해 모두와 손터치 후 맨 뒤에 선다.

⑦ 다음과 같은 순서로 도전팀은 인간숫자를 손바닥 터치해야 한다.

　↳ 두 번째 주자는 인간숫자 '1', '2'를 순서대로 터치한다.

　↳ 세 번째 주자는 '1', '2', '3'을 순서대로 터치한다.

　↳ 네 번째 주자는 '1', '2', '3', '4'를 순서대로 터치한다.

　↳ 만약 숫자를 잘못 터치하면 '1'부터 다시 시작한다.

⑧ 대기하는 친구들은 인간숫자를 잘 기억하고 도전팀은 최대한 빨리 움직이며 인간숫자를 터치한다.

⑨ 모두 끝냈으면 앉으며 "성공!"을 외치고, 상대 도전팀보다 먼저 성공한 팀이 이긴다.

## 놀이 유의사항

① 손바닥 터치 시 살살 치도록 한다.

② 도전팀끼리 서로 이야기하며 인간숫자를 추측하며 활동한다.

③ 인간숫자는 손바닥이 터치되면 큰소리로 자신의 숫자를 말한다.

### 놀이활용 TIP

① 인간숫자팀, 도전팀의 인원은 재량으로 정한다.

② 손바닥 터치 방법으로 '손바닥을 손가락으로 치기'로 할 수 있다.

③ 숫자 터치 방식도 '1바퀴를 2바퀴로'(1번이 '1'부터 '7'터치 후 '1'터치하기) 바꿀 수 있다.

활동 영상 보러가기

# [건강] 강강술래 가위바위보 놀이

📍 상세 준비물 : 의자(인원의 절반), 책상 1개, 종 또는 휘슬 1개

#강강술래_은근재미 #이순신폐기_굿 #즐거운_교실놀이

1. 인원 절반의 의자를 원, 가운데 책상＋종을 둔다
2. 이순신이 종을 치면 멈춰서 짱껨뽀 할사람을 잘 맞춰서 선다
13. 이순신 VS 도전자 대결한다.
5. 앞사람에게 공손한 인사 후 하이파이브 짱껨뽀를 한다

### 놀이 소개

미세먼지, 황사, 우천 등 기상상황에 따라 교실에서 체육을 해야 할 때 난감하시죠? 이 놀이는 아무 준비물 없이 의자의 위치만 바꿔 언제든 할 수 있는 매력적인 교실놀이입니다. 손잡고 돌기, 친구와 하이파이브 가위바위보하기, 이순신 장군이 된 친구 환호하기 등 학기 초 친구들 간의 학급 분위기 조성, 유대감 형성에도 많은 도움이 되는 놀이입니다.

## 놀이 방법

① 간단한 스트레칭 후 인원수의 절반에 해당하는 의자를 원 형태로 놓고 가운데 책상 위에 종을 준비한다.

② 두 명씩 가위바위보를 한 후 이긴 사람은 의자에, 진 사람은 그 친구 앞에 선다.

③ 가운데 책상에는 이순신 장군 역할을 할 한 명의 친구(또는 선생님)가 종을 칠 준비를 한다.

④ 서 있는 친구끼리 손을 잡고 한쪽 방향으로 천천히 돈다.

⑤ 이순신 장군이 종을 치면 멈춰서 가위바위보를 할 친구 앞에 맞춰서 선다.

⑥ 서 있는 친구는 앞 사람에게 공손한 인사를 한 후 하이파이브 가위바위보를 한다.

   ↪ 서 있는 친구가 공손하게 인사를 하지 않는다면 앉아 있는 친구가 한 번 더 인사를 시킨다.

⑦ 이긴 사람은 의자에 앉고 진 사람은 앞에 선다.

⑧ 진 사람은 간단한 벌칙을 수행한다. (예 : 팔벌려 뛰기 또는 앉았다 일어나기 2회)

⑨ 벌칙 수행이 끝나면 옆 친구와 손을 잡고 강강술래 준비를 한다.

⑩ 이순신 장군은 강강술래 준비가 끝났다고 판단이 되면 종을 쳐 강강술래를 시킨다.

⑪ 처음과 같은 방법으로 가위바위보를 연속해서 5번 이긴 학생이 나올 때까지 반복한다.

⑫ 5번 이긴 학생은 손을 들고 이순신 장군에게 도전한다.

⑬ 도전하기 전 친구들은 5번 이긴 학생의 이름을 3번 외친다.

⑭ 이순신 장군과 도전자는 간단한 이야기를 나눈 후 가위바위보를 한다.

   ↪ 이순신 장군 : "도전하러 왔는가?"

   ↪ 도전자 : (인사하며)"네!"

⑮ 이순신 장군이 이기면 새로운 도전자(5번 연속 이긴 친구)가 나올 때까지 역할을 계속하고, 도전자가 이기면 친구들은 환영의 의미로 친구의 이름을 3번 외친다.

## 놀이 유의사항

① 정확한 자세로 간단한 벌칙을 수행한다.

② 강강술래를 할 때에는 천천히 돌도록 하며 다치지 않게 조심한다.

### 놀이활용 TIP

① 간단한 벌칙을 만들어 사용할 수 있다.

② 활동 가능한 시간에 따라 연승수(3~6회)를 조절할 수 있다.

③ 의자 한 개에 팀조끼를 입혀 대결 상대 조절 때 기준으로 삼을 수 있다.

교실+맨손

활동 영상 보러가기

# [건강] 공부를 열심히 가위바위보 놀이

📍 **상세 준비물 : 없음**

#교육제도_활용 #지금바로_굿 #단계계산_양심

5. 이긴 학생은 한단계 올라가고 진 학생은 내려간다 ①

② 6. 양심은 "공부를 열심히"라고 말하며 앉았다 일어나 2번한다.

④ 실제 놀이 모습

③ 놀이 설명

9. 앞문의 배움터 지킴이께 공순히 인사한다.

## 놀이 소개

졸업을 앞둔 시점에서 교육 진학 단계(유치원, 초·중·고, 대학, 대학원)로 나누어 놀이를 하면 재미있겠다는 동기에서 만들었습니다. 가위바위보를 이용한 놀이로 두 명씩 짝이 되어 서로 단계를 올리기 위해 노력해야 하는 놀이입니다. 가위바위보를 이기면 한 단계가 올라가고, 지면 한 단계가 내려가 유치원생이 되면 간단한 벌칙 후 배움터 지킴이를 이겨야 다시 초등학생이 되어 다른 학생과 활동할 수 있습니다. 두 명 모두 대학원생이 될 수 있도록 서로 공부가 아닌 가위바위보를 열심히 해야 하는 놀이입니다.

## 놀이 방법

① 놀이 전 놀이 규칙 전반에 대해 이해시킨다.
   ↳ 최종 두 명 모두 대학원생이 되면 우승!
   ↳ 처음 시작 : 두 명 모두(예 : 초등학생-초등학생)
   ↳ 단계 설정 : 유치원생·초등학생·중학생·고등학생·대학생·대학원생
② 놀이 전 다음 역할에 대해 이해하며 한 명씩 돌아가며 활동한다.
   ↳ 배움터 지킴이 : 유치원생이 되어 벌칙을 수행한 학생들과 앞문에서 가위바위보를 하는 역할
   ↳ 선생님 : 교실 한쪽에 서 있고 놀이 중 단 한 번만 학생들과 가위바위보를 하는 역할
③ 두 명씩 짝을 지어 손을 잡고 모두 초등학생 단계로 시작한다.
④ 두 명 중 한 명이 원하는 친구를 터치하고 인사 후 하이파이브 가위바위보를 한다.
⑤ 이긴 학생은 한 단계 올라가고 진 학생은 내려간다.
   ↳ 양심껏 자신의 단계를 계산한다.
   ↳ 가위바위보를 한 학생만 단계의 변화가 있다.
⑥ 진 팀은 "공부를 열심히!"라고 말하며 앉았다 일어나기를 2번 한다.
⑦ 만약 두 명 모두 유치원생이 된다면 뒷문을 통해 복도로 나간다.
   ↳ 복도에서 활동하는 것이 옆 반에 방해를 줄 것 같으면 교실에 '벌칙존'을 만든다.
⑧ 복도로 나온 유치원생은 팔벌려 뛰기 5회를 실시한 후 앞문의 배움터 지킴이께 공손히 인사한다.
⑨ 배움터 지킴이와 하이파이브 가위바위보('입학시험'과 같음)를 한다.
   ↳ 가위바위보에서 지면(입학시험에 탈락되면) 팔벌려 뛰기 5회 후 다시 도전한다.
   ↳ 가위바위보에서 이기면(입학시험에 붙으면) 두 명 모두 초등학생이 되어 교실 안 학생들과
      다시 활동한다.
⑩ 교실 안의 선생님과 놀이 중 단 한 번만 공손하게 인사한 후 하이파이브 가위바위보를 할 수 있다.
   ↳ 가위바위보에서 이기면 한 단계 올라가고, 지면 단계가 내려가지 않는다.
⑪ 짝이 유치원생일 때만 짝에게 한 단계를 줄 수 있다.
   ↳ 두 명이 유치원생과 초등학생일 경우 : 한 단계 주기 불가능
   ↳ 두 명이 유치원생과 중학생 이상 : 한 단계 주기 가능(초등학생과 초등학생으로)
⑫ 두 명 모두 대학원생이 되면 우승하며, 우승자가 나오면 다시 처음부터 역할을 정해 활동한다.

## 놀이 유의사항

① 단계를 양심껏 계산하며 활동한다.
② 가위바위보 상대는 다양한 팀과 돌아가며 한다.
③ 옆 반에 피해가 되지 않게 복도에서 조용히 활동한다.

## 놀이활용 TIP

① 한 경기의 성공 팀 수는 재량으로 정한다.

② 유치원생존을 복도가 아닌 교실 한쪽으로 정할 수 있다.

③ 가위바위보에서 질 경우 구호 또는 벌칙은 재량으로 정한다.

# 교실+공 놀이

교실+공

활동 영상 보러가기

# [경쟁] 쓰로볼(배구형) 놀이

📍 상세 준비물 : 공 1개, 책상(네트 역할)

#빈공간을_찾아라! #지금바로_굿 #즐거운_교실놀이

## 놀이 소개

교실에서 책상을 네트로 사용하면 어떨까요? 책상을 가운데에 한 줄로 놓아서 두 영역으로 나누고, 공을 패스 후 상대편 영역에 공을 던져 넣어 점수를 획득하는 놀이입니다. 배구형 놀이로 우리 편에게 패스는 정확히 하고 상대편 영역에 공격할 때에는 빈 공간에 잘 던져야 합니다. 공을 던지고 받으며 팀원과 협력해서 상대편을 이기기 위한 전략을 짜는 놀이입니다.

## 놀이 방법

① 책상을 교실 양 옆면으로 옮겨 공간을 확보한다.

② 가운데로 책상을 붙여 공간을 이등분한다.

③ 각 팀의 전반전 선수가 각자 팀 영역에 앉는다.

   ↪ 심판은 중앙 책상에 앉아 경기 심판을 보며 점수를 계산한다.

   ↪ 각 팀의 6~7명의 선수가 앉으며, 후반전 선수는 양 옆에서 경기를 관람한다.

④ 각 팀에서 패스 한 번 이상 한 후 상대팀에 공을 넘긴다.

   ↪ 앞줄에 앉은 친구는 반드시 뒤로 한 번 패스를 하고 공격할 수 있다.

⑤ 득점과 실점인 경우는 다음과 같다.

   ↪ 공격한 공이 상대팀 바닥에 닿았을 때(득점)

   ↪ 책상에 맞고 넘어가 바닥에 닿았을 때(득점)

   ↪ 무리하게 넘어지며(등이 바닥에 닿으면) 잡았을 때(실점)

   ↪ 같은 팀끼리 패스하다가 공이 떨어졌을 때(실점)

   ↪ 공을 3초 이내에 패스 또는 공격하지 않았을 때(실점)

   ↪ 앞줄의 친구가 뒤로 패스 안 하고 바로 공격했을 때(실점)

   ↪ 무리한 공격(공격한 볼이 벽에 맞았을 때, 책상 아래로 공이 지나갔을 때)일 때(실점)

⑥ 전반전 절반의 시간에 앞과 뒤의 위치를 바꾼다.

⑦ 비어 있는 곳으로 효율적으로 공격하기 위해 팀원과 협력한다.

⑧ 경기 중 비어 있는 공간으로 팀원이 이동할 수 있다.

⑨ 후반전 선수 교대 후 다득점 팀이 이긴다.

## 놀이 유의사항

① 반칙이나 점수 계산을 잘할 수 있는 친구를 심판으로 둔다.

② 공격할 때 공을 바로 던지거나 중앙 책상 아래, 벽에 맞는 경우가 없도록 한다.

③ 수비할 때 뒤로 넘어지며 공을 잡아 다치는 경우가 없도록 무리하지 않으며 활동한다.

### 놀이활용 TIP

① 충분한 연습시간을 제공해야 한다.

② 패스의 수는 3회 이내(배구 규칙)가 적당하다.

③ 체육관에서 활동할 경우 배드민턴 네트를 활용하거나 서서 활동할 수 있다.

활동 영상 보러가기

# [경쟁] 4칸 쓰로볼(배구형) 놀이

📍 상세 준비물 : 공 1개, 책상(네트 역할)

#빈공간을_찾아라! #지금바로_굿 #즐거운_교실놀이

경기장 모습

1. 책상과 의자를 이용해 같은 크기, 4영역으로 나눈다. ①

2. 두 팀이 각 영역별로 3~6명이 앉는다. ②

팀 영역
A팀
B팀
A팀

수비 성공

6. 공격은 상대편 2영역 중 선택해서 할 수 있다. ④

본 경기

5. 다른 영역의 같은편에 패스 1회 후 공격할 수 있다. ③

### 놀이 소개

교실에서 책상을 네트로 사용하면 어떨까요? 책상을 이용하여 4영역으로 나누고 같은 팀원끼리 공을 한 번 이상 패스 후 상대팀 영역에 던져 공이 땅에 닿으면 점수를 얻는 놀이입니다. 맞은편 영역에 있는 우리 팀에게 패스는 정확히 하고, 좌우에 있는 상대팀 영역에 공격할 때에는 빈 공간에 잘 던져야 합니다. 상대팀 공격 시 페이크(속임) 동작을 활용해 좌우를 헷갈리게 하면 더욱 재미있습니다. 공을 던지고 받으며 팀원과 협력해 상대팀을 이기기 위한 전략을 짜보기 바랍니다.

PART 01 협력의 놀이과정

PART 02 뛰기 운동

PART 04 교실 놀이

PART 05 미니 체육

PART 06 스포츠 미니

PART 07 부록

### 놀이 방법

① 책상과 의자를 이용해 같은 크기의 4영역으로 나눈다.

② 두 팀이 각 영역별로 3~6명이 앉는다.

   ↳ 같은 팀원끼리 마주보며 앉는다.

   ↳ 상대팀은 좌우에 위치하게 된다.

③ 본 경기 시작 전에 같은 팀원끼리 패스 연습을 한다.

   ↳ 패스할 때는 천천히, 정확히 패스해서 공이 바닥에 떨어지지 않게 한다.

④ (충분한 패스 연습 후) 맞은편 영역에 있는 같은 팀원에게 한 번 이상 패스 후 공격할 수 있다.

⑤ 공격은 상대팀 2영역(좌, 우) 중 선택해서 할 수 있다.

⑥ 다음의 경우 득점 또는 실점이 된다.

   ↳ 공격한 공이 상대편 바닥에 닿았을 때(득점)

   ↳ 책상을 맞고 넘어가 상대편 바닥에 닿았을 때(득점)

   ↳ 무리하게 넘어지며(등이 바닥에 닿으면) 잡았을 때(실점)

   ↳ 같은 팀끼리 패스하다가 공이 떨어졌을 때(실점)

   ↳ 공을 3초 이내에 패스 또는 공격하지 않았을 때(실점)

   ↳ 맞은편 영역의 같은 편에게 패스 안 하고 바로 공격했을 때(실점)

   ↳ 무리한 공격(공을 위에서 아래로 던지기, 공격한 볼이 벽에 맞았을 때, 책상 아래로 공이 지나갔을 때)(실점)을 했을 때

⑦ 페이크(속임) 동작으로 공격할 수 있다. (왼쪽을 보며 오른쪽 상대편 영역 공격)

⑧ 경기 중 비어 있는 공간으로 팀원이 앉은 채로 이동할 수 있다.

⑨ 절반의 시간에 선수의 위치를 바꾼다.

⑩ 최종 점수가 높은 팀이 이긴다.

### 놀이 유의사항

① 반칙이나 점수 계산을 잘할 수 있는 친구를 심판으로 둔다.

② 공격할 때 공을 바로 던지거나 중앙 책상 아래, 벽에 맞는 경우가 없도록 한다.

③ 뒤로 넘어지며 공을 잡을 경우 다칠 수가 있으므로 무리하지 않도록 주의한다.

### 놀이활용 TIP

① 한 영역에 들어가는 인원은 3~6명이 적당하다.

② 사전 패스 연습이나 페이크 공격은 재량으로 정한다.

③ 체육관 활동에 있어서는 배드민턴 네트나 인간네트를 활용할 수 있다.

활동 영상 보러가기

교실+공

# [경쟁] 넘어라 막아라(농구형) 놀이

**◉ 상세 준비물 : 의자(인원의 절반), 공 2개**

#교실에서_농구를!? #팀협력_경쟁활동 #손을뻗어막아라_굿 ▾ 🔍

2. B팀(공격)은 중앙(2명)+의자 주위에 앉는...

패스 1번 후 중앙에 공 넣기를 시도할 수 있다.

공격팀은 연속해서 공격 시도를 할 수 없다.

수비 성공

5. 수비팀은 손을 뻗어 공을 막는다.

## 놀이 소개

교실에서 농구를 할 수 있다면 어떨까요? 좁은 교실에서 농구처럼 공을 드리블해서 골대에 넣기는 불가능하지만 공 패스하기, 인간골대를 향해 수비를 뚫고 슛 넣기 등 농구와 비슷한 요소를 가지고 있는 놀이입니다. 수비는 원형 의자에 앉아 손을 뻗어 방어하고, 공격수는 원 밖에 앉아서 원 안에 있는 인간골대와 공을 주고받아야 골이 됩니다. 수비는 손을 뻗어 공을 막고 공격수는 패스하며 인간골대에게 정확하게 패스를 해야 하는 팀 협력 경쟁놀이입니다.

## 놀이 방법

### ■ 놀이 1) 놀이 전 연습

① 수비팀 인원의 절반은 원형 의자에 앉아 수비를 하며 엉덩이가 의자에서 떨어지면 안 된다.

② 공격팀은 수비팀 원형 의자 중앙에 2명(인간골대)이 서고 나머지 학생은 의자 주위에 앉는다.

③ 공격팀은 팀원과 패스 1회 후 원형 의자 중앙(2명)의 인간골대에 공을 던진다.

④ 인간골대가 공을 잡고 다시 공을 던진 공격수에게 던져 받으면 성공이며 자리에서 일어난다.

⑤ 공격팀은 같은 방식으로 시도하고 성공하면 자리에서 일어난다.

⑥ 수비팀은 공격팀이 공을 넣지 못하도록 의자에 앉아 손을 뻗어 막는다.

   ↳ 의자에서 일어나지 않고 막는다.

   ↳ 수비팀이 공을 막아내면 공격은 실패이며 다시 시도해야 한다.

⑦ 공격팀의 모든 친구가 성공하도록 협력하며 공격팀원 모두 일어난 시간을 잰다.

⑧ 서로 역할을 바꾸어 공격과 수비를 한 후 모든 친구가 일어나는 시간이 빠른 팀이 이긴다.

### ■ 놀이 2) 본 활동

① 공격팀은 패스 한 번 후 공 넣기를 시도하며 중앙 인간골대에 공을 넣고 다시 받으면 1득점이다.

② 중앙에 공을 던지고 받는 중에 수비수에 의해서 공이 떨어지면 득점에 실패한다.

③ 수비팀은 의자에서 일어나지 않고 손을 뻗어 공을 막는다.

④ 공격팀은 다음 사항을 지키며 득점을 시도한다.

   ↳ 공격수는 연속해서 공격을 시도할 수 없다.

   ↳ 공격수 한 사람의 최대 득점 제한(예 : 5점)을 둔다.

   ↳ 바닥에 앉아 활동하며 경기 중 자리 변경은 언제든 가능하다.

⑤ 절반의 시간에 공격과 수비를 교대하며 점수를 더 많이 낸 팀이 이긴다.

## 놀이 유의사항

① 수비수는 의자에 앉아 활동하며 일어서지 않는다.

② 공격수는 바닥에 앉아 활동하며 일어서지 않는다.

③ 공격은 한 사람만 주도하지 않고, 여러 사람이 패스하여 공격 시도를 한다.

### 놀이활용 TIP

① 경기 중 자리 변경은 언제나 가능하다.

② 경기에 필요한 공의 개수는 2~3개가 적당하다.

③ 공격수 최대 득점 제한 점수는 5~7점이 적절하다.

활동 영상 보러가기

# [경쟁] 신과 함께(핸드볼형) 놀이

📍 **상세 준비물 : 공 1개, 책상 & 의자(골대, 사이드 라인)**

#신과함께_활용 #앉아서하는_핸드볼 #지상아래_이런놀이가?!

## 놀이 소개

교실에서 핸드볼형 놀이는 어떤가요? 교실 바닥에 앉아 하는 활동으로 책상이 골대가 되어 골키퍼를 피해 공을 던져 득점하는 놀이입니다. 팀별 한 명의 신은 사이드에 책상으로 만들어진 신의 영역에 서서 팀원과 공 패스를 자유롭게 주고받습니다. 신을 활용하여 공을 패스하며 상대 골대에 공을 넣기 위해 협력하는 놀이입니다.

## 놀이 방법

① 놀이 전 다음과 같이 준비한다.

☞ 벽면에 책상 3개를 놓고 그 앞에 의자 한 개를 놓으며 의자 앞에 골키퍼가 앉는다.

☞ 사이드로 책상 또는 의자를 가지고 신이 서서 활동할 수 있는 신의 영역으로 만든다.

② 다음과 같이 경기 인원에 맞게 역할을 정해 경기장으로 들어간다.

☞ 각 팀별 골키퍼(1명), 선수(4~5명), 신(1명)

☞ 신은 신의 영역에 서서 활동하며 팀원에게 자유롭게 패스를 주고받을 수 있지만 골을 넣을 수 없다.

☞ 선수는 바닥에 앉아 활동하며 공을 잡았을 때는 움직일 수 없지만 공이 없을 때는 자유롭게 앉아서 움직일 수 있다.

③ 경기는 골키퍼로부터 시작하며 신 또는 선수에게 패스한다.

④ 사이드 영역에 서서 자유롭게 활동하는 신은 골을 직접 넣을 수 없고 플레이어에게 패스한다.

⑤ 골키퍼는 상대가 던진 공을 막기 위해 넘어지며 플레이를 할 수 있다.

⑥ 선수는 골대 근처 2m 이내에 들어갈 수 없으며, 무리하게 넘어지거나 수비해서는 안 된다.

⑦ 선수가 상대의 책상 사이의 골대에 공을 넣으면 1득점한다.

⑧ 신의 영역(사이드 라인)으로 온 공은 신의 것이 되며, 신은 상대팀의 패스를 방해하며 공을 뺏어 올 수 있다.

⑨ 모든 선수는 공을 두 손으로 던지고 받는다.

⑩ 공을 동시에 서로 잡게 될 경우는 가위바위보를 한다.

⑪ 다음의 무리한 플레이의 경우 경고나 1분간 퇴장을 줄 수 있다.

(1분간 퇴장 학생은 시계를 보고 플레이에 방해가 안 되게 스스로 들어온다.)

☞ 공을 두 손으로 던지지 않은 경우

☞ 선수가 연속해서 골 넣기를 시도한 경우

☞ 공을 3초 이내에 패스 또는 공격을 안 할 경우

☞ 신이 무리하게 상대의 공을 뺏으려는 경우

(신이 퇴장 당하는 경우에는 선수가 신을 대체한다.)

☞ 선수가 무리하게 넘어지며 공을 받거나 패스하는 경우

⑫ 절반의 시간에 역할을 바꾸어 실시하며 정해진 시간 동안 다득점 팀이 이긴다.

## 놀이 유의사항

① 공을 골키퍼에게 일부러 세게 던지지 않도록 한다.

② 선수는 바닥에서 엉덩이가 떨어지지 않게 한다.

③ 무리한 플레이를 하는 학생은 1분간 퇴장을 주어 다치는 일이 없도록 한다.

① 공의 개수는 1~2개가 적당하다.

② 슛은 여학생만(최종 공격수) 할 수 있도록 정할 수 있다.

③ 여학생 골은 2점, 남학생 골은 1점 등으로 변경할 수 있다.

교실+공

활동 영상 보러가기

# [경쟁] 신과 함께(핸드볼형) 변형 놀이

상세 준비물 : 공 1개, 책상 & 의자(골대, 사이드 라인)

#신을 활용_굿 #골키퍼_슈퍼 세이브 #지상아래_이런놀이가!?

## 놀이 소개

'신과 함께(핸드볼형)'를 변형한 놀이로 신의 활용도가 더욱 높아지는 놀이입니다. 선수 영역을 만들고, 패스의 방식은 모든 영역을 한 칸씩 거쳐 가는 방식과 신을 통해 한 번에 가는 방식 중 선택합니다. 선수는 정해진 자리에서 움직이지 못하며, 중간 시간에 위치 변경을 통해 활동량의 평균을 맞춥니다.

131

① 놀이 전 다음과 같이 준비한다.
    ↪사이드 라인 : 책상 5개 / 골대 : 책상 3개 + 의자 1개
    ↪놀이 영역은 골키퍼 영역과 선수 영역, 신의 영역으로 나눈다.
    ↪선수 영역은 책상 2칸(3명), 책상 1칸(2명), 책상 2칸(3명)으로 만든다.
② 두 가지 공격 방법에 대해 충분히 설명하여 이해할 수 있도록 한다.
    ↪공격 방법 1 : 골키퍼가 놀이 영역별 한 칸씩 패스를 해서 골대에 공 넣기를 시도한다.
    ↪공격 방법 2 : 골키퍼가 신에게 패스하고, 신은 선수 누구에게나 패스해서 골대에 공 넣기를
          시도한다.
③ 공격은 골키퍼로부터 시작하며, 두 가지 공격 방법 중 선택하여 상대편 골대에 공을 넣는다.
    ↪공격수가 공을 골대 안에 넣으면 1득점한다.
    ↪득점이 되면 실점한 팀의 공격수로부터 공격을 시작한다.
④ 신을 포함한 수비수는 상대의 패스를 뺏어 공격권을 가져올 수 있다.
⑤ 다음의 경우는 반칙으로 공격권이 넘어간다.
    ↪골키퍼만 옆으로 넘어지며 활동할 수 있다.
    ↪선수는 무리하게 넘어지며 활동할 수 없다.
    ↪공격수는 연속해서 공격할 수 없다.
    ↪선수는 움직이지 않고 활동한다.
    ↪반칙이 발생한 경우 상대팀 골키퍼부터 공격을 시작한다.
⑥ 신의 영역으로 온 공은 신의 것으로 신을 최대한 활용하여 활동한다.
⑦ 절반의 시간에 위치를 바꾸며, 정해진 시간 동안 활동을 한 후 다득점 팀이 이긴다.

① 공격 방법을 잘 지킨다.
② 골키퍼를 제외하고 무리하게 넘어지거나 엉덩이를 떼면 안 된다.
③ 무리한 플레이를 한 학생에게 1분 퇴장을 주어 다치는 학생이 없도록 한다.

### 놀이활용 TIP

  ① 영역 안의 인원수는 재량으로 정한다.
  ② 슛은 여학생(최종 공격수)만으로 한정할 수 있다.
  ③ 공격 방법 1, 2에 따른 패스 연습을 먼저 실시한다.

교실+공

활동 영상 보러가기

# [건강] 원바운딩 놀이

📍 상세 준비물 : 공(팀당 1개), 책상, 타이머

#집중력_향상 #간단_바로_적용 #팀협력_굿

① 의자를 모두 뺀 상태에서 책상 6개씩 4모둠을 만든다

② 5~7명, 한팀으로 공 1개를 가지고 책상 주위에 선다

④ 결과 기준 : 3라운드 총 합산 또는 최고 기록

③ 공이 책상 밖으로 나가거나 몸에 맞을 때까지 갯수를 센다

## 놀이 소개

교실에 있는 책상을 활용한 놀이 어떤가요? 책상을 6개씩 붙여 그 위로 공을 원바운딩시키는 간단한 놀이입니다. 내 앞으로 온 공을 손바닥으로 공의 아랫부분을 치는 놀이로 팀이 협력해서 많은 개수를 유지한 팀이 이깁니다. 혼자서 연속해서 할 수 없으며, 팀의 일부만 참여해서도 안 됩니다. 라운드별로 정해진 시간 동안 원바운딩시킨 개수를 세서 총 합산 또는 최고 기록으로 최종 우승팀을 결정하는 팀 협력 놀이입니다.

① 의자를 모두 뺀 상태에서 책상 6개씩 4모둠을 만든다.

② 칠판에 팀별 스코어판을 그린다. (예 : 2분, 3라운드 등)

③ 5~7명이 한 팀으로 해서 공 1개를 가지고 책상 주위에 선다.

④ 시작 신호와 함께 공을 아래에서 위로 살짝 책상에 던지며 시작한다.

⑤ 손바닥을 이용하여 공의 아랫부분을 친다.

⑥ 책상 위에서 공이 한 번 바운딩이 되게 유지한다.

⑦ 자신의 앞에 오는 공을 살살 바운딩시키며 바운딩 개수를 센다.

   ☞ 공이 언제 오든 받을 수 있도록 미리 준비하며 협력한다.

⑧ 다음과 같은 경우에는 개수 세는 것을 멈춘다.

   ☞ 한 사람이 연속해서 공을 친 경우

   ☞ 팀의 1~2명만 공을 친 경우

   ☞ 공이 책상 밖으로 나간 경우

   ☞ 공이 손 이외의 신체에 맞은 경우

⑨ 정해진 시간(2분 등) 동안 가장 많이 한 개수를 기억한다.

⑩ 라운드 총 합산 또는 최고 기록을 세운 팀이 우승한다.

① 팀의 일부만 참여하지 않도록 지도한다.

② 한 사람이 연속해서 공을 치면 반칙임을 알려준다.

③ 못하는 학생에게 비난보다는 격려하며 팀이 협력하도록 한다.

### 놀이활용 TIP

① 라운드별로 팀원을 바꾸어 게임을 할 수 있다.

② 몸에 맞아 원바운딩되어도 허용 가능하다.

③ 공치는 순서를 정해도(오른쪽 또는 왼쪽 방향으로 치기) 좋다.

교실+공

활동 영상 보러가기

# [경쟁] 바운딩 피구 놀이

◉ 상세 준비물 : 공 1개, 의자(인원의 절반)

#바운딩공_피해라 #부활하는_피구 #안전한_피구

1. 경기장 모습. 인원 절반의 의자를 원형 셋팅① ②격은 1번이상 패스 후 바닥에 두손 바운딩 시킨다.

8. 공을 바로 맞추면 파울이다. ④ ③ 5. 한번이상 패스 후 바닥에 바운딩된 공에만 아웃된다.

### 놀이 소개

좁은 교실에서 신체 움직임이 많은 놀이를 하기는 어렵죠? 바운딩 피구는 공격팀이 원형 의자에 앉아 바운딩된 공으로 상대팀을 맞히는 놀이입니다. 좁은 공간에서 바운딩된 공으로 공격을 진행하다 보니 비교적 안전하고 재미있게 할 수 있는 놀이입니다. 피구라고 생각하며 급한 성격을 갖은 학생은 바로 던져서 맞히려고 하는 경향이 있습니다. 이 놀이는 반칙해 아웃된 학생이 부활하여 다시 놀이를 할 수 있는 장점도 있습니다.

① 교실의 책상을 한쪽으로 밀고 학생 수 절반에 해당하는 의자를 원형으로 설치한다.

② 놀이하기 전에 학생들에게 공격 연습을 시킨다.

   ↪ 1회 이상 패스 후 공격을 시도한다.

   ↪ 공격은 두 손으로 공을 바닥으로 바운딩시킨다.

   ↪ 두 팀 모두 똑같은 시간 동안 공격 연습을 실시한다.

   ↪ 공격 연습을 충분히 시키며 파울을 이해시킨다.

③ 수비팀이 원 안으로 들어가 선다.

   ↪ 공격팀에 방해가 되지 않게 최대한 원 안쪽으로 선다.

④ 한 번 이상 패스 후 공을 바운딩시켜 상대팀을 맞힌다.

⑤ 바운딩되어 아웃된 학생은 원 밖으로 나가 아웃된 순서대로 대기한다.

⑥ 다음과 같은 경우에 파울이 돼서 아웃된 친구가 부활된다.

   ↪ 패스 없이 바로 공격한 경우

   ↪ 공이 원형 의자 밖으로 빠져나간 경우

   ↪ 공을 직접 던져서 상대팀원을 맞힌 경우

   ↪ 3초 이내에 패스 또는 공격을 안 한 경우

   ↪ 그밖에 무리한 플레이로 선생님께 지적받은 경우

⑦ 절반의 시간에 공격과 수비를 교대한다.

⑧ 상대팀원을 더 많이 아웃시킨 팀이 이긴다.

① 공격할 때 공을 바로 던져 다치는 경우가 없도록 한다.

② 수비할 때 좁은 영역에서 피해야 하므로 옆 친구를 치지 않게 무리하지 않도록 주의시킨다.

### 놀이활용 TIP

① 공격 전에 패스 횟수는 0~1회로 할 수 있다.

② 놀이 시작 전 공격 연습시간은 3분 이상이 필요하다.

③ 공격과 수비 시간은 되도록 같은 분량으로 정한다.

PART 01 봄 엉뚱의 놀이목록

PART 02 여기조

PART 04 교실 놀이

PART 05 페어 놀이

PART 06 클래 클래

PART 07 뭐게

교실+공

활동 영상 보러가기

# [경쟁] 벽치기 피구 놀이

📍 **상세 준비물 : 공 1개, 벽(교실 뒤편) 활용**

#벽활용_굿 #부활하는_피구 #뒤에서_공이?!

1. 교실의 사물함 쪽 공간을 확보한다.

2. 수비팀은 반원 안으로 들어가 선다.

부활되어 들어오는 친구
(+1포인트)

부활되는 친구, 1포인트로 시작

벽에 맞고 나온공에 맞아 아웃됨
(-2포인트)

### 놀이 소개

교실 뒤편에 사물함이 있죠? 사물함의 평평한 부분을 활용한 재미있는 피구 놀이입니다. 이 놀이는 '바로 오는 공'도 피해야 하고, '벽에 맞고 나온 공'(뒤에서 오는 공)도 피해야 해서 더욱 재미있습니다. 처음에 2포인트를 주고 시작해서 벽에 맞고 나온 공에는 2포인트, 바로 맞으면 1포인트를 차감해서 0포인트가 되면 아웃되며, 팀원과 협력을 해서 상대편을 이기기 위한 전략을 짜야 하는 놀이입니다.

① 교실의 사물함 쪽 공간을 충분히 확보한다.

② 공격팀은 사물함을 기준으로 반원으로 앉는다.

③ 수비팀은 반원 안으로 들어가 선다.

④ 안전을 위해 수비는 공격팀보다 안쪽에서만 공을 피한다.

⑤ 수비팀은 개인당 2포인트를 갖고 시작한다.

⑥ 공격팀은 공을 굴리거나 쳐서 수비팀의 무릎 이하를 맞힌다.

   ↪ 공에 바로 맞으면 : -1포인트 / 벽에 맞고 나온 공에 맞으면 : -2포인트

⑦ 0포인트가 된 친구는 경기장 밖으로 나가 아웃된 순서대로 대기한다.

⑧ 다음과 같은 경우에 아웃된 친구가 부활된다.

   ↪ 공이 밖으로 빠져나간 경우

   ↪ 공을 던져서 상대팀을 맞힌 경우

   ↪ 3초 이내에 패스 또는 공격을 안 한 경우

   ↪ 공이 상대편 무릎보다 위쪽에 맞은 경우

   ↪ 그밖에 무리한 플레이로 선생님께 지적받은 경우

⑨ 부활한 친구는 1포인트로 시작한다.

⑩ 수비팀이 공에 맞으면 자신의 포인트를 잘 계산해서 양심껏 아웃된다.

⑪ 공격팀원은 서로 협력하여 벽을 적절하게 활용하며 공격한다.

⑫ 놀이가 시작되고 절반이 지나면 공격과 수비 역할을 바꾼다.

⑬ 두 팀 중 더 많이 살아남은 팀이 이긴다.

① 포인트 계산은 수비팀 각자가 양심껏 한다.

② 공격할 때 공을 바로 던지거나 무릎 위쪽으로 던져 다치지 않도록 주의한다.

③ 수비할 때 좁은 영역에서 피해야 하므로 옆 친구를 치지 않게 무리하지 않도록 활동한다.

### 놀이활용 TIP

① 포인트제 대신에 바로 아웃제를 할 수 있다.

② 학생 수에 따라 반원의 크기를 조절할 수 있다.

③ 평평한 벽이 있는 다목적 교실이나 체육관도 가능하다.

활동 영상 보러가기

말풍선: 교실+공

# [경쟁] 공굴려 부활피구 놀이

📍 상세 준비물 : 공 2개, 팀조끼 2개, 책상 & 의자(모둠 형태)

#공2개_집중! #굴려라!_피해라! #팀조끼_부활

경기장 모습

3. 뛰거나 움직여도 걸리는 것이 없도록 통로를 확보한다. ①

② 공격수는 공을 잡고 1발만 이동 가능하며 공을 굴린다.

10. 아웃된 학생은 팀조끼로 공격수를 맞추면 부활한다. ④

③ 책상에 걸터 앉기

8. 공이 발목에 닿으면 아웃되며 던져 책상에 걸터 앉는다.

## 놀이 소개

교실에서 책상을 옮기지 않고 그대로 이용한 놀이를 하면 공간 활용에 더 좋겠죠? 모둠 형태로 붙인 책상을 그대로 두고 공격팀 5명이 공을 바닥에서 굴려 피하려는 학생의 발목을 맞히는 놀이입니다. 발목에 공을 맞은 학생은 가까운 책상 위에 앉고 피하는 학생이 준 팀조끼로 공격팀을 맞히면 다시 부활하여 놀이에 참여합니다. 공격팀을 공으로 공격도 해야 하지만 아웃된 학생이 던진 팀조끼를 피하거나 받아야 하며, 피하는 학생은 아웃된 학생을 위해 팀조끼를 잘 전달해야 하는 전략형 피구 놀이입니다.

① 놀이 전 다음과 같이 준비한다.
  ᕦ 책상을 모둠으로 붙이고, 의자를 책상에 넣고 가방을 안쪽으로 정리한다.
  ᕦ 뛰거나 움직여도 걸리는 것이 없도록 통로를 충분히 확보한다.
  ᕦ 책상 위에 팀조끼 2개(부활 기회용)를 올려놓는다.
② 공격팀 5명은 팀조끼를 입고 공 2개를 가지고 준비한다.
③ 정해진 시간(5분)에 타이머를 작동시켜 놀이를 시작한다.
④ 시작과 함께 공격수는 다음과 같이 상대를 공격할 수 있다.
  ᕦ 공 2개를 바닥에서 굴려 공격한다.
  ᕦ 공격팀은 서로 협력하여 패스하며, 상대를 아웃시킨다.
  ᕦ 피하는 학생은 벽에 맞거나 책상에 맞고 나온 공에 맞으면 아웃된다.
  ᕦ 공격수는 자유롭게 걸어 다니다가 공을 잡으면 한 발만 이동 가능하며 공을 굴린다.
⑤ 피하는 학생은 책상을 잡고 점프하며 공을 피할 수 있다.
  ᕦ 책상을 잡지 않고 점프했을 때는 아웃 처리한다.
⑥ 공이 발목에 닿으면 아웃되고, 아웃된 학생은 근처 책상에 걸터 앉으며, 피하는 학생이 아웃된
  학생에게 팀조끼를 건네준다.
⑦ 아웃된 학생은 팀조끼로 공격수를 맞히면 부활한다.
  ᕦ 아웃된 학생이 던진 팀조끼를 공격수가 잡아 멀리 던질 수 있다.
  ᕦ 아웃된 학생이 던진 팀조끼를 공격수가 잡거나 피하면 부활할 수 없다.
⑧ 정해진 시간(5분)이 끝났을 때 아웃된 학생 수를 센다.
⑨ 공격팀 5명을 바꿔 놀이를 진행하며 전원이 돌아가며 활동할 수 있도록 한다.
  ᕦ 반 전체를 5명씩 모둠을 형성(남녀비를 고려)해서 공격 역할을 돌아가며 한다.
⑩ 칠판에 공격팀별 아웃 숫자를 기록하며 가장 많이 아웃시킨 공격팀이 우승한다.

① 공격팀은 피하는 학생을 몸으로 막거나 진로를 방해하지 않는다.
② 공을 피하려고 점프할 때 공을 밟지 않도록 조심한다.
③ 공을 피하면서 주변의 책상 모서리에 부딪치지 않도록 조심한다.

### 놀이활용 TIP

① 공의 개수는 인원에 따라 1~2개가 적당하다.
② 부활 팀조끼 수는 인원에 따라 2~3개가 적당하다.
③ 공격자가 공을 잡고 이동할 수 있는 발수는 0~1발이다.

# 교실+팀조끼 놀이

활동 영상 보러가기

# [경쟁] 팀조끼 던져라! 막아라! 놀이

**◉ 상세 준비물 : 팀조끼 많이, 책상 & 의자(모둠 형태)**

---

#팀조끼_낚아채라! #여러방향_이용 #팀조끼_옮기기　　　　▾ 　Q

## 놀이 소개

7개의 모둠 책상 위에 공격수가 앉아서 정해진 출발점에서 도착점까지 팀조끼를 던지고 받으며 옮기는 놀이입니다. 모둠 책상을 공격이 가능(팀조끼를 던지고 받는 거리)한 곳으로 잘 조절해서 놓고 충분히 던지고 받는 연습을 시키고 본 놀이를 진행합니다. 수비수는 의자에 앉아 손을 뻗어 머리 위로 가는 팀조끼를 낚아채서 바닥에 내려놓습니다. 학생들이 의자에서 서는 경우는 반칙입니다. 책상 배치만 잘하면 재미있고 안전하게 활동할 수 있는 놀이입니다.

## 놀이 방법

① 놀이 전 다음과 같이 준비한다.
  ↳ 책상을 4개 붙여 한 모둠으로 만든다.
  ↳ 교실 전체에 책상을 4개씩, 7개 모둠으로 만든다.
  ↳ 책상 위에 앉아서 팀조끼를 어느 방향이든 던지고 받을 수 있는 거리에 모둠을 만든다.
② 교실 모서리 맨 끝 부분에 서로 대각적인 가장 먼 모둠을 1번과 7번으로 정한다.
  ↳ 1번 모둠은 출발점, 7번 모둠은 도착점이 된다.
  ↳ 방향과 상관없이 팀조끼를 던져 1번에서 출발하여 7번에 도착하게 한다.
③ 공격팀(인원의 절반)은 2~3명씩 책상 위에 편하게 앉는다.
  ↳ 팀조끼를 무리하게 던지고 받거나 바닥에 떨어지지 않게 한다.
④ 수비팀은 모둠 사이사이 빈 공간에 의자를 놓고 앉는다.
  ↳ 수비팀은 경기 중 의자를 가지고 자리를 이동할 수 있다.
⑤ 출발점인 1번 모둠에 20개의 팀조끼를 놓고, 팀조끼를 던지고 받으며 7번(도착점) 모둠에 전달한다.
  ↳ 던지기 전 최대한 팀조끼를 뭉쳐서 원하는 곳에 던진다.
  ↳ 1번 출발점에서 팀조끼를 여러 방향으로 정확히 던진다.
  ↳ 놀이 전 수비팀과 공격팀이 돌아가며 팀조끼를 던지고 받는 연습을 한다.
⑥ 수비팀은 머리 위로 지나가는 팀조끼를 최대한 손을 뻗어 낚아챈다.
  ↳ 수비수가 잡은 팀조끼는 바닥에 내려놓는다.
  ↳ 팀조끼를 동시에 잡으면 가위바위보를 한다.
⑦ 도착점에 도착한 팀조끼의 개수를 센 후 다시 도착점에서 출발점으로 팀조끼를 보낸다.
⑧ 출발점에 도착한 팀조끼의 개수를 세서 득점을 계산한다.
  ↳ 1번 출발 7번 도착한 팀조끼 수 : 각 1점
  ↳ 7번 출발 1번 도착한 팀조끼 수 : 각 2점
⑨ 공격과 수비의 역할을 바꾸어 활동 후 득점을 계산해서 다득점 팀이 이긴다.

## 놀이 유의사항

① 공격팀은 책상에서 떨어지지 않도록 주의한다.
② 수비팀은 의자에서 일어나지 않도록 한다.
③ 놀이 전 모둠의 위치를 잘 정해 어느 위치든 팀조끼를 던지고 받을 수 있게 조절한다.

## 놀이활용 TIP

① 팀조끼 수는 재량(많을수록 좋음)으로 정한다.

② 출발점과 도착점 위치 및 장소도 역시 재량으로 정한다.

③ 모둠 책상의 수와 위치를 정하는 것은 연습을 통해 적절히 조절한다.

교실+팀조끼

## [경쟁] 팀조끼 터치 피구 놀이

📍 상세 준비물 : 팀조끼 1개, 의자(인원의 절반), 점수판

#고무고무_팀조끼 #피벗동작_이용 #아웃없이_점수제

### 놀이 소개

교실에서 팀조끼로 상대팀원의 하체를 터치하는 피구형 놀이로서 공격팀은 원형 의자에 앉거나 원 안에 2명이 들어가 터치 시도를 합니다. 원 안의 공격수는 남녀가 돌아가며 한 번씩 시도하며, 공격 절반의 시간에는 서로 역할을 바꿔서 돌아가며 맡습니다. 원 안의 공격수는 자유롭게 수비수 쪽으로 이동해서 팀조끼를 패스 받아 한 발만 이동하며 공격을 시도합니다. 의자에 앉아 있는 공격수도 앞에 있는 수비수에게 공격을 할 수 있습니다. 아웃제가 아닌 점수제로 실시하여 아웃된 학생은 가벼운 벌칙 후 다시 활동을 하게 해 운동량을 늘릴 수 있습니다.

① 놀이 전 다음과 같이 준비한다.
    ⤷ 책상을 한쪽으로 밀고 의자를 원형으로 놓는다.
    ⤷ 의자는 인원의 절반 수만큼 최대한 넓게 원형으로 놓는다.
    ⤷ 경기장 한쪽에 벌칙존을 만들고 점수판(칠판)을 준비한다.
② 학생들을 공격팀과 수비팀으로 나눈 후, 공격팀은 의자에 앉아 남녀 각 1명이 팀조끼를 입고 원 안에서 활동한다.
    ⤷ 원 안에 들어간 공격수는 수비수를 몸으로 막거나 부딪치지 않도록 한다.
    ⤷ 원 안에 들어간 공격수는 자유롭게 원 안에서 다닐 수 있으며, 팀조끼를 받는 순간 한 발만 이동(피벗 동작)하며 공격할 수 있다.
③ 공격팀은 팀조끼를 패스하며 상대팀의 하체를 다음과 같이 터치 시도를 한다.
    ⤷ 공격팀은 팀조끼로 수비수 터치 시도는 1회만 가능하다.
    ⤷ 수비팀이 몰려 있는 곳으로 빠른 패스를 하며 공격한다.
    ⤷ 공격수는 의자에 앉은 채로 공격(터치 시도) 또는 패스를 할 수 있다.
    ⤷ 원 안의 공격수는 터치 시도 1회 후 의자 팀원에게 패스해야 한다. (연속 공격 금지)
    ⤷ 원 안의 공격수는 남녀 번갈아 가며 한 번씩 터치 시도를 한다.
④ 팀조끼로 하체를 터치 당한 수비수는 벌칙존에서 팔벌려 뛰기 5회 후 점수를 1점 올린다. (실점)
⑤ 점수를 올린 후 경기장 상황을 살펴 다시 들어와 활동한다.
⑥ 팀조끼를 피하다가 원 밖으로 나간 수비수는 아웃된다.
⑦ 공격 절반의 시간에 원 안의 공격수 역할을 바꾼 후 점수를 이어서 공격팀이 계속 공격한다.
⑧ 절반의 시간이 지나면 공격과 수비의 역할을 바꿔 놀이를 진행 후 최종 점수가 낮은 팀(아웃 인원)이 이긴다.

**놀이 유의사항**

① 수비팀은 원 안에서 무리하게 뛰거나 점프하지 않도록 주의한다.
② 팀조끼로 상대의 하체만을 살살 터치하도록 한다.
③ 공간에 맞는 적절한 인원을 파악하여 인원이 너무 많을 시 나눠서 활동한다.

**놀이활용 TIP**

① 간단한 벌칙은 재량으로 정한다.
② 팀조끼를 든 학생에게는 한 발~두 발을 허용한다.
③ 공격수 인원과 경기장 크기는 재량으로 정한다.

교실+팀조끼

활동 영상 보러가기

# [경쟁] 팀조끼 피해라! 놀이

📍 **상세 준비물 : 팀조끼 1개, 책상 & 의자(모둠 형태)**

---

| #팀조끼_체육용품 #바로_지금_적용각 #부활기회_굿 | ▾ | 🔍 |
| --- | --- | --- |

3. 뛰거나 움직여도 걸리는 것이 없도록 통로를 확보

2. 술래(공격 2명) 남자 1명, 여자 1명은 팀조끼를 입는다.

10. 책상 위에 아웃된 학생이 팀조끼를 잡으면 부활한다.

4. 술래는 패스를 하며 팀조끼를 던져 공격한다.

## 놀이 소개

좁은 교실에서 신체 움직임이 많은 놀이를 하기는 어렵죠? 교실에서 팀조끼를 던져 맞히는 피구 형태의 놀이입니다. 팀조끼는 공과 달리 튀거나 맞아 아픈 경우가 적어 비교적 실내에서 안전하게 던질 수 있는 체육용품입니다. 팀조끼가 몸에 맞고 바닥에 떨어지면 아웃되며, 책상 위에 있다가 술래를 방해하여 팀조끼를 잡으면 부활되어 다시 활동할 수 있습니다.  6개의 모둠으로 좌석 배치를 하는데 책상을 옮길 필요 없이 평소 상태 그대로 놀이할 수 있는 장점이 있습니다. 15명 정도는 피하고, 2명은 술래가 되어 5분 정도씩 돌아가며 해보길 바랍니다.

① 의자와 가방을 책상 안쪽으로 넣는다.

② 학생들이 뛰거나 움직여도 걸리는 것이 없도록 통로를 충분히 확보한다.

③ 한 경기에 5분 동안 활동하도록 타이머를 준비한다.

④ 술래(공격 2명)는 남자 1명, 여자 1명으로 팀조끼를 입는다.

⑤ 술래는 팀조끼 1개를 들고 준비한다.

⑥ 술래는 공격 전 패스 1회 이상을 하고 팀조끼를 던져 공격한다.

⑦ 팀조끼가 몸에 맞고 바닥에 떨어지면 아웃된다.

⑧ 아웃된 학생은 가까운 책상 위에 편하게 앉는다.

⑨ 공격 시도는 남자 1번, 여자 1번 돌아가며 한다.

⑩ 다음과 같은 경우 공격자 반칙이며, 반칙 공격은 아웃되지 않는다.

   ↳ 피하는 학생을 몸으로 막을 때

   ↳ 팀조끼를 얼굴을 향해 던질 때

   ↳ 공격수 1명이 연속으로 공격할 때

   ↳ 가까운 거리(1m 이내)에서 공격할 때

⑪ 술래는 팀조끼를 잡고 돌아다니며 공격 시도를 한다.

⑫ 술래가 던진 팀조끼를 잡으면 아웃되지 않으며, 잡은 팀조끼는 원하는 곳으로 던져도 된다.

⑬ 책상 위에 앉아 있는 아웃된 학생이 팀조끼를 잡으면 부활하며 바로 경기에 참여한다.

   ↳ 술래는 부활한 학생을 바로 공격하지 않는다.

⑭ 책상의 구조물을 활용하여 숨어 있어도 되며, 아웃된 학생 뒤쪽에 숨어도 된다.

⑮ 5분이 지난 후 술래에게 아웃된 학생 수를 파악한다.

⑯ 술래는 돌아가며 활동하고 가장 많이 아웃시킨 술래팀이 우승한다.

① 놀이 전 의자를 책상 쪽으로 밀어 넣고 가방을 책상 안쪽으로 넣는다.

② 피하는 학생의 이동 통로에 방해물이 없도록 안전에 신경 쓴다.

③ 책상 모서리나 친구에 걸려 넘어지지 않도록 사전에 충분히 주의시킨다.

### 놀이활용 TIP

① 놀이 참여자 수는 재량이지만 술래는 3명 정도 되어야 한다.

② 공격 전 패스 횟수는 최소 2회 이상(부활 기회 상승)이어야 한다.

③ 책상의 배치와 개수는 학생들의 위험요소 감소를 위해 가능하면 줄이는 것이 바람직하다.

교실+팀조끼

## [경쟁] 팀조끼 농구형 놀이

활동 영상 보러가기

📍 상세 준비물 : 팀조끼 20개, 우산 4개, 종 또는 휘슬, 의자 24개

#팀조끼_집중! #교실에서_농구를 #낚아채기_꿀잼 🔍

4. 우산 앞으로 최종 수비자용 의자 3개를 놓는다. ①

2. 책상을 칠판쪽으로 밀고 코너마다 총 4세트를 설치한다. ②

8. 최종수비수는 손을 벌어 팀조끼를 낚아채서 막는다. ④

6. 우리팀에서 출발하여 패스를 통해 상대편 우산에 넣는다. ③

### 놀이 소개

교실에서 농구를 하기는 어려움이 많죠? 교실에 있는 장우산을 활용해서 골대를 만들고 실내 공간에서도 안전하게 던지고 받으며 넣을 수 있는 팀조끼를 공처럼 활용한 농구형 놀이는 어떤가요? 책상을 밀고 각 모서리마다 우산을 펼쳐 두 팀의 골대를 만들고, 두 팀이 서로 섞여 앉아 팀조끼를 패스하여 상대팀 골대에 팀조끼를 넣는 팀 전략 놀이입니다. 우산 앞에 최종 수비수 3명이 있어 우산에 넣으려는 팀조끼를 낚아채어 자기 팀에게 패스하면서 각자 위치에 따라 역할을 충실히 해야 하는 재미있는 놀이입니다.

① 책상을 칠판 쪽으로 밀고 코너마다 의자 3개를 놓고 그 위로 골대 역할을 할 장우산을 펼쳐둔다.

② 장우산은 팀조끼가 들어가는 골대가 되며 각 모서리마다 총 4세트를 설치한다.

③ 대각선끼리 같은 팀 골대가 된다.

④ 놀이 전 팀조끼 5개를 우산 밑 의자 사이에 두며, 경기 중 선생님의 신호(종소리)에 따라 팀조끼를 1개씩 빼며 활동한다.

⑤ 우산 앞으로 최종 수비수용 의자 3개를 놓고 그 앞으로 최종 수비수가 앉는다.

⑥ 두 팀으로 나눈 후 한 팀만 팀조끼를 입고 A팀, B팀이 섞여 앉는다.

⑦ 선생님은 종이나 휘슬을 가지고 한쪽에 앉고, 선생님의 신호에 따라 최종 수비수는 의자 밑 팀조끼를 1개 빼며 놀이를 시작한다.

⑧ 자기 팀에게 팀조끼를 던져 패스하여 상대팀 골대에 팀조끼를 넣는다.
   ⑨ 상대팀의 팀조끼 패스를 낚아채서 공격할 수 있다.
   ⑨ 팀과 협력하여 빠른 패스로 우산에 팀조끼를 넣는다.

⑨ 팀조끼를 잡기 전에는 앉은 채로 움직일 수 있지만 팀조끼를 잡으면 자리에서 움직일 수 없다.
   ⑨ 엉덩이를 떼고 무리한 수비를 하면 파울로 공격권이 넘어간다.

⑩ 최종 수비수는 손을 뻗어 공격팀이 넣으려고 하는 팀조끼를 낚아채서 막는다.
   ⑨ 팀조끼가 우산에 들어가지 않으면 최종 수비수가 팀조끼를 가져와서 팀원에게 패스한다.

⑪ 팀조끼가 우산에 절반 이상 걸치면 골로 인정한다.

⑫ 팀조끼 4개가 모두 골 처리가 되면 선생님은 종을 치며 최종 수비수가 팀조끼를 꺼내 활동을 재개한다.

⑬ 각 코너당 팀조끼 5개가 끝날 때까지 종을 치며 활동한다.

⑭ 골인된 팀조끼의 개수를 세서 다득점 팀이 이긴다.

① 바닥에서 엉덩이를 떼고 활동하면 안 된다.

② 무리한 수비를 해서 다치는 학생이 없도록 사전에 주의시킨다.

### 놀이활용 TIP

① 초기 팀조끼 제공 개수는 재량으로 정한다.

② 무리하게 수비하는 경우 우선 경고 후 1분간 퇴장시킨다.

③ 슛 넣기 전 패스 횟수는 2~3회 이상이 적당하다.

교실+팀조끼

활동 영상 보러가기

# [도전] 팀조끼 & 우산 표적 놀이 1

📍 상세 준비물 : 팀조끼 많이, 우산 6개, 라인 테이프, 의자 18개

#표적도전_놀이 #우산_체육용품 #Rain_OK

2. 의자 위로 장우산 6개를 칠판 앞으로 펼쳐서 놓는다.

2. 출발선에서 우산의 거리에 따른 점수를 이해한다.

5. 5번의 기회로 총 7점 만들기에 도전한다.

1. 출발선에서 자신이 원하는 표적에 팀조끼를 넣는 연습을 한다.

### 놀이 소개

비가 온 날 교실 구석에 있는 우산을 체육용품으로 활용하면 어떨까요? 장우산을 펼쳐 뒤집어 놓으면 좋은 표적이 됩니다. 이 표적에 팀조끼를 던져 넣는 활동은 교실에서도 안전하게 표적 도전을 할 수 있습니다. 출발선과 표적과의 거리에 따라 1점, 2점, 3점의 점수를 부여하고 자신이 목표한 점수를 만들기 위해 남은 도전 횟수와 점수를 계산해야 하는 재미있는 놀이입니다. 팀조끼를 던지기 전 뭉쳐서 집중하여 던지는 연습을 하면 성공할 확률이 더욱 높아집니다.

① 책상은 옆으로 밀고 의자 3개씩 6세트를 원형으로 놓는다.

② 의자 위로 장우산 6개를 칠판 앞으로 펼쳐서 놓는다.

   ⌁ 장우산의 크기는 최대한 비슷한 것으로 한다.

   ⌁ 가장 큰 우산(3점)은 칠판 앞에 놓는다.

③ 우산은 출발선과 가깝게 3개, 2개, 1개 순으로 설치한다.

④ 출발선과 가까운 순서대로 1점, 2점, 3점의 표적이 된다.

   ⌁ 본 놀이를 하기 전 출발선에서 자신이 원하는 표적에 팀조끼를 던져 넣는 연습을 한다.

⑤ 팀조끼를 뭉쳐서 던지도록 한다.

⑥ 모든 학생이 돌아가며 팀조끼 넣는 연습을 충분히 한다.

⑦ 연습 후 출발선에 5~7명이 한 사람당 팀조끼 5개씩 들고 선다.

⑧ 5개의 팀조끼를 던져 표적의 총 점수가 7점이 되도록 한다.

   ⌁ 팀조끼가 우산에 절반 이상 걸린 경우는 성공으로 인정한다.

⑨ 1조가 던진 팀조끼를 수거해서 다음 조에게 준다.

⑩ 다음 조의 학생은 5번의 기회로 7점 만들기에 도전한다.

① 팀조끼를 던질 때는 집중하여 신중하게 도전하도록 한다.

② 팀조끼를 던지는 학생은 근처 학생과 부딪치지 않도록 한다.

③ 자신이 던진 팀조끼는 자신이 수거하여 다음 학생에게 주도록 한다.

### 놀이활용 TIP

① 표적 도전(6학년 대상)은 수행평가로 활용할 수 있다.

② 팀 경쟁은 4명 1팀(5번씩 던져 31점 만들기 등)이 적당하다.

③ 우산의 개수와 거리는 재량이며, 개인 도전 횟수와 점수(5회 도전, 9점 도전 등)는 조절할 수 있다.

교실+팀조끼

활동 영상 보러가기

# [도전] 팀조끼 & 우산 표적 놀이 2

📍 상세 준비물 : 팀조끼 많이, 우산 6개, 라인 테이프, 의자 18개, 칠판 활용

#표적도전_놀이 #우산_체육용품 #Rain_OK  ▾  🔍

1. 출발선에서 우산의 거리에 따른 획수를 이해한다.

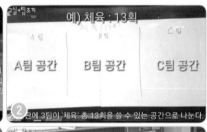

2. 칠판에 3팀이 '체육' 총 13획을 쓸 수 있는 공간으로 나눈다.

3. 경기 진행원은 바닥의 팀조끼 주워주기, 글쓰기 확인을 한다.

6. 팀조끼를 넣은 우산 획수 만큼 칠판으로 가서 글짜를 쓴다.

## 놀이 소개

'팀조끼 & 우산 표적 놀이 1'이 개인 도전이었다면 '팀조끼 & 우산 표적 놀이 2'는
팀 도전입니다. 출발선과 우산 표적과의 거리에 따라 1획, 2획, 3획의 획수를 부여
하고 팀조끼를 우산에 넣으면 해당하는 획수만큼 칠판에 글을 쓸 수 있는 놀이입
니다. 정해진 글자(예: 체육)를 쓰기 위해 자신이 넣을 수 있는 거리의 우산 표적을
선택하여 팀원들과 협력해 먼저 글자를 완성합니다.

① 책상은 옆으로 밀고 의자 3개씩 6세트를 원형으로 놓는다.

② 의자 위로 장우산 6개를 칠판 앞으로 펼쳐서 놓는다.

   ↳ 장우산의 크기는 최대한 비슷한 것으로 한다.

   ↳ 가장 큰 우산(3점)은 칠판 앞에 놓는다.

③ 우산은 출발선과 가깝게 3개, 2개, 1개 순으로 설치한다.

④ 출발선과 가까운 순서대로 1획, 2획, 3획의 표적이 된다

⑤ 놀이를 하기 전 출발선에서 자신이 원하는 표적에 팀조끼를 던져 넣는 연습을 한다.

   ↳ 팀조끼를 뭉쳐서 던지도록 한다.

   ↳ 모든 학생이 돌아가며 팀조끼 넣는 연습을 충분히 한다.

⑥ 연습 후 출발선에 한 팀당 4~7명이 팀조끼 10개 정도씩 들고 선다.

⑦ 한 팀은 경기 진행원으로 우산 표적 근처에 서서 활동한다.

   ↳ 팀조끼 던지고 넣는 활동을 방해해서는 안 된다.

   ↳ 경기 진행원 역할은 라운드마다 돌아가며 실시한다.

   ↳ 진행원은 바닥에 떨어진 팀조끼를 팀에게 전달해 준다.

   ↳ 팀조끼를 던져 성공한 획수만큼 칠판에 정확히 글씨를 쓰는지 검사한다.

⑧ 출발선에서 각 팀의 첫 번째 학생이 자기가 선택한 표적에 팀조끼를 던진다.

⑨ 팀조끼가 들어간 표적의 획수만큼 칠판으로 가서 글씨를 쓴다.

   ↳ 목표 글씨는 반에서 정한다. (예 : 체육 13획 등)

   ↳ 팀조끼가 우산에 절반 이상 걸린 경우는 성공으로 인정한다.

⑩ 팀조끼를 던졌지만 우산 표적에 들어가지 않은 경우는 뒷사람이 도전을 이어간다.

⑪ 칠판에 가서 글씨를 쓴 후 다음 친구와 터치해서 도전을 이어간다.

⑫ 목표 글씨를 먼저 완성한 팀이 이기며 시간에 따라 몇 라운드를 진행 후 가장 많이 이긴 팀이 최종 우승팀이 된다.

① 팀을 위해 자신이 성공할 수 있는 적당한 표적에 도전한다.

② 놀이 전 '체육' 글자의 획수에 대해 정확히 이해하도록 쓰기 연습을 한다.

③ 팀조끼를 던지고 칠판에 글자를 쓰러 가거나 돌아올 때 근처 학생과 부딪치지 않도록 한다.

## 놀이활용 TIP

① 우산의 개수와 거리는 재량으로 정한다.

② 글자는 타 교과 연계로 배운 핵심 단어 등 재량으로 정한다.

③ 글자 쓰기 외에도 문제 풀기나 그림 그리기 등으로 대체할 수 있다.

활동 영상 보러가기

# [건강] 강강술래 3종 놀이

📍 상세 준비물 : 팀조끼(2인당 1개), 종 또는 휘슬, 의자(인원의 절반), 책상 1개

#민첩성_놀이 #강강술래_은근재미 #의자_활용 🔍

9. 숫자에 반응한다. (1:머리, 2:어깨, 3:무릎, 4:팀조끼 잡기)

숫자에 반응한다. (1:머리, 2:어깨, 3:허리, 4:팀조끼 잡기)

3. 원 중앙에 책상 1개를 놓고 그 위에 종을 놓는다.

16. 다리를 붙인 상태로 손바닥으로 상대를 밀어 넘어트린다.

## 놀이 소개

강강술래 가위바위보 놀이 아시죠? 같은 형태의 놀이를 팀조끼 민첩성 놀이와 합친 놀이입니다. 강강술래로 상대팀을 계속해서 바꾸며 팀조끼를 이용한 민첩성 놀이, 손뼉씨름 등 좁은 공간에서 할 수 있는 놀이를 돌아가며 실시하는 놀이입니다. 원형 의자 안에 이순신 장군 역할을 정해 놀이를 진행하거나 5연승을 했을 때 도전할 수 있는 상대가 됩니다. 좁은 교실에서 강강술래의 재미와 다양한 1대1 대결 놀이의 즐거움을 맛볼 수 있습니다.

① 놀이 전 다음과 같이 준비한다.
    ↳ 의자를 인원의 절반만큼 원형으로 놓고 팀조끼를 의자 위에 한 개씩 놓는다.
    ↳ 의자 1개에만 팀조끼 1개를 입힌다. (강강술래 후 1대1 대결 상대를 정할 때 기준이 되는 의자)
    ↳ 원 중앙에 책상 1개를 놓고 그 위에 종을 놓는다.
② 2명씩 짝을 지어 가위바위보를 해서 이긴 사람은 의자에 앉는다.
③ 책상 위에는 이순신 장군 역할을 할 학생 한 명이 앉는다.
    ↳ 놀이를 처음 시작할 때는 전체 가위바위보에서 이긴 학생으로 정한다.
    ↳ 이순신 장군 역할 : 놀이 진행자(종치기), 5연승 한 학생 도전 상대
    ↳ 가위바위보에서 진 친구는 의자 앞쪽에서 다른 학생과 손을 잡는다.
④ 이순신 장군 역할을 하는 학생은 손잡은 것을 확인 후 종을 한 번 친다.
⑤ 손잡은 학생은 '강강술래'를 부르며 천천히 돌다가 이순신 장군 역할을 하는 학생이 종을 치면
    그 자리에 멈춰 대결 상대와 맞춰 선다.
    ↳ 팀조끼를 입힌 의자를 기준으로 시계방향으로 짝을 맞춰 선다.
⑥ 1:1로 대결 짝이 맞춰 지면 팀조끼를 가지고 마주보고 앉는다.
⑦ 1종목의 경우 마주보고 팀조끼 먼저 잡기를 한다.
    ↳ 서로 마주보고 앉아 선생님이 부른 숫자에 반응한다.
      (예 : 1 - 머리, 2 - 어깨, 3 - 무릎, 4 - 팀조끼 잡기)
    ↳ 다른 숫자에 팀조끼를 잡으면 진다.
    ↳ 팀조끼를 동시에 잡으면 가위바위보로 승부를 결정한다.
⑧ 2종목의 경우 서서 팀조끼 먼저 잡기를 한다.
    ↳ 서로 마주보고 서서 선생님이 부른 숫자에 반응한다.
      (예 : 1 - 머리, 2 - 어깨, 3 - 무릎, 4 - 팀조끼 잡기)
⑨ 3종목의 경우 손뼉씨름을 한다.
    ↳ 다리를 붙인 상태로 손바닥으로 상대를 밀어 넘어뜨린다.
    ↳ 시간이 지나도 승부가 안 나면 가위바위보를 한다.
⑩ 이순신 장군의 종소리로 강강술래 시작과 멈춤을 하며 1:1 대결 3종목을 돌아가며 실시한다.
⑪ 이긴 학생은 팀조끼를 가지고 의자에 앉으며, 5연속 승리한 학생은 이순신 장군에게 도전할 수
    있다.
⑫ 도전자의 이름을 크게 3번 불러주고 응원하며, 이순신 장군과 이순신 장군에게 도전하는 사람
    은 3종목 중 1종목을 선택 진행 후 이긴 학생이 새로운 이순신 장군이 된다.
⑬ 새로운 이순신 장군의 등장과 함께 놀이를 처음부터 진행한다.

① 강강술래 노래를 부르며 돌되 천천히 돌도록 한다.

② 강강술래 후 1대1 대결 시 활동하는 주변의 물건을 조심하도록 한다.

③ 팀조끼 민첩성 놀이 시 승부가 결정된 팀은 다른 팀의 승부가 결정날 때까지 조용히 한다.


놀이활용 TIP

① 숫자별 신체 부위는 재량으로 정한다.

② 이순신 장군에게 도전하는 연승 수를 조절할 수 있다.

③ 가위바위보 다리 찢기 등과 같은 놀이를 다양하게 추가할 수 있다.

Chapter

04

교실+책 놀이

활동 영상 보러가기

# 책기둥 만드는 방법

📍 상세 준비물 : 분리수거 교과서, 테이프

#폐교과서_체육용품 #책기둥_만들기

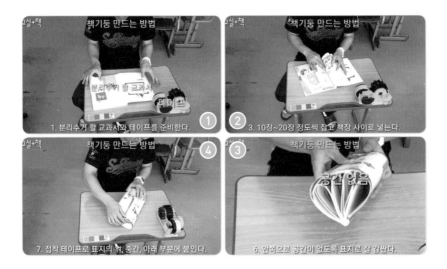

1. 분리수거 할 교과서와 테이프를 준비한다. ①
3. 10장~20장 정도씩 잡고 책장 사이로 넣는다. ②
7. 접착 테이프로 표지의 위, 중간, 아래 부분에 붙인다. ④
6. 안쪽으로 공간이 없도록 표지로 잘 감싼다. ③

## 놀이 소개

분리수거해서 버릴 교과서를 이용해 체육용품을 만드는 방법입니다. 학생들에게 동영상으로 보여주면 쉽게 따라 할 수 있습니다. 주변의 용품을 이용해 새로운 체육용품, 새로운 놀잇감을 만들면서 재미있는 놀이를 해보길 바랍니다.

PART 01 승용차 놀이교육

PART 02 찾기 놀이

PART 04 교실 놀이

PART 05 체육 놀이

PART 06 현장학습 놀이

PART 07 놀이

## 놀이 방법

① 분리수거할 교과서와 테이프를 준비한다.
② 교과서 표지를 넘긴다.
③ 10~20장 정도씩 잡고 책장 사이로 넣는다.
④ 교과서의 모든 책장을 같은 방법으로 반복한다.
⑤ 책 앞표지와 마지막 표지로 책장을 감싼다.
⑥ 안쪽으로 공간이 없도록 표지로 잘 감싼다.
⑦ 접착 테이프로 표지의 위, 중간, 아래 부분에 붙인다.
⑧ 잘 완성됐는지 확인한다. (세웠을 때 쓰러지지 않아야 함)

## 놀이 유의사항

① 책장을 넘기거나 사이에 넣을 때 종이에 손이 베이지 않도록 한다.
② 만들기 전 분리수거 방법 및 환경 교육을 하여 책에 대한 소중함과 올바른 분리수거 방법을 익히도록 한다.

교실+책

# [건강] 책기둥 세우기 놀이

📍 **상세 준비물 : 분리수거 교과서, 테이프**

#폐교과서_체육용품 #팀별_협력놀이 #놀이전_환경교육　▾

① 분리수거할 교과서를 준비한다

② 모둠별로 협력하며 정해진 시간동안 최대한 많이 만든다.

③ 책상과 의자를 활용하여 최대한 높은 층을 쌓는다.

⑤ 정해진 시간동안 모둠별 책기둥 제작 평균갯수로 승부를 낸다.

### 놀이 소개

학기말에 그동안 사용해서 버리게 될 교과서를 가지고 체육용품을 만들어 보는
건 어떨까요? 한번 만든 책기둥을 가지고 교실 뒤편에 두고 여러 가지 교실 놀이
체육을 할 수 있습니다. 그냥 만들기보다는 팀별로 빠리 정확히 많이 만드는 경쟁
놀이 후 책기둥을 튼튼하게 높이 쌓는 팀별 협력 놀이를 해보길 바랍니다.

## 놀이 방법

### ■ 놀이 1) 책기둥 만들기 대결

① 분리수거할 교과서를 준비 후 팀별로 가져가서 책기둥을 만든다.

  ☞ 책의 부록 부분은 떼고 만들며 떼 낸 부록은 폐휴지함에 버린다.

② 팀별로 협력하여 정해진 시간 동안 최대한 많이 만들며 책기둥 제작 평균 개수로 승부를 낸다.

  ☞ 책기둥을 꼼꼼하고 견고하게 만든다.

### ■ 놀이 2) 책기둥 세우기 대결

① 팀별로 협의하여 책기둥 높이쌓기 전략을 짜며 연습한다.

② 정해진 시간(3분) 동안 견고한 책기둥 쌓기 활동을 한다.

  ☞ 책상과 의자를 활용하여 최대한 높은 층을 쌓는다.

③ 정해진 시간이 끝나면 높이쌓기를 끝낸다.

④ 책기둥에서 손을 떼고 약 30초 정도 기다리며 시간이 지난 후 쌓은 층수를 함께 확인한다.

⑤ 가장 높이 쌓은 팀이 승리하며 박수로 칭찬한다.

  ☞ 책기둥은 다음 놀이체육을 위해 교실 한쪽에 잘 정리해둔다.

## 놀이 유의사항

① 쌓은 책기둥이 넘어질 수 있으므로 다치지 않도록 조심한다.

② 책기둥 제작 시 테이프를 너무 많이 붙이지 않도록 한다.

③ 팀원 모두 협력하여 책기둥 제작, 높이 쌓기에 참여하도록 한다.

### 놀이활용 TIP

  ① 쌓기 후 인증샷 찍기는 또 다른 즐거움이 된다.

  ② 팀 구성은 라운드별로 다른 구성원과 새롭게 할 수 있다.

  ③ 책기둥 제작 시간이나 쌓기 시간은 재량으로 정한다.

활동 영상 보러가기

## 교실+책

# [건강] 다시 모이자! 놀이

📍 **상세 준비물 : 책기둥 30개 정도, 책상 & 의자(모둠 형태)**

#책기둥_장애물 #다시_모이자! #자리바꾸기_놀이 ▾

2. 이동중에 책기둥을 쓰러트리면 술래가 된다. ①

동물이름 4개(예)여우,토끼,개,고양이)를 학생들이 정한다. ②

성공!!
(처음 모둠원 모두 모임)
20. 처음 모둠원 4명이 다시 모여 성공을 외치면 우승팀이다. ④

책기둥 쓰러짐
움직이다가 책기둥을 쓰러트리면 술래가 된다. ③

### 놀이 소개

책상과 의자를 그대로 둔 상태에서 자리 옮기기 놀이 어떤가요? 만들어 놓은 책기둥만 있다면 교실 곳곳에 세워 놓고 언제든 할 수 있는 놀이입니다. 책기둥 없이 자리 옮기기 놀이를 한다면 학생들이 뛰어다니다 다칠 수 있지만, 책기둥을 세워 놓고 하면 책기둥을 피해 조심히 다녀야 해서 보다 안전하고 즐겁게 할 수 있습니다. 원형 의자에서 한 '과일 샐러드 놀이'와 'ㅇㅇ을 좋아합니다' 놀이를 응용해서 만든 놀이로, 조건에 해당하는 학생들이 다른 팀으로 옮겼다가 다시 원래 팀과 만나면 우승하는 놀이로 팀원끼리 중간중간 소통하며 협력해야 합니다.

## ■ 놀이 1) 책기둥 과일 샐러드 놀이

① 놀이 전 다음과 같이 준비한다.

　↳ 모든 학생이 의자를 책상에서 뺀 채로 앉는다.

　↳ 책기둥을 교실 비어 있는 공간에 많이 세운다.

　↳ 책상을 모둠으로 설치하고, 그중 한 개의 책상을 뺀다.

② 동물 이름 4개(예 : 여우, 토끼, 개, 고양이)를 학생들이 정한 후 모둠별로 각자 동물 이름 한 개씩 협의해서 정한다.

③ 술래 한 명은 앞으로 나와 서서 동물 이름을 말한다. (예 : "나는 ○○을 좋아합니다.")

　↳ 1단계 : 동물 이름 1개 말하기(예 : "나는 여우를 좋아합니다.")

　↳ 2단계 : 동물 이름 2개 말하기(예 : "나는 여우와 토끼를 좋아합니다.")

　↳ 3단계 : 동물 이름 3개 말하기[예 : "나는 여우를 제외하고 좋아합니다."(토끼, 개, 고양이 등이 해당)]

　↳ 4단계 : 동물 이름 4개 말하기[예 : "나는 동물원을 좋아합니다."(여우, 토끼, 개, 고양이 등이 해당)]

④ 술래의 말에 해당되는 동물은 자리에서 일어나 다른 모둠으로 자리를 옮긴다.

　↳ 자리에 앉지 못한 학생은 술래가 된다.

　↳ 움직이다가 책기둥을 쓰러트리면 술래가 된다.

　↳ 술래가 된 학생이 많으면 모여서 가위바위보해서 술래를 결정한다.

⑤ 술래가 된 학생은 앞에 서서 자유롭게 단계를 선택해서 말한다.

⑥ 술래가 3번 되면 벌칙(예 : 코끼리코 10바퀴 등)을 한다.

⑦ 모둠을 옮기며 모둠원과 다시 만날 수 있도록 노력하고, 처음 모둠원이 다른 모둠에서 다시 모여 성공을 외치면 우승팀이 된다.

## ■ 놀이 2) 조건으로 모둠 옮기기

① 술래는 기준이 명확하고 객관적인 조건을 큰소리로 말한다.

　↳ 예 : "○○색 옷 입은 학생을 좋아합니다."

　↳ 예 : "안경 낀 학생을 좋아합니다."

② 해당되는 학생은 일어나 다른 모둠으로 신속하게 이동한다.

　↳ 책기둥을 넘어트리거나 앉지 못한 사람은 술래가 된다.

　↳ 조심히 신속하게 움직이며, 술래가 많을 시 가위바위보를 한다.

　↳ 자신의 술래 횟수를 기억하며 3번 걸릴 시 벌칙을 수행한다.

③ 같은 방식으로 진행하다가 처음 모둠원이 모두 모이면 "성공!"을 외치며 우승팀이 된다.

① 책기둥이 넘어지지 않도록 주의하며 이동한다.

② 술래는 모두가 들릴 수 있게 자신 있게 큰소리로 말한다.

③ 의자에 먼저 앉겠다고 다른 친구를 손이나 엉덩이로 밀지 않는다.

### 놀이활용 TIP

① 가벼운 벌칙과 책기둥 개수는 재량으로 정한다.

② 다시 모이는 모둠 인원은 3~4명이 적당하다.

③ 동물 이름을 '색깔', '과일', '학용품' 등과 같이 대신할 수 있다.

PART 01 학생의 놀이배움
PART 02 놀기 전 준비
PART 04 교실 놀이
PART 05 짝과 놀이
PART 06 모둠 놀이
PART 07 분단

교실+책

활동 영상 보러가기

# [건강] 책기둥 여가 놀이

📍 상세 준비물 : 책기둥

#책기둥_놀잇감 #쉬는시간_틈새시간 #우리만의_놀이

1. 다 함께 만든 책기둥을 준비한다. ①

1. 책기둥 높게 쌓기
② 4. 다 쌓은 후 인증샷을 찍는다.

④ 4. 영역을 나눠 다른팀 활동에 방해가 안되게 한다.

2. 책기둥 성 쌓기
③ 4. 함께 무너트린다.

## 놀이 소개

책기둥을 이용하여 다양한 놀이를 해보는 건 어떤가요? 선생님이 주도한 놀이도 좋지만 학생들과 협의해서 책기둥을 이용해 어떤 놀이를 할 수 있는지 함께 만들어 보는 것도 좋습니다. 그렇게 만든 놀이는 학생들이 스스로 쉬는 시간이나 중간 놀이 시간에 책기둥을 놀잇감 삼아 다양하게 활동할 수 있습니다. 체육시간이 아닌 다른 시간에 교실놀이로 좋은 책기둥 높게 쌓기, 책기둥 성 쌓기, 책기둥 볼링놀이를 소개합니다. 그 밖에 다양한 놀이에 책기둥을 활용해 보길 바랍니다.

## ■ 놀이 1) 책기둥 높게 쌓기

① 다 함께 만든 책기둥을 준비한 후 서로 힘을 합쳐 교실 천장에 닿을 때까지 책기둥을 쌓는다.

② 활동 모둠은 다음과 같이 다양하게 구성할 수 있다.

    ↳ 모둠별로 모둠을 구성한다.

    ↳ 원하는 친구끼리 모둠을 구성한다.

    ↳ 남학생, 여학생으로 나눠 구성한다.

③ 책기둥을 어떻게 쌓아 올릴지 서로 협의하여 협동하고, 다 쌓은 후에는 인증샷을 찍는다.

④ 무너뜨릴 사람을 정해 안전하게 무너뜨린다.

## ■ 놀이 2) 책기둥 성 쌓기

① 삼각형 모양으로 모두 협력하여 튼튼한 성을 천천히 쌓는다.

    ↳ 성 모양은 학생들의 독창적인 아이디어로 다양하게 쌓게 한다.

② 모두 쌓은 후 인증샷을 찍고 함께 무너트린다.

## ■ 놀이 3) 책기둥 볼링 놀이

① 4~5명이 한 팀으로 영역을 나눠 두 팀씩 볼링 놀이를 한다.

② 규칙은 상대팀과 협의해서 자유롭게 정한다.

    ↳ 다른 팀 활동에 방해가 안 되게 한다.

    ↳ 벽이나 천장에 공이 닿지 않도록 주의를 준다.

    ↳ 공을 던지거나 굴려 책기둥을 쓰러뜨리며 점수를 매긴다.

③ 만든 규칙에 따라 사이좋게 우리만의 볼링 놀이를 즐긴다.

    ↳ 틈새시간(쉬는 시간, 중간놀이 시간, 점심시간 등)에 한쪽에서 놀 수 있도록 안내한다.

① 책기둥을 쌓을 때 책이 떨어져 학생들이 다치지 않도록 조심한다.

② 상대팀과 사이좋게 협의해서 놀이를 만들고 규칙을 세운다.

③ 책기둥 놀이에 대한 다양한 아이디어를 실제로 적용해보며 놀이를 만든다.

### 놀이활용 TIP

① 책기둥은 틈새시간에 놀이로 활용할 수 있다.

② 팀원과 협의하며 규칙을 만드는 것이 바람직하다.

③ 팀별로 책기둥으로 할 수 있는 놀이를 직접 만드는 것이 중요하다.

활동 영상 보러가기

# [건강] 책기둥 달팽이 놀이

📍 **상세 준비물** : 책기둥 40~50개, 공 1개, 점수판

#폐교과서_체육용품 #책기둥_조심조심 #라인대신_책기둥

1. 책기둥을 2개씩 쌓아 최대한 큰 달팽이 모양을 만든다

3. 책기둥을 넘어트리지 않고 조심하며 빠르게 간다

12. 상대편 득점선 안쪽으로 발을 담으면 1점을 득점한다.

5. 가위바위보에 진 팀은 공을 다음사람에게 넘겨준다.

## 놀이 소개

교실에서 책기둥을 세워 달팽이 놀이를 해보는 건 어떤가요? 라인 테이프로 달팽이 놀이를 하면 붙이고 떼는 수고로움이 생깁니다. 책기둥을 이용하면 달팽이 모양을 만드는 재미도 있고, 놀이 후 뒤처리 방법이 보다 쉽습니다. 또 책기둥 자체가 장애물이 되어 실제 놀이를 할 때 긴장감이 넘칩니다. 달팽이 놀이 중 가위바위보에서 진 학생이 다음 주자에게 공을 바톤 대신 전달해 다음 주자의 출발 기준이 명확해집니다. 주자는 2명이 짝이 되어 보다 많은 학생이 놀이에 참여하게 됩니다. 책기둥을 이용한 교실 달팽이 놀이를 즐겁게 해보길 바랍니다.

**놀이 방법**

① 놀이 전 다음과 같이 준비한다.
  ⤷ 책기둥을 2개씩 쌓아 최대한 큰 달팽이 모양을 만든다.
  ⤷ 달팽이 안쪽 영역은 A팀, 바깥쪽은 B팀이며, 각 영역에 책기둥을 눕혀 출발선과 득점선을 만든다.
  ⤷ 교실 한쪽에 점수판을 설치한다. (칠판 대체 가능)
② 두 팀으로 나눠 달팽이 안쪽과 바깥쪽 영역에 선다.
③ 2명씩 짝이 되어 각 영역에 서며, 출발선에서 공 1개를 앞사람이 들고 뒷사람은 앞사람 허리를 잡고 선다.
④ 시작 신호와 함께 안쪽 영역의 팀은 바깥쪽으로, 바깥쪽 영역의 팀은 안쪽으로 책기둥을 넘어트리지 않고 빠르게 간다.
⑤ 중간에 서로 마주치면 앞사람은 공을 뒷사람에게 넘긴 후 가위바위보를 한다.
⑥ 가위바위보에 진 팀은 공을 다음 주자에게 넘겨주고 가위바위보에 이긴 팀은 계속해서 앞으로 전진한다.
  ⤷ 가위바위보에 진 팀은 책기둥 사이로 빠져 나와 공을 다음 주자에게 준다.
  ⤷ 공을 줄 때는 공을 던지거나 책기둥이 쓰러지게 하지 않는다.
  ⤷ 공을 받은 다음 주자는 2명이 짝이 되어 빠르게 나간다.
  ⤷ 가위바위보에서 진 주자는 자신의 팀 맨 뒤로 줄을 선다.
⑦ 같은 방식으로 상대팀과 마주치면 공을 뒤로 넘기고 가위바위보를 한다.
  ⤷ 가위바위보 대신 묵찌빠, 하나빼기 가위바위보 등을 할 수 있다.
⑧ 이동 중 책기둥을 넘어트리면 공을 다음 주자에게 넘겨준다.
  ⤷ 책기둥을 건드리지 않고 신속하게 움직여 득점하도록 한다.
⑨ 상대팀 득점선 안쪽으로 발을 밟으면 1점을 득점한다.
⑩ 점수가 나면 출발선에서 경기를 다시 시작하며 절반의 시간에 활동을 못한 학생들이 들어와 활동 후 다득점 팀이 이긴다.
⑪ 진 팀은 벌칙이나 추가 활동으로 다음 도전 활동을 할 수 있다.
  ⤷ 6~7명이 한 줄로 달팽이 밖에서 안으로 들어오는 시간을 잰다.
  ⤷ 줄이 끊기거나 책기둥이 넘어지면 실패한다.
  ⤷ 팀이 협력하여 최대한 단시간에 성공할 수 있게 도전한다.

## 놀이 유의사항

① 출발선과 득점선을 잘 지키며 활동한다.

② 놀이 중 책기둥이 넘어지면 파울이며, 집중하여 침착하고 신속하게 움직인다.

③ 가위바위보에 져서 공을 다음 주자에게 넘겨줄 때 안전하고 정확하게 전달한다.

### 놀이활용 TIP

① 짝 인원은 2~3명이 적절하다.

② 대기자는 심판 역할을 맡는다.

③ 가위바위보 대신에 묵찌빠, 하나빼기 가위바위보 등을 선택할 수 있다.

교실+책

# 책기둥 분리수거 방법

📍 상세 준비물 : 책기둥, 분리수거 방법과 관련된 영상(유튜브)

#책기둥_분리수거 #환경교육_굿 #뒷처리_깔끔

1. 유튜브에서 분리수거 방법과 관련된 영상을 본다.

4. 모둠별로 정해진 갯수 (1인당 2개)만큼 가져간다.

9. 모든 정리를 마친 모둠은 손 머리를 하여 등수를 확인한다.

5. 선생님의 시작신호에 책기둥을 해체한다.

### 놀이 소개

분리수거해서 버릴 교과서를 체육용품으로 이용 후 다시 원상태로 돌리는 방법입니다. 책기둥을 해체하기에 앞서 정확한 분리수거 방법을 보여주고 환경교육을 실시 후 해보길 바랍니다. 책기둥 해체를 그냥 하기보다는 어느 모둠에서 빠른 시간 내에 협력하여 원상태로 돌려놓는지 경쟁 놀이를 하면 더 재미있게 분리수거를 할 수 있습니다.

PART 01 언어와 놀이통합

PART 02 보기 쓰

PART 04 교실 놀이

PART 05 계절 놀이

PART 06 친구관계 놀이

PART 07 부록

## 놀이 방법

① 유튜브에서 분리수거 방법과 관련된 영상을 본다.
   ↳ 검색어 : '분리수거 방법'을 입력
   ↳ 환경부 분리배출 교육용 애니메이션 추천
② 영상을 보며 올바른 분리수거 방법을 학습하고, 다양한 놀이를 한 후 한쪽에 잘 정리해 둔 책기둥을 모은다.
③ 모둠별로 정해진 개수(1인당 2개 등)만큼 가져가며, 선생님의 시작 신호에 맞춰 책기둥을 해체한다.
④ 테이프 3개를 뜯고 접었던 책장을 펼치며 최대한 짧은 시간에 책기둥을 해체하도록 노력한다.
⑤ 떼어 낸 테이프는 한쪽에 잘 모아 일반 쓰레기로 버리고 책을 평평하게 잘 만든다.
⑥ 모든 정리를 마친 모둠은 손 머리를 하여 등수를 확인한다.
⑦ 한쪽에 분리수거할 교과서를 잘 쌓고 폐교과서 분리수거 활동을 한다.

## 놀이 유의사항

① 평소에 올바른 분리수거 방법을 실천한다.
② 떼어 낸 테이프는 일반 쓰레기로 버리도록 한다.
③ 책기둥을 해체할 때 책에 손이 베이지 않도록 조심한다.

# 교실+기타 놀이

활동 영상 보러가기

# [건강] 열려라! 사물함 놀이

📍 상세 준비물 : 주제와 관련된 단어 인쇄물(10장 정도)

#사물함_활용 #연김에_사물함 검사 #몸+머리 활용놀이 #타교과 연계 놀이 ▾

1. 사물함에 주제와 관련된 단어 5개를 미리 붙 ①

②. 한 번씩 3팀이 윗몸일으키기 5번 먼저하기 대결한다

단. 순서가 틀리면 탈락 ④

7. 사물함 5개를 열어 적합한 단어를 찾는다. ③

## 놀이 소개

교실에서 사물함을 이용해 단어 기억력을 기반으로 한 신체 체력활동 놀이는 어떤가요? 간단한 신체 체력활동을 통과한 팀이 사물함을 열어 주제에 맞는 단어를 기억하여 모두 맞추면 성공하는 놀이입니다. 체력활동도 중요하지만 다른 친구가 사물함을 열 때 보인 단어를 잘 기억해야 이길 수 있습니다. 체육 관련 주제도 좋지만 다른 교과와 관련한 주제를 활용하여 다양한 과목에서 활용할 수 있는 재미있는 놀이입니다.

PART 01 운영의 놀이교육

PART 02 복기 춤

PART 04 교실 놀이

PART 05 놀이 놀이

PART 06 운동장 놀이

PART 07 부록

## ■ 놀이 1) 단어 5개 찾기 미션

① 사물함에 주제와 관련된 단어 5개를 미리 붙인다.

② 예를 들어 '동계 올림픽'이 주제라면 이에 맞은 종목(5개), 틀린 종목(5개) 총 10개의 인쇄물을 사물함 안쪽에 붙인다.

  ☞ 예) 동계올림픽 종목 : 컬링, 루지, 스노우보드, 스키점프, 봅슬레이 등

    동계올림픽 비종목 : 유도, 레슬링, 양궁, 마라톤, 배구 등

③ 책상을 밀어 사물함 주변으로 공간을 확보한다.

④ 2명씩 짝이 되어 3팀이 윗몸일으키기 5번 먼저 하기 대결을 한다.

  ☞ 간단한 체력활동 : 팔굽혀 펴기, 앉았다 일어나기, 다리찢기 등

⑤ 먼저 성공한 한 팀은 사물함 5개를 열어 주제와 관련된 단어 5개를 맞춘다.

⑥ 다른 친구들은 열린 사물함의 단어를 함께 보며 위치를 확인한다.

⑦ 성공하지 못하면 다른 팀도 윗몸일으키기를 도전하여 먼저 성공한 팀이 사물함을 열 수 있는 기회를 갖는다.

⑧ 사물함 5개를 열어 주제에 적합한 단어를 찾으면 성공한다.

## ■ 놀이 2) 단어와 문장을 순서대로 찾기

① 사물함에 한 개의 문장이 되도록 10개의 단어를 미리 붙여둔다.

  ☞ 예) "놀이 예절을 지킵시다." ▶ 단어 : '놀이', '예절' 등

② 윗몸 일으키기 5번 먼저 하기를 도전 후 사물함 2개를 열어 단어 2개(놀이, 예절)를 찾는다.

③ 몸과 머리를 함께 사용해서 문제를 해결해야 하며 사물함을 단어의 순서대로 10개 열어 문장을 완성한다.

## ■ 놀이 3) 타 교과 자료 활용 문제

① 국어교과의 경우라면 단원의 주제에 사용된 낱말을 섞어서 사물함에 미리 붙인다.

  ☞ 예) "바른말을 사용합시다!" ▶ 단어 : '사용', '바른말' 등

② 다음과 같은 단어를 찾을 수 있다.

  ☞ 예) 바다, 사다, 사용, 바른말 등

③ 단어의 순서대로 사물함을 열어 문장을 완성한다.

④ 수학교과의 경우라면 숫자와 사칙연산기호(234567+×÷=)를 사물함에 붙인다.

  ☞ 숫자와 연산기호를 이용해서 숫자만들기 : 2, 3, 6, 12 등

  ☞ 숫자와 연산기호를 이용해서 가장 큰 수 만들기 : 42

  ☞ 숫자와 연산기호를 이용해서 가장 작은 수 만들기 : 1

① 다른 친구가 사물함을 열 때 단어의 위치를 잘 기억한다.

② 학생들이 사전에 모르게 사물함에 단어를 미리 붙여놓는다.

③ 교실 내에서 체력활동 중 다치지 않게 한다.

### 놀이활용 TIP

① 단어의 개수와 위치는 상황에 맞게 자유롭게 할 수 있다.

② 국어, 수학, 사회, 과학, 영어 등 타 교과 활용이 가능하다.

③ 신체 도전 종목으로는 팔굽혀 펴기, 다리찢기, 앉았다 일어나기 등이 있다.

교실+우산

# [건강] 우산 세우기 놀이

📍 상세 준비물 : 우산 10~14개, 타이머

#민첩성_팀협력 #Rain_OK #우산_좋은_체육용품 ⌄ 🔍

1. 교실에 있는 장우산 10~14개를 준비한다. ①

② 3. 원형 중앙에는 팀원 중 1명이 박자를 세운다.

④ 7. 우산을 쓰러트리지 않고 성공한 횟수를 센다.

③ 5. 자신의 우산은 잘 세워 놓고 옆의 우산을 재빨리 잡는다.

## 놀이 소개

교실의 우산꽂이에는 항상 우산이 있죠? 가져가라고 해도 안 가져가 남아 있는 우산 또는 비 오는 날 가져온 장우산을 플레이 스틱처럼 활용한 놀이입니다. 팀원 중한 명이 중앙에서 박자를 세고 그 박자에 맞춰 팀원들이 옆으로 한 칸씩 이동하며옆에 우산을 세웁니다. 교실의 크기를 감안하여 5~7명씩 두 팀이 1분간 대결을 하고 대기하는 학생은 심판 겸 개수를 세는 역할을 합니다. 팀이 모두 돌아가며 풀리그를 하여 최종 우승팀을 결정하며, 민첩성이 증진되는 팀 협력 놀이입니다.

① 교실에 있는 장우산 10개~14개를 준비한다.

　↳ 장우산의 길이는 최대한 비슷한 것으로 한다.

　↳ 비 오는 날 실시해도 좋고 장우산이 없으면 옆 반에서 잠시 빌린다.

② 5~7명을 한 팀으로 구성하여 우산을 잡고 원형으로 선다.

　↳ 간격이 일정하지 않아 걱정이 되면 우산 세우는 곳을 바닥에 표시한다.

　↳ 간격은 자신의 우산과 옆 우산을 한 번에 잡을 수 없게 적당히 넓힌다.

③ 원형 중앙에는 팀원 중 한 명이 박자를 세 준다.

　↳ 박자세기 역할은 돌아가며 실시한다.

　↳ 박자는 하나, 둘, 셋으로 간결하게 센다.

④ 팀원의 박자에 맞춰 옆으로 한 칸씩 이동한다.

⑤ 자신의 우산은 잘 세워 놓고 옆의 우산을 재빨리 잡는다.

　↳ 우산 잡는 손을 한손만 사용할지 양손을 다 사용할지 판단해서 실시한다.

⑥ 팀원의 박자에 맞춰 정확하고 민첩하게 움직인다.

⑦ 우산을 쓰러트리지 않고 성공한 횟수를 센다.

　↳ 대기하고 있는 다른 팀원이 심판 겸 횟수 세기 역할을 한다.

⑧ 본 놀이 전 충분히 연습할 시간을 준다.

⑨ 칠판에 풀리그 대진표를 그린 후 정해진 시간(1분) 동안 동시에 2팀씩 대결한다.

① 우산 사이의 간격 조절이 어려운 경우 바닥에 우산 세우는 곳을 표시한다.

② 우산 사이의 간격은 자신의 우산과 옆 우산을 동시에 잡지 않을 만큼 적당히 넓힌다.

③ 옆의 쓰러지는 우산을 잡기 위해 넘어지는 학생이 있을 수 있어 주변의 공간을 확보한다.

### 놀이활용 TIP

① 플레이 스틱 : 대체 놀이

② 우산 잡기 손은 한 손만 사용 또는 두 손 사용을 정하면 된다.

③ 장우산 간격 조절이나 난이도 조절, 활동시간(1~2분)은 상황에 따라 정하면 된다.

④ 선생님의 신호에 따라 방향 및 이동칸수을 정할 수 있다.

　예) 호루라기 1회 - 1칸, 2회 - 2칸 / 호루라기 1회 - 오른쪽, 2회 - 왼쪽

PART 01 은밀한 놀이백화

PART 02 부가적 놀이

PART 04 교실 놀이

PART 05 모둠 세우기

PART 06 진행력 높이기

PART 07 부록

# 놀이체육은 만능간장?

#내가_생각하는_체육이란?

놀이체육을 우리 반에 적용시킬 때 무조건 통하는 만능간장이 될까요? 백종원의 만능간장도 간장일 뿐 매운탕에 고춧가루를 대신해서 넣을 수는 없겠지요.

**만능이란? 모든 일에 다 능통하거나 모든 일을 다 할 수 있음. 또는 그런 것.**

이런 만능과 간장이란 용어가 섞인 건 결국 모든 걸 해낼 수 없는 간장에게 너무 많은 걸 바라는 소비자를 겨냥한 상업적 마케팅이 아닐까요? 놀이체육을 만능간 장처럼 원하는 선생님 또한 체육교과서의 한계를 벗어나고 조금 더 쉬운 것을 찾는 소비자의 심리가 아닐까요? 모든 것에 능통한 놀이는 없습니다.

놀이체육이 모든 체육을 대변하지 못합니다. 그저 다른 양념 넣을 시간을 아끼고 조금 더 나은 맛(효과)을 낼 수 있는 하나의 체육자료에 불과합니다. 다양한 체육 활동 중 내가 어떤 부분에 재미의 요소와 환경의 요소를 변형하여 내 수업을 만들 지는 선생님의 몫입니다. 제가 소개할 놀이도 결국 변형을 위해 존재하며 그 변형 의 과정에 선생님의 체육에 대한 철학이 존재해야 합니다.

제가 생각하는 체육수업이란 '학생 모두가 언제, 어디서든 편하게 건강한 심신을 만들기 위해 즐겁게 움직이는 신체활동'입니다. 이러한 생각에 조금 더 나아가 보 면, 다음과 같은 설계 관점이 나옵니다.

| 체육수업의 정의 | 학생 모두가 | 언제, 어디서든 편하게 | 건강한 심신을 만들기 위해 | 즐겁게 움직이는 신체활동 |
|---|---|---|---|---|
| 설계 관점 | 실제 체육학습시간 극대화 및 협동심, 유대감 형성 | 시간과 장소, 도구 의 구애 없이 | 체력 증진, 경쟁을 넘어 협력과 배려 | 놀이나 게임 (예측 불가능, 운), 움직임의 즐거움 |

저는 위와 같은 설계 관점을 중심으로 체육자료를 변형하고 적용시키고 있습니다. 다음의 문제를 함께 해결하며 한걸음 더 나아가 봅시다.

| 문제 상황 | 합동 체육시간 때마다 자주 사용하는 체육자료 중 하나가 '원피구'이다. 원을 크게 하나 그려서 수비수가 원 안으로 들어가고 공격수는 원 밖에서 공을 던져 아웃시키며, 공에 맞아 아웃된 학생은 원 밖에 한 줄로 서서 기다리고 있다가 공격수가 공을 받으면 부활 되어 다시 경기장으로 들어가는 활동이다. 20분씩 공격과 수비를 번갈아 가며 활동 후 많은 학생을 아웃시킨 반이 이긴다. 이 활동은 원 하나만 그리면 손쉽게 여러 명이 함께할 수 있어 합동 체육시간 자주 적용 하던 체육자료이다. 체육관점을 세워 놀이체육 자료를 만들며 비판적 시간이 높아지던 어느 날 이 활동을 시키는데 많은 곳에 문제점이 있다는 걸 발견하였다. 그동안 별 생각 없이 모든 학생이 재미있다고 생각해온 활동이기에 스스로 당혹스러웠다. 보이지 않던 것이 보이고 조금만 생각하면 쉽게 바꿀 수 있는 부분이 보이기 시작했다. 문제점은 다음과 같았다. |
|---|---|
| 문제점 | 1. 공격 시<br>- 원 밖에서 그냥 서 있거나 공을 안 잡고 공이 밖으로 빠지게 만드는 학생에 대한 비난<br>- 공을 잡더라도 자신이 공을 던지지 않고 공격을 잘하는 학생에게 무조건 패스하는 상황<br>2. 수비 시<br>- 공에 맞아 아웃되어 원 밖에서 부활을 기다리는 많은 대기자가 발생<br>- 여자 공격수가 공을 던질 때 그 앞에서 놀리며 도발하는 상황 |

위의 문제 상황을 해결할 수 있는 방법은 다양하다. 그 다양한 방법 중 내 입맛에 맞는 변형점을 몇 개 적용시켜보며 변화된 체육수업을 맛보면 거기서부터 변형의 참맛을 느낄 수 있다.

저는 다음과 같이 변형해 적용하였다. 그렇게 만들어진 자료가 본 책에 나와 있는 '[운동장+공] 경쟁 득점제 원피구 놀이'이다.

해결
방법

---

**[놀이 설명]**

피구는 초등학생들이 가장 좋아하는 놀이입니다. 하지만 공을 잘 던지는 친구가 주도하게 되는 경우가 많습니다. 남학생이 주도하는 피구를 여학생도 재미있게 참여시키기 위해 만든 놀이로 경기장은 10m 정도의 원을 그리고 원 안쪽에는 두 팀의 수비수가, 원 밖에는 두 팀의 공격수가 4명씩 섞여서 서게 됩니다. 상대팀만을 향해 공을 던지지만 잘못해서 자기 팀이 맞아도 아웃되는 경기이므로 공격과 수비 모두 공 하나하나에 집중해야 합니다. 여학생이 피구를 잘하는 남학생에게만 패스하는 경우가 많아지겠죠 이 놀이에서는 옆으로 패스할 수 없으며 무조건 원 안으로 던져야 합니다. 특히, 남자 공은 바로 맞은 경우에만 아웃이지만 여자 공은 바로 맞은 공과 바운딩 된 공에도 아웃되어 여학생이 던진 공이 지나가면 모두 피해야 합니다. 남학생이 던진 공에 아웃되면 1점을, 여학생이 던진 공에 아웃되면 2점의 득점으로 차등해서 여학생도 패스만 하지 않고 열심히 참여하게 됩니다. 원 안과 밖에 두 팀의 학생이 모두 섞여 있어 공을 협력해서 차지해야 재미있는 놀이입니다.

[운동장+공] 경쟁_득점제 원피구 놀이

---

위의 방법이 최선의 방법이라고 생각하지 않습니다. 하지만 제 나름대로 최고로 노력해서 만든 놀이입니다. 선생님이 생각하는 체육이란 무엇인지 한번 생각해 보시기 바랍니다. 기존의 체육자료를 체육철학의 관점에 따라 변형, 발전시켜 보시기 바랍니다.

# 쏭쌤의 놀이체육 동영상을 활용한 거꾸로 교실 수업

#친절한_동영상_활용법

## 거꾸로 교실이란?

역진행 수업(逆進行 授業, flipped learning) 또는 플립드러닝, 플립러닝, 역전(逆轉)학습, 거꾸로 교실은 혼합형 학습의 한 형태로 정보기술을 활용하여 수업에서 학습을 극대화할 수 있도록 강의보다는 학생과의 상호작용에 수업시간을 더 할애할 수 있는 교수학습 방식을 말한다. 흔히 적용되는 방식으로는 선생님이 준비한 수업 영상과 자료를 학생이 수업시간 전에 미리 보고 학습하는 형태가 있다. 그 후 교실 수입시간에 선생님은 교과내용을 중심으로 가르치기보다 학생들과 상호작용하거나 심화된 학습활동을 하는 데 더 많은 시간을 할애할 수 있다. (출처 : 네이버 위키백과사전)

거꾸로 교실에서 중요한 것은 디딤 영상입니다. 내가 하고 싶은 체육자료를 영상으로 제작하여 학생들에게 보여주기란 현실적으로 어려움이 많습니다. 하지만 본 책에 나와 있는 모든 자료는 3분 내외의 친절한 동영상으로 제작되어 학생들에게 수업 전에 보여주면 적용시키기가 훨씬 쉬워집니다. 제가 동영상을 제작 및 편집할 때 가장 중요하게 생각한 점은 다음과 같습니다. 첫째, 실제 학생들의 활동영상이 주가 되어야 한다. 둘째, 3분 내외의 분량으로 초등학생도 쉽게 이해할 수 있어야 한다. 셋째, 영상에는 경기장 설명, 놀이 전 준비 및 연습영상이 포함되어 동영상 하나로 모든 과정을 알 수 있게 한다.

이러한 동영상을 체육시간 전에 학생들에게 보여 주며 설명하면 다음의 장점이 있습니다. 첫째, 학생들과 함께 경기장 및 체육용품 준비, 설치하기가 용이하다. 이런 시간이 단축이 되면 학생들의 실제 신체 움직임 시간이 많아집니다. 둘째,

PART 01 초등의 놀이체육론

PART 02 학기초

PART 04 교실 놀이

PART 05 바깥 놀이

PART 06 프로젝트 놀이

PART 07 부록

학생들의 활동 이해도가 높아진다. 수업 전 또래 학생이 활동하는 모습을 직접 보고 선생님의 설명을 듣는 것이 학생들의 입장에서 보다 활동 이해도가 높아집니다. 동영상은 학생뿐만 아니라 선생님에게도 도움이 됩니다. 어떤 부분에서 문제가 생길 것으로 예상되어 실제로 적용 시 변형하여 적용해 본다면 훨씬 좋은 체육시간이 될 것입니다.

저는 작년에 만든 놀이체육 자료를 올해 활용하여 수업에 적용시키고 있습니다. 교실체육을 할 때 칠판에 그림을 그리거나 몸으로 시범보이며 설명하기보다 동영상을 보여주며 중간중간 일시정지하며 설명을 했더니 훨씬 효율적으로 학생들이 이해하였습니다. 아래 사진과 같이 QR코드 자료집을 이용한다면 학생 스스로 영상을 찾아 활용할 수 있습니다. (QR코드 자료집-본책 부록 참고)

QR 코드 자료집 활용 사진

## PART 05
## 실내 놀이

#신선 : 놀음_fresh Play
#신_나는&선한_놀음

"신선 : 놀음(fresh play) : 선생님, 학생 모두 아무 걱정 없이
체육시간 신선한 놀이에 열중하는 것"
by 송성근

Chapter

01

# 실내+맨손 놀이

# [건강] 릴레이 3종 놀이

📍 상세 준비물 : 없음

#누구나_쉽게 #준비물없이_굿 #가위바위보_달인

① 모든 팀원이 끝날때까지 릴레이하기

② 양손 가위 바위 보 후 하나빼기 릴레이

④ 팀원이 모두 끝날때까지 릴레이

③ 달인의 손과 다른방향으로 고개 돌리면 통과

## 놀이 소개

모든 학생이 돌아가며 활동에 참여하는 릴레이는 팀 협력을 기반으로 균등한 참여 기회가 주어지기 때문에 좋은 놀이입니다. 릴레이 3종 놀이는 단순히 목적지에 달려갔다 와서 다음 주자에게 릴레이를 하는 형식에 '가위바위보', '하나빼기 가위바위보', '참참참'이라는 간단한 놀이 요소를 추가한 놀이입니다. 준비물 없이 누구나 쉽게 할 수 있는 놀이로 다양한 방법을 추가해 보길 바랍니다.

## 놀이 방법

### ■ 놀이 1) 가위바위보 릴레이 놀이

① 가위바위보 달인은 상대팀을 바라보고 앉는다.

② 각 팀의 첫 번째 주자는 걸어와서 달인에게 인사한다.

③ 달인과 가위바위보를 한 후 이기면 출발선에서 다음 사람에게 터치한다.

④ 달인에게 가위바위보를 지면 제자리에서 3바퀴 돌고 다시 도전한다.

⑤ 달인을 이길 때까지 가위바위보를 한 후 모든 팀원이 릴레이를 끝내면 "성공!"을 외친다.

### ■ 놀이 2) 하나빼기 가위바위보 놀이

① 가위바위보 릴레이 놀이와 같은 방식이다.

② 가위바위보 대신 하나빼기 가위바위보를 하고, 사전에 충분히 연습을 실시 후 본 놀이를 한다.

③ 비길 경우 승패가 결정될 때까지 진행한다.

### ■ 놀이 3) 참참참 놀이

① 경기 방식은 동일하다.

② 달인이 "참참참"이라고 이야기하며 달인의 손과 다른 방향으로 고개를 돌리면 이기고 같은 방향으로 고개를 돌리면 진다.

## 놀이 유의사항

① 놀이 전 '하나빼기 가위바위보'와 '참참참' 놀이를 연습한다.

② 달인에게 진 팀원에게 비난보다는 격려와 응원을 해준다.

### 놀이활용 TIP

① 이 놀이는 운동장에서도 가능하다.

② '묵찌빠', '팔벌려 가위바위보' 등과 같은 놀이를 추가할 수 있다.

③ 달인에게 걸어갈 때 한발 뛰기, 뒤로 걷기, 옆으로 걷기, 호핑 등과 같이 걸어가기 방법을 바꿀 수 있다.

활동 영상 보러가기

# [건강] 인간숫자 맞추기 릴레이 놀이

📍 상세 준비물 : 없음

#숫자를_맞춰라 #팀협력_굿 #인간숫자_활용

## 놀이 소개

뻔한 릴레이에서 벗어나 팀과 협력하는 릴레이 어떤가요? 인간숫자팀이 숫자를 정하면 도전팀은 자신의 번호와 맞는 인간숫자를 추측하여 맞춰야 하는 간단한 놀이입니다. '놀이 1'은 다른 도전팀의 숫자를 알고 시작하는 놀이로 쉽게 맞출 수 있지만, '놀이 2'는 도전팀도 자신의 번호를 다른 도전팀이 모르게 정해 추측하기가 더 어렵습니다. 인간숫자를 활용해야 하는 놀이로 반 전체가 모두 집중하며 활동하기 좋고 인간숫자팀과 도전팀으로 역할을 나눠 돌아가며 진행할 수 있는 놀이입니다.

## 놀이 방법

### ■ 놀이 1

① 인간숫자팀(7명)은 협의해서 도전팀(각 7명씩) 모르게 숫자를 정한다.

② 선생님은 숫자(1~7번)를 확인한다.

    ↳ 놀이를 할 때마다 확인하지 않아도 된다.

    ↳ 인간숫자와 도전팀의 숫자가 같아야 한다.

③ 인간숫자팀은 번호를 섞어 한 줄로 선다.

④ 도전팀(각 7명씩)은 앉아번호로 자신의 숫자를 정한다.

⑤ 출발선에 도전팀 1번이 출발을 준비한다.

⑥ 자신의 숫자와 맞는 인간숫자를 추측하여 뛰어간다.

    ↳ 인간숫자에게 가서 "1번 맞아?"라고 물어보면 인간숫자는 "맞아!" 또는 "아냐!"라고만 대답한다.

⑦ 자신의 숫자와 맞지 않으면 벌칙(앉았다 일어서기 3회)을 실시한다.

    ↳ 벌칙을 정확히 하지 않으면 인간숫자팀은 다시 벌칙을 시킨다.

⑧ 자신의 숫자와 맞지 않은 학생은 다시 출발선으로 돌아가 다음 번호와 터치한다.

⑨ 2번 주자는 인간숫자 2번을 추측하여 인간숫자팀 중 1명에게 물어본다.

⑩ 추측한 번호가 맞는다면 인간숫자 뒤로 가서 앉는다.

⑪ 자신의 팀원이 인간숫자 뒤로 가서 앉는다면 바로 출발선에서 다음 번호가 출발한다.

⑫ 이런 방식으로 자신의 숫자를 추측하며 릴레이를 진행한다.

    ↳ 자신의 숫자가 맞으면 통과(인간숫자 뒤로 가서 앉기)

    ↳ 자신의 숫자가 틀리면 간단한 벌칙 후 다음 번호와 터치

    ↳ 다른 도전팀의 같은 숫자가 앉아 있는 위치와 자기 팀원이 앉아 있는 위치를 확인하며 최대한 빨리 통과한다.

⑬ 도전팀의 모든 팀원이 먼저 통과한 팀이 이긴다.

    ↳ 모든 팀원이 "성공!"을 외치며 손을 든다.

### ■ 놀이 2

① '놀이 1'이 어느 정도 익숙해지면 도전팀도 자신의 숫자를 협의를 통해 다른 도전팀이 모르게 정한다.

② '놀이 1'과 같은 방식으로 인간숫자팀이 한 줄로 서고, 도전팀은 출발선에서 출발을 준비한다.

③ 자신의 번호와 같은 인간숫자를 추측하며 릴레이한다.

    ↳ '놀이 1'에서는 다른 도전팀원의 숫자를 알고 있기 때문에 인간숫자를 추측하기 쉽다.

    ↳ '놀이 2'에서는 다른 도전팀원의 숫자를 모르기 때문에 인간숫자를 추측하기 어렵다.

    ↳ 자기 팀원이 성공하지 않은 인간숫자에게 가서 맞는지 틀린지 물어봐야 한다.

① 인간숫자에게 뛰어갈 때 다른 도전팀원과 부딪치지 않게 조심한다.

② 인간숫자팀, 도전팀 모두 처음 정한 자신의 숫자를 잘 기억해야 한다.

### 놀이활용 TIP

① 인간숫자팀, 도전팀의 인원수는 재량으로 정한다.

② 팔벌려 뛰기 등과 같은 간단한 벌칙을 정하면 된다.

③ 뛰어가는 방법을 한발 뛰기, 옆으로 뛰기, 뒤로 뛰기 등으로 변화를 줄 수 있다.

활동 영상 보러가기

실내+맨손

# [건강] 인간바톤 & 바늘 릴레이 놀이 1

📍 상세 준비물 : 없음

#인간바톤_인간바늘 #홈질_실과연계 #이런놀이_처음이지?!  🔍

① 2. 인간바톤은 출발선 앞 쪽에 준비한다.

② 두번째 학생은 인간바톤이 터치하는 순간 출발한다.

④ 8. 인간바톤은 기다렸다가 앞 학생부터 쭉 손터치한다.

③ 7. 양팔을 벌려 옆 사람과 손끝이 닿을 정도로 벌린다.

### 놀이 소개

준비물 없이 실내에서 순발력과 민첩성을 기를 수 있는 놀이 어떤가요?! 인간바톤은 첫 번째 학생부터 마지막 출발 학생까지 손 터치를 하기 위해 반복해서 왔다 갔다 빠르게 움직입니다. 인간바톤에게 손 터치된 인간바늘은 앞에 있는 친구 사이를 지그재그로 통과해서 손끝을 연결하며 도착 지점까지 빠르게 가야 합니다. 인간바늘이 손끝이 닿을 거리만큼 연결하고 그 사이를 지그재그로 움직이기 때문에 실과의 바느질 '홈질'과 연계시켜 지도하면 좋습니다.

① 한 팀당(4~6명)이 출발선 앞에 한 줄로 선다.

② 인간바톤은 출발선 앞쪽에 인간바늘을 마주보며 대기한다.

　☞ 인간바톤 역할은 체력 안배를 위해 팀원끼리 돌아가며 한다.

③ 시작 신호와 함께 첫 번째 학생이 출발선에서 한 발 나간다.

④ 인간바톤은 순서대로 첫 번째 학생, 두 번째 학생과 손 터치를 한다.

⑤ 두 번째 학생이 인간바톤과 손 터치를 하는 순간 출발한다.

⑥ 두 번째 학생은 첫 번째 학생 옆으로 빠르게 이동하여 양팔을 벌려 손끝이 닿게 연결한다.

　☞ 손끝이 정확히 닿아 연결될 수 있게 지도한다.

⑦ 인간바톤은 첫 번째 학생 앞으로 빠르게 이동하여 기다렸다가 앞 학생부터 쭉 모두와 손 터치를 한다.

　☞ 중간에 손 터치가 정확히 되지 않으면 안 된 곳부터 다시 한다.

⑧ 다음 출발 학생은 인간바톤과 손 터치를 하고 출발한다.

⑨ 출발 학생은 앞에 서 있는 학생을 지그재그로 통과하여 맨 앞 학생과 손끝을 연결한다.

⑩ 같은 방식으로 손 터치하며 빠르게 도착 지점까지 릴레이한다.

　☞ 도착 지점을 출발 지점으로 설정했다면 돌아오는 방향은 반대가 되어 중간 지점에서 인간바톤 진행방향을 반대로 바꾼다.

⑪ 먼저 목표 지점에 도착한 팀은 앉으며 "성공!"을 외친다.

① 손 터치할 때 세게 때리지 말고 살살 터치할 수 있도록 한다.

② 주자는 지그재그로 통과하며, 다치지 않게 인간바늘은 바르게 서 있는다.

---

### 놀이활용 TIP

① 경기 후 승자가 세레머니를 하는 것도 즐거움을 준다.

② 도착 지점을 장소, 인원에 따라 재량으로 정한다.

③ 인간바톤 역할은 모두 돌아가며 실시하도록 한다.

활동 영상 보러가기

실내+맨손

# [건강] 인간바톤 & 바늘 릴레이 놀이 2

📍 상세 준비물 : 없음

#인간바톤_인간바늘 #시침질&박음질_릴레이 #이런놀이_처음이지?! ▾ 🔍

① 1. 각 팀은 역할을 정해 출발선 앞에 선다.

② 통과 해 앞 친구와 팔을 끌어고 다리를 찢고 선다.

③ 3. 세번째 학생부터는 앞의 "2번째 친구"를 한번 돌고 간다.

④ 5. 규칙(손터치, 한바퀴 돌기등)을 지키며 릴레이한다.

### 놀이 소개

'인간바톤 & 바늘 릴레이 놀이 1'은 어떠셨나요? '놀이 2'도 같은 방식으로 인간바톤과 인간바늘이 협력하여 도착 지점까지 빨리 가야 하는 놀이입니다. 첫 번째 놀이는 다리를 찢어 연결하는 것으로서 손끝 연결보다 하체의 유연성이 필요합니다. 다리를 찢어 연결하기 때문에 실과의 '시침질'과 연계시켜 지도하면 좋습니다. 두 번째 놀이는 자신의 앞 두 번째 학생을 한 바퀴 돌고 통과해야 합니다. 민첩성이 필요하며, 실과의 '박음질'과 연계 지도하면 좋습니다. 인간 자체가 장애물이 되고 그 사이를 다양한 방법으로 통과하면서 체력을 증진할 수 있는 놀이입니다.

## ■ 놀이 1) 시침질 놀이

① 한 팀당 4~6명이 출발선 앞에 한 줄로 선다.

② 인간바톤은 출발선 앞쪽에 인간바늘을 마주보며 대기한다.

  ↳ 인간바톤 역할은 체력 안배를 위해 팀원끼리 돌아가며 한다.

③ 시작 신호와 함께 첫 번째 학생이 출발선에서 다리를 찢고 선다.

④ 인간바톤은 순서대로 첫 번째 학생, 두 번째 학생과 손 터치를 한다.

⑤ 두 번째 학생이 인간바톤과 손 터치를 하는 순간 출발한다.

⑥ 두 번째 학생은 첫 번째 학생 옆으로 빠르게 이동하여 다리를 찢어 발끝이 닿게 연결한다.

  ↳ 발끝이 정확히 닿아 연결될 수 있게 지도한다.

⑦ 인간바톤은 첫 번째 학생 앞으로 빠르게 이동하여 기다렸다가 앞 학생부터 모두와 손 터치를 한다.

  ↳ 중간에 손 터치가 정확히 되지 않으면 안 된 곳부터 다시 한다.

⑧ 다음 출발 학생은 인간바톤과 손 터치를 하고 출발한다.

⑨ 출발 학생은 앞에 서 있는 학생을 지그재그로 통과하여 맨 앞 학생과 발끝을 연결한다.

⑩ 같은 방식으로 손 터치를 하여 빠르게 도착 지점까지 릴레이한다.

  ↳ 도착 지점을 출발 지점으로 설정했다면 돌아오는 방향은 반대가 되어 중간 지점에서 인간바톤 진행방향을 반대로 바꾼다.

⑪ 먼저 목표 지점에 도착한 팀은 앉으며 "성공!"을 외친다.

## ■ 놀이 2) 박음질 놀이

① '놀이 1'과 같은 방식으로 인간바톤의 터치로 릴레이한다.

② 앞 사람과 양팔을 벌려 손끝이 닿게 연결하며 이어간다.

③ 세 번째 학생부터는 앞의 두 번째 학생을 한 바퀴 돌고 간다.

  ↳ 자신의 앞 두 번째 학생을 한 바퀴 돌고 그 돈 지점이 다시 출발선이라 생각하고 앞에 두 명이 있으면 돌고 한 명이 있으면 손끝 연결을 한다.

④ 같은 방식으로 목표 지점까지 릴레이한다.

⑤ 먼저 목표 지점에 도착한 팀은 앉으며 "성공!"을 외친다.

① 주변 사람과 부딪치지 않고 안전하게 활동한다.

② 첫 번째 놀이(시침질 릴레이) 전에 하체 스트레칭을 하고 시작한다.

③ 규칙(손 터치, 한 바퀴 돌고가기, 발끝 닿기) 등을 잘 지키며 릴레이하도록 지도한다.

### 놀이활용 TIP

① 실과 바느질을 연계하는 수업으로 진행한다.
② 도착 지점은 장소, 인원에 따라 바꿀 수 있다.
③ 인간바톤 역할은 모두 돌아가며 실시한다.

Chapter

02

**실내+공 놀이**

활동 영상 보러가기

# [건강] 인간숫자 피구 릴레이 놀이

📍 상세 준비물 : 공 2개, 콘 또는 마커

#공2개_집!중! #일부러맞기 #숫자기억_팀협력 🔍

① 1. 출발선에 도전팀 2팀이 2명씩 선다.

② 2. 비밤1팀(8명)은 도전팀 모르게 1~8번을 정한다.

④ 8. 공에 맞은 친구는 자신의 번호를 손으로 표시한다.

③ 7. 2명이 패스를 하며 첫번째(1번)를 맞춰야 한다.

## 놀이 소개

'인간숫자 피구 릴레이 놀이'는 인간숫자 릴레이를 실시한 후 하면 더욱 좋은 놀이 입니다. 도전팀이 인간숫자를 터치해서 데리고 오는 방식에서 공을 활용하여 인 간숫자를 맞혀서 데리고 오는 방식으로 변형한 놀이입니다. 인간숫자 릴레이에 서는 인간숫자가 의자에 앉아서 터치를 기다려야 했다면, 이 놀이는 공에 일부러 맞거나 피해서 도전팀을 방해하게 만들어 전체 활동성을 높였습니다. 모든 팀(도 전팀, 인간숫자팀)이 협력하여 즐겁게 활동할 수 있는 놀이입니다.

## 놀이 방법

① 출발선에는 도전하는 2팀이 2명씩 맞춰서 선다.

② 인간숫자 한 팀은 도전팀 모르게 번호(1~8번)를 정한 후 정해진 구역(원형)에 선다.

    ↳ 인간숫자팀이 정한 숫자를 선생님이 확인한다.

③ 각 팀의 첫 번째 주자 2명이 공 1개를 가지고 시작 신호에 따라 인간숫자팀 영역으로 출발한다.

④ 도전팀은 같은 팀원과 함께 공을 패스하며 인간숫자팀을 맞힌다.

    ↳ 인간숫자팀 영역이 원으로 되어 있으므로 맞은편으로 가서 패스 및 공격을 한다.

⑤ 공에 맞은 친구는 자신의 번호를 손으로 정확히 표시한다.

    ↳ 인간숫자팀이 표시한 숫자를 도전팀에서는 유심히 보고 기억한다.

⑥ 공을 맞혀 번호를 안 후 출발선의 다음 주자와 손 터치로 교대한다.

⑦ 팀이 협력하여 적절한 패스와 공격으로 숫자 '1'을 출발선으로 데리고 온다.

    ↳ 인간숫자 1명당 1점이며, 인간숫자는 '1, 2, 3, 4, 5, 6, 7, 8' 순서대로 데려올 수 있다.

⑧ 인간숫자팀은 도전팀을 방해할 수 있으며, 공에 일부러 맞아도 된다.

⑨ 인간숫자팀은 공을 잡을 경우 숫자를 알려주지 않아도 된다.

⑩ 도전팀 중 인간숫자를 많이 데려온 팀(다득점 팀)이 이긴다.

## 놀이 유의사항

① 인간숫자팀은 고의로 팀원의 등 뒤로 숨어서는 안 된다.

② 인간숫자팀은 공이 2개이므로 잘 보며 서로 다치지 않게 활동한다.

③ 도전팀은 인간숫자팀을 맞힐 때 가까운 거리에서 너무 강하게 던져서는 안 된다.

### 놀이활용 TIP

① 각 팀의 인원은 재량으로 정한다.

② 운동장에서 할 경우 넓은 영역으로 변형하여 할 수 있다.

③ 뛰어가는 방법을 한발 뛰기, 옆으로 뛰기, 뒤로 뛰기 등으로 바꿀 수 있다.

실내+공

활동 영상 보러가기

# [경쟁] 공굴려 무한피구 놀이

📍 상세 준비물 : 공 5~6개

#공_여러개_집중! #굴려라!_피해라! #어디서_올지?!

1. 바닥에 5~6개 정도의 공을 굴려 놓는다. ①

발목에 공이 닿음

2. 공이 발목에 닿으면 그 자리에서 팔벌려 뛰기 3회를 실시한다. ②

공격성공 2회

4. 굴러다니는 공을 집중하여 잡고 계속해서 공격할 수 있다. ④

3. 자세를 낮춰 굴러가는 공을 잡아 수비 후 공격할 수 있다. ③

## 놀이 소개

영역을 나눠 피구를 하면, 피구를 잘하는 학생이 주도해 다른 학생의 참여 비율이 상대적으로 낮을 때가 있죠? '공굴려 무한피구 놀이'는 여러 개의 공이 여기저기 굴러다니기 때문에 모든 학생이 집중해서 놀이에 참여하게 됩니다. 공을 던지는 게 아닌 굴리는 방식으로 보다 쉽게 피구 놀이를 할 수 있습니다. 정해진 시간 동안 공을 굴려 발목을 맞히거나 피해야 하는 놀이로 많은 신체 활동량이 필요해 중간에 휴식시간을 주며 활동해보길 바랍니다.

## 놀이 방법

① 바닥에 5~6개 정도의 공을 흩어 놓고 공 주변으로 학생들이 편하게 선다.

② 시작과 함께 코끼리코 3바퀴를 돌며 다 돌고 난 후에 주변의 공을 잡고서 누구에게나 공격한다.

③ 공격은 공을 바닥에서 굴려 상대의 발목에 맞힌다.

  ↳ 공을 던져 직접 맞히는 건 반칙이다.

  ↳ 여기저기 굴러다니는 공을 잘 살펴 피한다.

  ↳ 공이 여기저기 굴러다니므로 점프해서 공을 밟는 일이 없도록 한다.

④ 공이 발목에 닿으면 그 자리에서 팔벌려 뛰기 3회를 실시한다.

  ↳ 벌칙을 양심껏 정확하게 실시한다.

  ↳ 벽에 맞고 나온 공에 맞아도 벌칙을 수행한다.

⑤ 자세를 낮춰서 굴러가는 공을 잡아 수비 후 공격할 수 있으며 연속해서 공격할 수 있다.

⑥ 정해진 시간 동안 가장 적게 벌칙을 받은 학생이 우승한다.

⑦ 정해진 시간(5분) 활동 후 휴식시간을 갖고 다시 활동한다.

## 놀이 유의사항

① 굴러다니는 공 위로 점프하지 않는다.

② 공으로 상대를 직접 던져 맞히지 않는다.

③ 무작정 뛰어다니다가 굴러다니는 공에 넘어지지 않는다.

### 놀이활용 TIP

① 가벼운 벌칙은 재량으로 정한다.

② 공의 개수는 반 인원에 따라 적절히 조절한다.

③ 5분 활동 후 휴식시간을 적절히 조절한다.

실내+공

활동 영상 보러가기

# [경쟁] 원형 터치 피구 놀이

📍 상세 준비물 : 공 1개, 의자(인원의 절반)

#공던지면_반칙 #공터치_굿 #부활하는_피구 🔍

경기장 모습
중앙 의자 2개 ①

원 바깥 공격 중앙 공격
수비 영역
② 공격은 의자에 앉고 수비는 해당 영역에 선다.

부활 기다리는 중
8. 아웃된 친구는 순서대로 부활을 기다린다.

③ 공격
한발만 이용
공터치 시도
5. 공격은 한발만 앞으로 나가며 공터치한다.

## 놀이 소개

피구는 상대팀을 공으로 던져서 맞히는 놀이죠? 터치 피구는 공을 던져서 맞히는 방식이 아닌 공을 터치해서 아웃시키는 방식입니다. 실내에서 의자를 활용하여 공을 적절하게 패스하며, 상대팀에게 공 터치를 시도해야 합니다. 아웃된 학생은 공격팀의 반칙에 따라 다시 부활할 수 있는 기회를 얻습니다. 좁은 실내에서도 즐겁고 안전하게 피구 놀이를 할 수 있습니다.

## 놀이 방법

① 중앙에 의자 4개를 놓고 바깥쪽 큰 원으로 의자를 6~10개 놓는다.

   ↪ 중앙 의자 : 중앙 공격 / 바깥쪽 큰 원 의자 : 바깥 공격

② 두 팀으로 나눠 공격과 수비를 정한다.

③ 공격은 의자에 앉고 수비는 중앙 공격과 바깥 공격 사이에 선다.

④ 공격팀은 패스를 하여 수비팀을 공으로 터치한다.

   ↪ 공격팀끼리 패스하는 공을 수비팀이 일부러 쳐내거나 맞으면 아웃된다.

⑤ 터치가 되면 아웃되어 경기장 밖으로 나간다.

⑥ 공격은 한 발만 앞으로 나가며 상대팀을 공으로 터치한다.

⑦ 수비는 영역 내에서 무리하지 않고 피한다.

⑧ 다음의 경우는 파울로 상대팀이 부활된다.

   ↪ 공을 던져 상대팀을 맞히는 경우

   ↪ 공 터치 시도를 연속해서 2회 이상 한 경우

   ↪ 3초 이내에 패스 또는 공격을 하지 않은 경우

   ↪ 축이 되는 발이 앞으로 나가며 무리하게 공격하는 경우

⑨ 아웃된 친구는 순서대로 공격팀 파울에 대한 부활을 기다린다.

⑩ 파울이 나오면 수비팀 1명이 부활되어 경기장으로 들어온다.

⑪ 절반의 시간에 공격과 수비를 바꿔 진행한다.

⑫ 시간이 종료되는 시점에 더 많이 아웃시킨 팀이 이긴다.

## 놀이 유의사항

① 수비팀은 무리하게 움직이지 않는다.

② 공격수는 축이 되는 발을 끌면서 과하게 이동하여 공격하지 않는다.

③ 공격팀의 바깥 원을 최대한 크게 하여 수비팀이 안전하게 움직일 수 있게 한다.

### 놀이활용 TIP

① 인원에 따라 원의 크기를 재량으로 정한다.

② 교실에서 하는 경우 한 발 나가며 공격하는 것은 금지한다.

③ 공격이 유리할 때 한 발 나간 상태에서 패스하지 못하게 한다.

활동 영상 보러가기

# [경쟁] 바운딩 피구 놀이

📍 상세 준비물 : 공 2개, 점수판, 콘 또는 마커

#바운딩공_피해라 #죽어도못보내_점수제 #바로맞히기_반칙 🔍

1. 크기가 같은 영역(플레이존)을 두군데로 나눈다. ①

2. 공격-패스-공격-패스 순서로 공격한다. ②

3. 벌칙 후 벌칙존을 나갈 때 점수판의 자기팀 점수를 올린다. ④

4. 공격은 굴리거나 바운딩 시켜 상대를 맞춘다. ③

### 놀이 소개

피구는 상대팀을 공으로 던져서 맞히는 놀이죠? 바운딩 피구는 공을 던져서 맞히는 방식이 아닌 바운딩시키거나 굴린 공에만 아웃되는 피구로 공을 무서워하는 학생도 즐길 수 있는 놀이입니다. 아웃된 학생은 간단한 벌칙 후 다시 경기장에서 활동하는 득점제로 실시하여 계속해서 활동에 참여할 수 있습니다. 공격 후에는 패스를 1회 이상 실시하게 하여 혼자만 계속해서 공격하는 경우도 없게 하였습니다. 좁은 실내에서도 안전하고 즐겁게 피구 놀이를 할 수 있습니다.

## 놀이 방법

① 놀이 전 연습을 한다.
　↳ 공격 방법은 공을 굴리거나 바운딩시킨다.
　↳ 같은 팀원끼리 원형으로 서서 공격→패스→공격→패스 순으로 원 안에서 연습한다.
② 크기가 같은 영역을 두 군데로 나누며, 중앙에 벌칙존을 작게 만든다.
　↳ 벌칙존에 점수판을 둔다.
③ 각 팀의 공격수 남자 4명씩 팀조끼를 입는다.
　↳ 공격수는 라운드마다 남자, 여자, 혼성 등으로 역할을 돌아가며 실시한다.
④ 공격수는 상대팀 영역 안으로 들어간다.
　↳ 공격수 1명은 공이 상대팀으로 넘어가는 걸 방지하기 위해서 중앙 쪽 근처에서만 활동한다.
⑤ 공격은 공을 굴리거나 바운딩시켜 상대를 맞힌다.
⑥ 공격 시도 후에는 패스를 1회 이상 해야 한다.
　↳ 벽에 맞고 나온 공에 맞아도 아웃된다.
　↳ 공격→패스→공격→패스의 순서를 지켜 활동한다.
⑦ 공에 맞아 아웃된 학생은 벌칙존으로 간다.
⑧ 벌칙존에서 팔벌려 뛰기 5회를 실시 후 점수판의 자기 팀 점수를 올린다. (실점)
⑨ 벌칙을 마친 학생은 다시 자기 팀 영역에 들어가서 놀이를 계속한다.
⑩ 공이 상대팀 영역으로 갔을 때 상대팀의 플레이에 방해가 안 되게 잘 가져간다.
⑪ 다음의 경우는 반칙으로 상대팀원에게 1몫을 준다.
　↳ 공에 바로 맞은 경우 / 연속된 공격의 공에 맞은 경우 / 3초 이내에 패스 또는 공격을 안 한 경우
　↳ 그 밖에 무리한 플레이
⑫ 일정한 시간 후 점수가 높은 팀(다실점 팀)이 진다.

## 놀이 유의사항

① 본 놀이 전 각 팀별로 연습을 실시하며, 전략을 짤 수 있는 시간을 준다.
② 공격수의 역할은 모두 돌아가며 실시할 수 있도록 한다. (경기시간 : 5분 정도)
③ 굴러가는 공 위로 무리하게 점프하여 공을 밟고 다치는 경우가 없도록 한다.

> ### 놀이활용 TIP
> ① 앉았다 일어나기 등과 같은 간단한 벌칙은 재량으로 정한다.
> ② 공격 후 패스 1회 이상 없이 바로 공격 가능하다.
> ③ 남자 공격 시 아웃이면 1점, 여자 공격 시 아웃이면 2점을 주는 것도 가능하다.

실내+공

활동영상 보러가기

# [건강] 공 연결 릴레이 놀이

◉ 상세 준비물 : 공 4개

#공전달_릴레이 #신속_민첩_정확 #전학년_활용 ▾ Q

### 놀이 소개

공을 연결하며 목표 지점으로 가는 릴레이 어떤가요? 공을 가지고 팀원 사이를 지그재그로 통과하기, 앞으로 가서 좌우로 전달하기, 뒤로 보내고 뛰어가서 잡기, 앞으로 보내기, 위와 아래로 전달하기 등 다양하게 공을 연결하는 방식을 조합해서 만든 놀이입니다. 팀 협력을 기초로 신속하고 정확하게 공을 연결해야 하는 놀이입니다. 여기서 '놀이 1'은 공을 가지고 지그재그로 움직이기 + 공을 좌우로 전달하기 + 돌아올 때는 공을 다리 사이로 굴려 이동하는 릴레이입니다. '놀이 2'는 공을 머리 위와 다리 사이로 연결하는 릴레이 + 돌아올 때는 '놀이 1'과 동일합니다.

## 놀이 방법

### ■ 놀이 1) 공을 가지고 지그재그로 통과 릴레이

① 1팀당 5~8명, 출발선 앞으로 한 줄, 한 팔 간격으로 목표 지점을 향해 선다.

② 첫 번째 주자는 출발선에서 공을 들고 시작 신호를 기다린다.

③ 시작 신호에 맞춰 첫 번째 주자는 공을 들고 지그재그로 앞의 팀원을 통과한다.

④ 줄의 맨 앞에 서서 뒤 친구에게 공을 옆으로 전달한다.

   ꒰ 줄의 맨 앞에 설 때는 바로 뒤 친구에게 공을 줄 수 있는 거리만큼의 간격으로 선다.

⑤ 공 전달은 상체만을 이용하여 좌우 번갈아가며 옆으로 넘기는 방법으로 한다.

⑥ 줄의 맨 끝 학생이 공을 받고 첫 번째 주자와 같은 방식으로 지그재그로 팀원을 통과한다.

⑦ 줄의 맨 앞에 서서 뒤 친구에게 같은 방식으로 공을 연결한다.

⑧ 목표 지점에 도착 후 다시 출발선으로 돌아와야 한다.

⑨ 서 있는 상태 그대로 줄 앞의 학생이 공을 팀원의 다리 사이로 굴린다.

⑩ 공을 굴린 후 줄의 맨 뒤로 뛰어가서 공을 잡아 앞으로 전달한다.

   ꒰ 팀원은 공이 뒤로 잘 굴러갈 수 있게 협력하여 빠지지 않게 한다.

   ꒰ 맨 뒤에 있는 학생은 공을 굴린 학생이 올 때까지 공을 멈춰준다.

   ꒰ 공을 전달하다가 빠지면, 빠진 자리로 공을 가져와 다시 시작한다.

⑪ 같은 방식으로 출발선에 도착한 팀은 "성공!"을 외치며 자리에 앉는다. 가장 먼저 도착한 팀이
  이긴다.

### ■ 놀이 2) 공을 머리 위와 다리 사이로 연결 릴레이

① 출발선 앞에서 출발선을 바라보며 다리를 벌리고 한 줄로 선다.

② 시작 신호에 따라 공을 머리 위와 다리 사이를 번갈아 가며 전달한다.

③ 공을 뒤로 전달한 후 줄 뒤로 가서 줄을 연결한다.

   ꒰ 공 전달 중에 공이 빠지면, 빠진 곳부터 다시 전달한다.

④ 목표 지점까지 정확하고 신속하게 같은 방법으로 공을 전달한다.

⑤ 목표 지점 도착 후 출발선에 돌아오는 방법은 '놀이 1'과 같다.

⑥ 출발선에 도착한 팀은 "성공!"을 외치며 자리에 앉는다. 가장 먼저 도착한 팀이 이긴다.

## 놀이 유의사항

① 공을 전달하는 방법을 정확히 익혀 활동한다.

② 이동 시 옆 학생을 치지 않도록 안전하게 활동한다.

③ 공이 빠지면 빠진 자리에서 다시 전달하는 규칙을 잘 지킨다.

## 놀이활용 TIP

① 공을 전달하는 방법을 사전에 충분히 연습하도록 한다.

② 점수제(1등 : 4점, 2등 : 3점, 3등 : 2점, 4등 : 1점)로 3라운드 놀이를 진행해도 된다.

③ 공 전달 방법이 어려우면 단순하게(좌우 넘기기, 돌아오기) 해도 된다.

활동 영상 보러가기

실내+공

# [경쟁] 등을 노려라!(피구형) 놀이

📍 상세 준비물 : 공, 의자

#손으로쳐내기_굿 #죽어도못보내_점수제 #등을_노려라!

1. 반 인원의 절반 A팀(공격)은 큰원으로 앉는다. ①

② B팀(수비)은 원 안으로 들어가 간격을 잘 유지해 앉는다.

④ 무릎방어
(두손으로 공을 쳐냄)

2. 수비팀은 무릎과 등을 맞지 않게 하기 위해 방어한다.

③ 등맞아 아웃

1. 공격팀은 수비팀 학생의 무릎이나 등을 맞춰 아웃시킨다.

## 놀이 소개

'등을 노려라! 놀이'는 공격과 수비 모두 앉아서 하는 놀이입니다. 원형으로 앉은 공격수와 원 안의 의자에 앉은 공격수가 서로 패스를 하다가 공으로 수비팀의 등과 무릎을 맞혀야 하는 놀이입니다. 수비는 재빨리 피해야 하고 공격은 패스를 부지런히 해서 상대의 허점을 노려야 합니다. 간혹 공을 세게 던지는 아이들이 있으므로 남자는 한 손, 여자는 두 손을 허용합니다. 공을 수비 무릎으로 던지다가 얼굴이 맞는 경우가 간혹 있으니 수비팀의 등만 맞히는 놀이로 변형해도 좋습니다.

① 놀이 전 다음과 같이 준비한다.

   ↪ 반 인원의 절반인 공격팀은 큰 원으로 앉으며 그중 A팀(공격) 4명은 중앙 의자에 네 방향을 보고 앉는다.

   ↪ 수비팀은 원 안으로 들어가 간격을 잘 유지해 무릎을 세우고 두 손을 들고 방어하는 자세로 앉는다.

② 공격팀은 다음과 같이 공격한다.

   ↪ 공격수는 한 손으로만(여학생 제외) 패스 및 공격할 수 있으며, 수비팀 학생의 무릎이나 등을 맞혀 아웃시킨다.

   ↪ 공격팀은 빠른 패스로 상대의 허점을 노려야 하며, 공격수는 연속으로 공격할 수 없다.

   ↪ 공격팀은 3초 이내에 패스 또는 공격해야 하며, 수비수의 얼굴을 공으로 맞히면 반칙이다.

   ↪ 중앙의 의자에 앉은 공격수 4명은 의자에서 엉덩이가 떨어지면 안 된다.

③ 수비팀은 다음과 같이 수비한다.

   ↪ 수비수는 무릎을 세우고 두 손을 들어 방어하며 무릎과 등을 맞지 않도록 공에 집중한다.

   ↪ 수비수는 뭉쳐 있지 않고 팀원과 떨어져 있어야 하며 무리하게 움직이지 않는다.

   ↪ 수비수는 바닥에 엉덩이를 붙이고 무릎을 세운 채로 움직일 수 있다.

④ 공격팀과 수비팀이 간격을 맞춰 앉고 공을 2개 투입한다.

⑤ 공에 무릎이나 등을 맞으면 양심껏 경기장 밖으로 나와 벌칙존에서 팔벌려 뛰기 5회를 한다.

⑥ 벌칙 후 점수판에서 1점(실점)을 올리고 다시 경기장으로 들어간다.

   ↪ 벌칙 후 들어올 때는 빈 공간으로 조심히 들어온다.

⑦ 절반의 시간에 공격과 수비를 교대해서 활동 후 일정한 시간 동안 다득점한 팀이 이긴다.

① 바닥을 깨끗하게 청소한 후 활동을 한다.

② 수비팀원끼리 뭉쳐서 등을 일부러 가리지 않도록 한다.

③ 공격수는 상대방 얼굴에 공을 무리하게 던지지 않는다.

### 놀이활용 TIP

① 간단한 벌칙은 재량으로 정한다.

② 여학생의 공 던지기는 두 손으로 할 수 있다.

③ 만약 수비팀 얼굴에 공이 맞을 때는 공격수에게 퇴장 또는 실점을 줄 수 있다.

활동 영상 보러가기

실내+공

# [경쟁] 인간네트 쓰로볼 놀이

📍 상세 준비물 : 공 1개, 의자(인원의 절반)

#인간네트_활용 #빈공간을_찾아라! #모두참여_굿 ▾ 🔍

실내+공 경기장 설명
① 1. 의자로 엔드라인과 중앙의 인간네트가 앉을 자리를 마련한다

실내+공 인간네트 앉는 법
A팀 영역
B팀 영역
② A팀 영역을 보고 앉는다.

④ 수비 성공
4. 수비는 상대가 던진 공을 바닥에 닿지 않게 잘 받는다

③ 공 터치 성공
4. 인간네트는 상대편의 공을 손으로 터치 해 득점한다

## 놀이 소개

강당, 다목적 교실, 체육관 등 실내 체육시설에서 쓰로볼을 하는 건 어떤가요? 쓰로볼은 배구형 놀이로 자기 팀에게 패스는 정확히 하며, 상대팀 영역으로 공격할 때에는 빈 공간에 잘 던져야 하는 재미있는 놀이입니다. 의자를 가운데 한 줄로 놓아서 두 영역으로 나눈 후 공을 패스하며 상대팀 영역에 공을 던져 넣어 점수를 획득합니다. 가운데 있는 의자에는 후반전 학생이 인간네트 역할을 해서 의자에 앉아 손을 들고 상대팀의 공을 터치하여 점수를 얻는 놀이입니다.

215

① 의자로 엔드라인과 중앙의 인간네트가 앉을 자리를 확보한다.

   ↳ 중앙의 인간네트의 의자는 반 인원의 절반으로 준비하고 지그재그로 놓는다.

   ↳ 인간네트의 학생은 후반전 선수로 상대팀 영역을 보고 앉을 수 있게 한다.

② 경기장 한쪽에 점수판을 준비한다.

③ A팀, B팀의 전반전 학생이 공 1개를 가지고 각 팀 영역에 서서 준비한다.

④ 각 팀에서 패스 한 번 이상 후 상대팀에게 공을 넘긴다.

   ↳ 패스는 남학생은 여학생에게, 여학생은 남학생에게 한다.

   ↳ 패스는 1~2회(배구 규칙)로 한다.

   ↳ 공격수는 상대팀의 빈 공간에 무리하지 않고 던진다.

⑤ 수비팀은 상대팀이 던진 공을 바닥에 닿기 전에 잘 받는다.

   ↳ 수비팀은 자기 팀 영역에 넓게 퍼져 효율적으로 수비한다.

⑥ 중앙의 인간네트는 손을 최대한 뻗어 상대팀의 공격을 방해하며 공격 공 터치 시도를 한다.

⑦ 득점인 경우는 다음과 같으며, 득점이 되면 점수판에서 1점을 올린다.

   ↳ 공이 상대팀 바닥에 닿았을 때

   ↳ 상대팀의 패스 횟수가 3회 이상일 때

   ↳ 인간네트에 상대팀 공격 공이 손에 닿을 때

   ↳ 상대팀이 무리하게 넘어지며 공을 잡았을 때

   ↳ 같은 팀원끼리 패스하다가 공이 떨어졌을 때

   ↳ 상대팀이 무리하게 공격(직선 공격, 천장에 닿았을 때)했을 때

   ↳ 공을 3초 이내에 패스 또는 공격을 하지 않았을 때

   ↳ 패스를 남학생이 여학생에게, 여학생이 남학생에게 하지 않았을 때

⑧ 절반의 시간에 공격수와 인간네트의 역할을 바꿔 활동한다.

⑨ 후반전 선수 교대 후 다득점 팀이 이긴다.

① 공을 무리하게 받다가 다치는 경우가 없도록 한다.

② 인간네트가 의자에서 일어서거나 점프해서 공 터치 시도를 하지 않도록 한다.

③ 공격할 때 직선 공격으로 인간네트를 강하게 맞히거나 천장에 맞는 경우가 없도록 한다.

## 놀이활용 TIP

① 공격 전 패스 횟수는 2회 이내로 한다.

② 경기장 크기나 인간네트 수는 상황에 따라 재량으로 정한다.

③ 체육관이라면 중앙 인간네트 영역에서 서서 활동하기, 공 높이 던지기 등을 허용해도 된다.

# 실내+팀조끼 놀이

실내+팀조끼

활동 영상 보러가기

# [건강] 팀조끼 던지고 잡아라! 놀이

📍 상세 준비물 : 팀조끼(1인당 1개)

---

#간단_팀협력 #박자세기_집중! #전학년_활용 　　🔍

## 놀이 소개

팀조끼로 던지고 받기 형식을 이용한 여러 놀이가 있는데, 이 놀이는 팀조끼를 활용한 놀이 전 몸풀기 및 친숙도를 올리는 용도로 활동하면 좋습니다. 박자에 맞춰 돌며 팀조끼를 위로 던지고 받는 형식의 놀이로 팀조끼와 보다 친해지면서 팀 협력을 향상시키는 데 좋은 놀이입니다. 박자를 세는 학생은 팀원 전체의 준비 상태를 보고 큰소리로 정확하게 세주며, 팀원은 박자에 맞춰 자신의 팀조끼를 머리 위로 던지고 바로 옆의 학생이 던진 팀조끼를 이동해서 받는 놀이입니다.

## 놀이 방법

① 1팀(6~8명)이 원형으로 팀조끼를 들고 선다.

② 원형 중앙에 1명이 박자를 센다.

　↪ 원형 중앙의 박자를 세는 학생은 돌아가며 실시한다.

　↪ 놀이가 익숙해지면 박자 세는 학생도 함께 원에 포함되어 놀이에 참여한다.

③ 친구의 박자에 맞춰 팀조끼를 위로 던지고 옆으로 이동 후 옆 친구가 던진 팀조끼를 잡는다.

④ 팀조끼는 머리보다 위로 던지며, 팀원이 모두 팀조끼를 잡은 것만 횟수로 센다.

⑤ 다음의 경우는 횟수에서 제외된다.

　↪ 팀조끼가 바닥에 떨어진 경우

　↪ 팀원끼리 서로 부딪치며 넘어진 경우

　↪ 팀조끼의 높이가 머리보다 아래인 경우

　↪ 잡은 팀조끼가 바로 옆 친구 것이 아닌 경우

⑥ 정해진 시간 동안 최대 성공 개수를 세며, 최종 개수가 많은 팀이 승리한다.

## 놀이 유의사항

① 팀조끼는 머리보다 위로 던진다.

② 놀이 전 충분히 연습시간을 주고 팀원끼리 전략을 협의하도록 한다.

③ 원형 모양을 너무 크게 하여 팀조끼를 잡다가 친구와 부딪쳐 넘어지지 않도록 한다.

### 놀이활용 TIP

① 승패 구조를 라운드별 승점제로 할 수 있다.

② 경기 전에 놀이 전략 협의시간을 준다.

③ 선생님 신호에 따라 도는 방법을 달리 할 수 있다.

　예) 하나둘셋 : 시계방향으로 돌고 잡기, 셋둘하나 : 시계반대방향으로 돌고 잡기

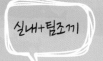
실내+팀조끼

활동 영상 보러가기

# [건강] 팀조끼 민첩성 놀이

📍 상세 준비물 : 팀조끼(2인당 1개)

#간단_재미_민첩성 #2초내_반응 #숫지_집중!        🔍

1. 2명씩 등을 맞대고 간격을 유지한채 다리를 벌리고 ① 앉는다

4. "1":손 머리, "2":무릎, "3":발목, "4":팀조끼 잡기

9. 명령어 "1", "2", "3"에 팀조끼를 잡으면 해당 팀은 진다.

6. "1":머리, "2":어깨, "3":허리, "4":팀조끼 잡기

## 놀이 소개

민첩성을 기를 수 있는 재미있는 놀이를 소개합니다. 팀조끼 또는 콩주머니를 두 명 사이에 놓고 숫자에 따라 반응하는 놀이로 선생님의 명령어를 집중해서 듣고 반응해야 합니다. '놀이 1'은 서서 팀조끼 먼저 잡기, '놀이 2'는 쪼그려 앉아서 팀조끼 먼저 잡기 활동으로 상대를 바꿔 가면서 하면 더욱 재미있습니다. 놀이방법을 설명하고 연습한 후 하면 1시간 재미있게 민첩성 놀이를 할 수 있습니다. 놀이 중 가벼운 벌칙은 한 판당 해도 되고 5전 3선승 후 시키면 더 많은 체력운동을 시킬 수 있습니다.

## ■ 놀이 1) 서서 팀조끼 먼저 잡기

① 2명씩 등을 맞대고 간격을 유지한 채 다리를 벌리고 선다.

② 시선은 정면을 응시하고 발은 평행선을 유지한다.

③ 팀조끼를 2인당 1개씩 바닥 가운데에 놓는다.

④ 올바른 자세로 선 후 조용히 선생님의 명령어를 잘 듣고 2초 내에 반응한다.

⑤ 숫자에 따른 반응(손이 닿는 신체 부위)을 이해한다.

 ↪ 숫자 "1" : 머리

 ↪ 숫자 "2" : 어깨

 ↪ 숫자 "3" : 허리

 ↪ 숫자 "4" : 팀조끼 잡기

⑥ 숫자 "4"에 팀조끼를 먼저 잡은 학생이 이긴다. 그 밖의 규칙은 다음과 같다.

 ↪ 놀이 중 넘어지거나 손이 바닥에 닿으면 진다.

 ↪ 팀조끼를 동시에 잡으면 가위바위보로 승부를 결정한다.

 ↪ 숫자 "4"가 아닌 숫자 "1", "2", "3"에 팀조끼를 잡으면 진다.

 ↪ 2초 안에 선생님의 명령어에 따른 신체 부위에 손이 닿지 않으면 진다.

 ↪ 놀이 중 승패가 결정난 팀은 조용히 다른 팀의 경기가 끝날 때까지 기다린다.

⑦ 진 학생은 가벼운 벌칙(팔벌려 뛰기 3회)을 실시한다.

⑧ 판이 끝나고 새롭게 시작할 때마다 정확한 자세를 취하도록 한다.

 ↪ "시선 정면 보세요!", "다리를 평행선으로 만드세요!"

⑨ 5전 3선승제 또는 7전 4선승제로 상대를 바꾸어 가며 실시한다.


## ■ 놀이 2) 쪼그려 앉아서 팀조끼 먼저 잡기

① 서로 마주보고 손을 가슴 쪽에 두고 쪼그려 앉는다.

② 2명의 중앙에 팀조끼를 1개 놓는다.

③ 숫자에 따른 반응(손이 닿는 신체 부위)을 이해한다.

 ↪ 숫자 "1" : 머리

 ↪ 숫자 "2" : 무릎

 ↪ 숫자 "3" : 발목

 ↪ 숫자 "4" : 팀조끼 잡기

④ 숫자 "4"에 팀조끼를 먼저 잡은 학생이 이긴다. 그 밖의 규칙은 '놀이 1'과 같다.

⑤ 진 학생은 가벼운 벌칙(팔벌려 뛰기 3회)을 실시한다.

⑥ 5전 3선승제 또는 7전 4선승제로 상대를 바꾸어 가며 실시한다.

① 팀조끼를 잡을 때 상대의 손등을 긁지 않게 주의시킨다.

② 등을 맞대고 팀조끼 잡을 때 시선은 정면을 보며 발은 평행선을 유지시킨다.

③ 명령어 '1', '2', '3'에 팀조끼를 잡아 놀이 결과가 이미 나온 팀은 그 판이 끝날 때까지 조용히 기다린다.

## 놀이활용 TIP

① 놀이 상대를 바꿔 가면서 활동할 수 있도록 한다.

② 숫자나 신체 부위는 재량으로 정하고, 가벼운 벌칙도 자유롭게 정한다.

③ 승패 구조는 5전 3선승제 또는 7전 4선승제가 적당하다.

실내+팀조끼

활동 영상 보러가기

# [건강] 빨래 릴레이 놀이

◉ 상세 준비물 : 우산(팀당 2개), 팀조끼(팀당 1개), 마커(8개 정도)

#우산_체육용품 #빨래_넣기_널기 #짝_협력놀이

## 놀이 소개

우산을 활용한 체력증진 놀이로 빨래통에 빨래를 던지거나 넣는 모습에서 아이디어를 착안하여 만든 놀이입니다. 팀조끼가 빨래 역할을 하며 2가지 놀이를 할 수 있습니다. '놀이 1 빨래통 넣기'는 장우산 2개를 플레이 스틱 활동처럼 콘을 1바퀴씩 돌고 첫 번째 콘으로 돌아와 다음 주자가 던지는 팀조끼(빨래)를 장우산 2개(빨래통) 사이로 통과시키는 놀이입니다. 우산 2개를 잘 벌려 움직이며 팀조끼가 통과해야 합니다. '놀이 2 빨래 널기'는 장우산 2개가 빨래줄이 되어 던진 팀조끼를 통과시키는 것이 아닌 우산에 걸거나 잡고 다음 주자에게 릴레이하는 놀이입니다.

## ■ 놀이 1) 빨래통 넣기

① 놀이 전 다음과 같이 준비한다.

　　↳ 각 팀의 출발선 앞에 3~4m 간격으로 마커를 3개 놓는다.

　　↳ 각 팀별로 길이가 비슷한 장우산 2개, 팀조끼 1개를 준비한다.

② 각 팀은 2명씩 짝을 지어 줄을 서며, 첫 번째 주자 2명은 몸 앞으로 우산 2개를 두 손으로 잡는다.

③ 각 팀의 두 번째 주자는 팀조끼 1개를 들고 첫 번째 주자가 마커를 들고 오기를 기다린다.

④ 첫 번째 주자는 출발선에서 준비를 한 후 시작 신호에 맞춰 출발한다.

⑤ 2명이 우산을 앞으로 잡고 앞의 3개의 콘을 1바퀴씩 돈다.

　　↳ 앞의 콘부터 왼쪽 1바퀴, 오른쪽 1바퀴, 왼쪽 1바퀴를 돈다.

　　↳ 2명이 서로 다른 방향으로 돌 때 협력하여 안전하게 돈다.

　　↳ 콘을 밟거나 방향을 잘못 돌면 다시 실시한다.

⑥ 세 번째 콘을 돌고 첫 번째 콘으로 가서 우산을 양팔로 벌려 잡고 마주보며 선다.

⑦ 두 번째 주자는 출발선에서 팀조끼를 던져 우산 사이로 넣는다.

　　↳ 팀조끼 우산에 넣기 성공하면 다음 주자가, 실패하면 다시 넣기를 한다.

　　↳ 두 번째 주자는 넣기 실패 시 팀조끼를 주워 와서 성공할 때까지 던진다.

　　↳ 팀조끼를 넣기 좋게 우산을 최대한 벌려서 움직여준다.

⑧ 성공 후 같은 방식으로 다음 주자 2명은 출발선에서 우산 2개를 앞으로 잡고 달린다.

⑨ 같은 방식으로 릴레이 후 마지막 주자가 도착해서 "성공!"을 외치며 앉은 팀이 이긴다.

## ■ 놀이 2) 빨래 널기

① 릴레이 방법은 '놀이 1'과 같은 방식으로 진행하며 다음의 경우만 다르다.

　　↳ 팀조끼를 우산 사이로 넣는 것이 아닌 던진 팀조끼가 우산에 걸리거나 우산 2개로 잡으면 성공한다.

　　↳ 우산으로 팀조끼를 걸거나 잡아 2초 이상 버티면 성공한다.

　　↳ 놀이 전 팀조끼를 던져 우산에 걸거나 잡는 연습을 한다.

① 딱딱한 우산에 다치지 않게 조심한다.

② 충분히 연습하며 팀원과 협의해서 성공 방법을 익힌다.

③ 팀조끼(빨래)가 잘 걸리거나 통과할 수 있도록 우산을 잘 움직여 준다.

## 놀이활용 TIP

① 마커의 수는 재량으로 정한다.

② 놀이 전에 충분한 연습 시간을 갖는다.

③ 우산 대신 플레이 스틱, 빗자루 등을 활용할 수 있다.

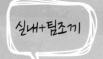

활동영상 보러가기

# [경쟁] 팀조끼 피해라! 놀이

📍 상세 준비물 : 팀조끼 8개, 마커 또는 콘(영역 구분)

---

#팀조끼_피구 #던져라!_잡아라! #팀협력_부활 ▾ 🔍

① 2. 경기장은 크기가 같게 두 군데로 나눠 활동한다.

살려줘!

② 4. 조끼에 맞아 아웃된 학생은 그 자리에 "살려줘"를 외친다

④ 6. 아웃된 팀원을 터치하여 부활권을 사용한다.

③ 5. 공격수가 던진 팀조끼를 잡으면 우리팀 부활권 1개를 갖는다.

### 놀이 소개

공 대신 팀조끼를 이용해 피구를 하면 어떨까요? 천장이 낮은 간이 체육실에서 공으로 피구를 하면 창문이나 벽에 맞아 위험하지만 팀조끼를 사용하면 맞은 사람도 아프지 않고 실내에서 안전하게 피구를 할 수 있습니다. 공격팀은 팀조끼를 던져 상대를 맞히는 놀이로서, 연속해서 공격할 수 없어 공격 후에는 같은 팀에게 패스를 해야 하는데, 그것을 수비팀이 잡으면 부활권이 생겨 아웃된 친구를 부활시킬 수 있습니다. 실내에서 안전하게 팀조끼로 피구를 해보길 바랍니다.

## 놀이 방법

① 놀이 전 다음과 같이 준비한다.
　↳ 경기장은 크기가 같게 두 군데로 나눈다.
　↳ 두 팀으로 나눈 후 각 팀의 공격수 3명은 팀조끼를 입는다.
② 공격수는 다음 사항을 유의하며 팀조끼 1개를 던져서 상대팀의 하체를 맞힌다.
　↳ 공격수는 연속해서 공격할 수 없고 돌아가며 공격을 해야 한다. (2회 연속 공격 금지)
　↳ 공격수는 팀조끼를 1m 이상의 거리에서 수비수의 하체에 던져야 한다.
　↳ 공격수는 효율적인 움직임과 패스로 상대팀을 공격한다.
③ 팀조끼에 맞아 아웃된 학생은 그 자리에서 "살려줘!"를 외친다.
　↳ 아웃된 학생은 팀을 위해 공격을 방해할 수 있다. (같은 팀원 보호)
　↳ 아웃된 학생은 살아 있는 학생과 차이점을 두기 위해 손을 가슴에 모으거나 손 머리를 하고 있는다.
④ 공격수가 던진 팀조끼를 잡으면 부활권 1개를 갖으며, 아웃된 팀원을 터치하여 부활권을 사용한다.
　↳ 획득한 부활권은 바로 사용한다.
⑤ 수비수는 다음과 같이 활동한다.
　↳ 공격수의 움직임과 팀조끼를 보며 적극적으로 피한다.
　↳ 수비수는 자세를 낮추어 공격수가 던진 팀조끼를 잡는다.
　↳ 수비수는 상대팀의 공격이나 패스 시 팀조끼를 가로채 부활권을 획득할 수 있다.
⑥ 정해진 시간(5분) 후 살아 있는 인원이 많은 팀이 이긴다.
　↳ 승부 결정 후 공격수 역할을 바꿔가며 다음 라운드를 진행한다.

## 놀이 유의사항

① 공격수는 팀조끼를 수비수의 하체를 목표로 던진다.
② 공격수는 가까운 거리에서 수비수에게 팀조끼를 던지지 않는다.
③ 수비팀이 부활권을 획득하면 같은 팀원을 터치하며 바로 사용한다.

### 놀이활용 TIP

① 공격 팀조끼 수는 1~2개가 적당하다.
② 공격자 수, 공격 시간은 재량으로 정한다.
③ 부활제 대신 점수제(점수 올리고 들어오기)를 할 수 있다.

활동 영상 보러가기

# [경쟁] 팀조끼 터치 피구 놀이

📍 상세 준비물 : 조끼 12개, 점수판, 마커 또는 콘(영역 구분)

#간단한벌칙_점수제 #피벗동작_활용 #팀조끼_안전 🔍

1. 크기가 같은 영역(플레이존)을 두군데로 나눈다.

2. 공격수는 팀조끼로 수비팀의 하체를 터치 시도한다.

12. 벌칙 실시 후 우리편의 점수를 1점 올린다.

11. 아웃된 학생은 벌칙존에서 팔벌려 뛰기 5회를 한다.

## 놀이 소개

팀조끼를 던져 수비수의 하체를 맞히는 피구형 놀이 어떠셨나요? 팀조끼 터치 피구 놀이는 팀조끼를 던질 수도 있지만, 잡고 휘두를 수 있는 특성을 활용해 수비수의 하체를 터치하는 피구형 놀이입니다. 공격수는 자유롭게 수비수가 모여 있는 곳을 돌아다니다가 팀조끼를 패스 받으면 한 발만 나가며 수비수의 하체를 터치시킵니다. 팀조끼에 터치되어 아웃되면 벌칙존에 가서 벌칙 후 점수를 올리고 (실점) 다시 경기장으로 들어가 계속 활동할 수 있습니다. 상대팀을 아웃시키기 위해서 전략적으로 패스하고 공격하며 팀 협력도가 높아지는 놀이입니다.

## 놀이 방법

① 놀이 전 다음과 같이 준비한다.
   ↳ 크기가 같은 영역(플레이존)을 두 군데로 나눈다.
   ↳ 중앙에 벌칙존을 작게 만든다.
   ↳ 벌칙존에 점수판을 둔다.
② 팀별로 공격수 5명은 팀조끼를 입고, 팀조끼 1개를 가지고 상대팀 영역에서 공격한다.
③ 공격수는 다음과 같이 공격한다.
   ↳ 공격수는 수비수가 모여 있는 곳으로 자유롭게 움직인다.
   ↳ 팀조끼를 패스 받게 되면 한 발만 움직이며(피벗동작) 상대의 하체를 터치시켜 공격한다.
   ↳ 팀원과 협력하여 수비수가 모여 있는 곳으로 빠르게 파고들고 패스하며 공격한다.
   ↳ 공격수가 팀조끼를 바로 던지거나 상체에 터치가 되면 아웃되지 않는다.
④ 공격수의 팀조끼 터치로 아웃된 학생은 벌칙존에서 팔벌려 뛰기 5회를 한다.
⑤ 벌칙 실시 후 점수를 1점(실점) 올린 후 다시 경기장으로 들어가 활동한다.
⑥ 정해진 시간 동안 점수(아웃된 학생 수)가 높은 팀이 진다.
⑦ 공격수의 역할을 바꿔 다음 라운드를 진행한다.

## 놀이 유의사항

① 공격팀은 팀조끼를 살살 휘두르며 터치를 시도하도록 한다.
② 팀조끼로 상체를 공격하는 경우 즉시 파울을 주어 휘두르는 팀조끼에 다치지 않도록 한다.

### 놀이활용 TIP
① 간단한 벌칙은 재량으로 정한다.
② 점수제 대신에 짧은 시간의 아웃제를 실시할 수도 있다.
③ 공격수와 수비수 인원은 공간과 안전을 생각하여 재량으로 정한다.

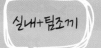

활동 영상 보러가기

# [경쟁] 무한 팀조끼 피해라! 놀이

📍 상세 준비물 : 팀조끼 6~7개

#개인_서바이벌 #안전하게_치열하게 #아웃없이_벌칙제 🔍

1. 팀조끼 7개를 균데균데 놓는다. ①

② 짝과 함께 앉아있다가 일어나서 코끼리코 3바퀴를 돈다.

5. 팀조끼 공격은 1m이상 머리를 제외한 신체 부위에 한다. ④

③ 놀이설명
공격 (팀조끼가 있는 학생) (팀조끼가 없는 학생)
1. 팀조끼를 들고 다니다가 팀조끼가 없는 친구에게 던져 맞춘다.

## 놀이 소개

팀조끼는 던져도 아프지 않은 좋은 체육용품입니다. '무한 팀조끼 피해라! 놀이'
는 개인전으로 팀조끼를 주운 사람 누구나 5초 이내, 1m 이상 거리에 있는 친구의
머리를 제외한 신체 부위를 맞히는 놀이입니다. 팀조끼에 맞은 친구는 간단한 벌
칙 후 바로 경기에 참여가 가능합니다. 특히, 공격된 팀조끼를 받은 경우 자신에
게 팀조끼를 던진 친구에게는 공격을 못 하게 하여 둘이서만 서로 주거니 받거니
하는 경우가 일어나지 않도록 합니다. 개인 서바이벌 형식의 무한 팀조끼 피해라!
놀이를 실내에서 안전하게 해보길 바랍니다.

## 놀이 방법

① 팀조끼 7개를 군데군데 놓고 시작과 함께 앉아 있다가 일어나서 코끼리코 3바퀴를 돈다.

② 다 돌고 난 후 근처에 있는 팀조끼를 들고 다음 사항을 유의하며 공격한다.

    ↪ 팀조끼를 잡으면 5초 안에 공격을 해야 한다.

    ↪ 팀조끼를 가지고 있는 친구에게는 공격할 수 없다.

    ↪ 바닥에 떨어진 팀조끼는 누구나 잡아 공격할 수 있다.

    ↪ 팀조끼 공격은 1m 이상, 머리를 제외한 신체 부위에 한다.

    ↪ 상대가 던진 팀조끼를 잡으면 자신에게 공격한 친구를 제외하고 바로 공격할 수 있다.

③ 팀조끼에 맞으면 그 자리에서 팔벌려 뛰기 3회를 한다.

④ 개인전으로 주변의 팀조끼를 빠르게 잡아 팀조끼가 없는 친구 누구에게나 공격할 수 있다.

⑤ 정해진 시간(5분) 동안 자유롭게 공격, 수비, 벌칙 수행을 한다.

⑥ 정해진 시간 후 가장 적게 벌칙을 받은 사람이 우승자가 된다.

## 놀이 유의사항

① 정해진 시간(5분) 후 잠깐의 휴식시간을 주고 다음 라운드를 진행한다.

② 뛰어다니다가 바닥에 있는 팀조끼에 미끄러져 다치지 않도록 한다.

③ 팀조끼를 잡은 학생은 가까운 거리에서 공격할 수 없으며 5초 내 공격한다.

### 놀이활용 TIP

① 간단한 벌칙은 재량으로 정한다.

② 놀이 후 중간 휴식시간을 갖는 것이 바람직하다.

③ 팀조끼 수, 경기장 크기는 공간이나 인원을 고려하여 재량으로 정한다.

Chapter

04

# 실내+책 놀이

활동 영상 보러가기

# [건강] 책 치기 놀이

📍 상세 준비물 : 폐교과서(1인당 1개)

#서바이벌_놀이 #버릴교과서_체육용품 #개인전_단체전

## 놀이 소개

진도가 끝난 책은 어떻게 하나요? 폐휴지로 버리기 전 체육용품으로 활용해 보는
것은 어떨까요?! 각자 한 권의 책을 손바닥 위에 올려놓고 돌아다니면서 자신의
책은 지키고 상대방의 책을 빠르게 쳐서 떨어뜨리는 놀이로서 평형성과 순발력이
요구됩니다. 책을 너무 세게 치거나 무리하게 움직이다가 책의 모서리에 맞지 않
도록 놀이 전 충분히 주의를 주고 시작해야 합니다. '놀이 1 개인전'은 책이 바닥에
5번 떨어지면 팔벌려 뛰기 5회 후 놀이를 재개하며, '놀이 2 단체전'은 두 팀으로
나눠 상대팀의 책을 떨어뜨려 득점하는 놀이입니다.

236

## 놀이 방법

### ■ 놀이 1) 개인전

① 책 한 권을 각자 손바닥 위에 올려놓는다.

② 자유롭게 공간을 돌아다니며 자신의 책은 지키고 상대방의 책을 쳐서 바닥에 떨어뜨린다.

   ↳ 책의 높이는 자신의 머리보다 낮게 들고 다녀 상대방 어느 누구든 칠 수 있게 한다.

   ↳ 책을 칠 때에는 손으로 세게 치지 않게 사전에 지도하며, 그럼에도 지속적으로 세게 칠 경우 경고 후 퇴장 조치한다.

③ 자신의 책이 바닥에 떨어지는 횟수를 잘 센다. 떨어진 횟수는 다음과 같다.

   ↳ 상대가 책을 쳐서 바닥에 떨어졌을 때

   ↳ 혼자서 무리하게 움직이다가 책이 바닥에 떨어졌을 때

   ↳ 상대의 책을 너무 세게 쳐서 선생님으로부터 경고를 받았을 때

   ↳ 상대의 공격을 막기 위해 책을 머리보다 높이 들었을 때

   ↳ 상대의 공격을 막기 위해 책을 자신의 몸으로 가져가 몸에 닿았을 때

④ 책이 떨어진 횟수가 5회가 되었다면 책을 바닥에 내려놓고 팔벌려 뛰기 5회를 실시한다.

⑤ 간단한 벌칙 후 다시 놀이에 참여한다.

⑥ 정해진 시간 동안 책이 바닥에 떨어진 횟수가 적은 학생이 우승자가 된다.

### ■ 놀이 2) 단체전

① 두 팀으로 나눈 후 각 팀은 상대를 마주보고 벽에 붙어 선다.

② 시작 신호와 함께 자신의 책은 지키며 상대팀의 책을 쳐서 떨어뜨린다.

③ 개인전과 같은 규칙으로 떨어진 횟수를 센다.

④ 책이 떨어진 횟수가 5회가 되었다면 점수판 앞 벌칙존에서 팔벌려 뛰기 5회를 실시한다.

⑤ 벌칙 실시 후 점수를 1점 올린다.

⑥ 활동이 마무리되면 점수가 적은 팀이 이긴다.

## 놀이 유의사항

① 체력 안배를 위해 중간에 잠깐 쉬며 활동한다.

② 책을 너무 세게 치는 경우 경고 후 퇴장 조치하여 안전하게 활동할 수 있게 한다.

③ 자신의 책이 바닥에 떨어진 횟수를 양심껏 계산한 후 간단한 벌칙을 실시하도록 한다.

**놀이활용 TIP**

① 책을 너무 세게 칠 때는 경고 후 퇴장 조치(안전 유의)한다.

② 단체전의 경우 시간제 & 아웃제 활동(5분 경기, 책 떨어지면 아웃)으로 바꿀 수 있다.

③ 책 대신에 부드러운 물건(공이나 방석 등)으로 할 수 있으며, 간단한 벌칙도 재량으로 정한다.

실내+책

활동 영상 보러가기

# [건강] 책 연결 릴레이 놀이

📍 상세 준비물 : 폐교과서(팀당 4권), 마커 또는 콘

#폐교과서_활용법 #짝과_협력 #징검다리_연결

① 각 팀마다 첫번째 주자는 책 4권씩 가지고 선다.

② 둘이 협력하여 책을 바닥에서 밀어 옮기며 발로 밟고 나간다.

④ 먼저 출발선에 도착한 팀이 이긴다. (1등 4점, 2등 3점.)

③ 책 4권 등 사이에 넣기

⑦ 반환점에서 짝의 등 사이로 책 4권을 꺼서 출발선 되돌아온다

## 놀이 소개

학기말 진도가 끝나 분리수거 전에 폐교과서를 활용한 체력증진 놀이는 어떤가요? 2명씩 짝을 지어 책 4권을 바닥에서 밀며 앞으로 나갔다가, 돌아올 때는 책을 등에 끼고 오는 릴레이로, 짝과 함께 협력하여 체력을 증진시킬 수 있는 간단한 놀이입니다. 바닥에 발이 닿지 않도록 책을 잘 밀어 연결하여 빠르게 이동해야 하며, 민첩성과 협응성이 필요합니다.

① 출발선에 4팀이 2명씩 짝을 맞추어 선다.

② 각 팀마다 첫 번째 주자는 책 4권씩 가지고 선다.

③ 출발 신호와 함께 책을 바닥에 내려놓으며 앞으로 나간다.

    ⤷ 2명이 협력하여 책을 바닥에서 밀어 옮기며 발로 밟고 나간다.

    ⤷ 자세를 낮추고 책을 옆으로 밀며 책만 밟고 신속히 이동한다.

④ 반환점을 통과할 때까지 책을 옮기며 이동하고, 반환점에서 짝과 함께 등 사이로 책 4권을 끼워서 출발선으로 되돌아온다.

    ⤷ 반환점에서 책 4권을 정확하게 등 사이에 끼운다.

    ⤷ 이동 중 책이 바닥에 떨어지면 그 자리에서 책을 다시 등 사이에 끼우고 이동한다.

⑤ 등을 맞대고 팔을 끼운 상태로 사이드 스텝으로 되돌아간다.

⑥ 책 4권을 다음 주자 2명에게 전달하며, 책을 받은 다음 주자는 같은 방식으로 반환점까지 간다.

⑦ 짝과 협력하여 신속, 정확하게 책을 다음 주자에게 전달하며, 마지막 주자까지 같은 방식으로 릴레이를 진행한다.

⑧ 먼저 출발선에 도착한 팀이 이긴다. (1등 : 4점, 2등 : 3점 등)

⑨ 각 팀의 순서를 바꿔 다음 라운드를 진행하며, 3라운드를 진행하여 승점이 높은 팀이 이긴다.

① 바닥이 아닌 책만 밟고 이동한다.

② 두 명의 짝과 최대한 협력하여 활동한다.

③ 반환점에서 돌아오는 중 책이 바닥에 떨어지면 그 자리에서 다시 책을 끼우고 출발한다.

### 놀이활용 TIP

① 책 권수는 3~5권이 적당하다.

② 책 밀기를 손으로도 할 수 있다.

③ 놀이 전에 분리수거에 대한 환경교육을 실시한다.

활동 영상 보러가기

실내+책

# [건강] 책 연결 가위바위보 놀이

📍 상세 준비물 : 폐교과서(각팀당 4권), 마커 또는 콘

#폐교과서_체육용품 #가위바위보_득점 #징검다리_연결 🔍

1. 두팀이 서로 마주 본 상태로 출발선과 득점선을 놓는... ①

2. ②경이 책을 1권씩 앞으로 밀며 앞의 상대팀을 향해 간다.

10. 상대편의 득점선 안으로 책을 놓고 발로 밟으면 득점 한다 ④

9. 같은 방식으로 상대편을 가위바위보로 이기며 앞으로 나간다 ③

## 놀이 소개

책 연결 릴레이 놀이가 체력적인 요소가 강조되었다면, '책 연결 가위바위보 놀이'는 가위바위보의 즐거움이 강조된 놀이입니다. 앞으로 나갈 때 책을 밀고 나가는 방식은 같지만 상대팀을 중간에서 만나 가위바위보를 한 후 이긴 팀이 또 앞으로 나가 상대팀의 득점선을 밟으면 1점을 획득합니다. 최대한 짝과 함께 책을 밀어 앞으로 빠르게 나가는 것도 중요하지만 가위바위보로 상대를 이겨 득점 라인에 먼저 들어가는 것이 중요합니다.

① 놀이 전 다음과 같이 준비한다.

　┗두 팀이 서로 마주본 상태로 자신의 팀 앞에 각각 출발선과 득점선을 만든다.

　┗각 팀 2명씩 짝이 되어 책 4권씩 가지고 줄을 선다.

② 시작과 함께 두 명이 출발선에서 책 4권을 바닥에 떨어뜨리며 앞으로 나간다.

　┗책은 잡아 던지지 않으며, 책이 펼쳐지지 않게 바닥에서 민다.

③ 2명이 책을 1권씩 앞으로 밀며 앞의 상대팀을 향해 가다가 책이 닿지 않을 거리에서 서로 만나 가위바위보를 한다.

　┗가위바위보를 해서 이긴 팀은 앞으로 계속 나아간다.

　┗진 팀은 출발선의 다음 주자에게 책을 건네주며, 책을 받은 다음 주자는 재빠르게 앞으로 나간다.

　┗가위바위보 순서는 짝이 서로 돌아가며 실시한다.

④ 같은 방식으로 상대팀을 가위바위보로 이기며 앞으로 나간다.

⑤ 상대팀의 득점선 안으로 책을 놓고 발로 밟으면 득점한다.

⑥ 득점이 나면 두 팀 모두 출발선으로 가서 다시 경기를 시작한다.

⑦ 팀이 협력하여 빠르게 움직여 득점할 수 있는 기회를 높인다.

⑧ 정해진 시간 뒤에 최종 득점을 확인해서 다득점 팀이 이기며, 상대팀을 달리하여 다음 라운드를 진행한다.

　┗진 팀은 팔벌려 뛰기 10회를 실시한다.

① 바닥이 아닌 책만 밟고 이동한다.

② 중간에서 상대팀을 만났을 때 몸을 밀지 않는다.

③ 가위바위보에서 지면 빠르게 책을 가지고 출발선의 다음 주자에게 건네준다.

> **놀이활용 TIP**
>
> ① 책 권수는 3~5권이 적당하다.
> ② 책 밀기를 손으로도 할 수 있다.
> ③ 가위바위보 대신에 묵찌빠, 하나빼기 가위바위보 등으로 바꿀 수 있다.

# 실내+의자 놀이

실내+의자

활동 영상 보러가기

# [건강] 릴레이 빙고 놀이

📍 상세 준비물 : 의자 또는 마커(16개), 팀조끼(두 가지 색깔별 4개씩, 총 8개)

#몸+머리_활용 #인간바둑돌_활용 #아싸_빙고

4. 4*4 실내 빙고 릴레이 놀이를 위해 의자(마커)를 셋업

6. 2명은 앉고 1명은 출발선으로 돌아가 터치한다.

노란팀 빙고 완성!

11. 같은 방식, 4명의 친구가 빙고가 되도록 의자에 앉는다.

### 놀이 소개

빙고놀이 모두 아시죠? 가로, 세로, 대각선 중 1줄이 되면 이기는 놀이로 바둑돌 대신 친구가 바둑돌이 되어 2명이 함께 움직입니다. 사람이 바둑돌로 되어 팀 협력도와 활동량이 증가됩니다. 운동량과 놀이 시간을 늘리기 위해 의자에 앉기 전 앉았다 일어나기 활동을 합니다. 달리기를 잘하는 학생이 이기는 뻔한 릴레이가 아닌 팀과 협력하여 머리를 써야 하는 재미있는 놀이입니다.

## 놀이 방법

① 놀이 전 4×4 빙고놀이에 대해 설명한다.

    ↳ 바둑돌 4개만을 사용하여 빙고 1줄(가로, 세로, 대각선)을 만들어야 한다.

    ↳ 바둑돌 4개를 모두 놓은 후에는 그중 1개를 이동하여 빙고를 만들 수 있다.

② 4×4 빙고 릴레이 놀이를 위해 공간에 여유가 있게 의자(마커)를 놓는다.

③ 한 팀당 8명씩(2명씩 4줄) 2팀으로 나눈다.

④ 시작 신호와 함께 각 팀 2명씩 마주보며 앉았다 일어나기 5회를 실시한다.

⑤ 앉았다 일어나기를 다한 친구는 손잡고 의자를 향해 간다.

⑥ 1명(인간바둑돌)은 앉고 1명은 출발선으로 돌아가 다음 친구와 터치한다.

    ↳ 2명이 협의해서 인간바둑돌이 어디를 차지하는 것이 좋을지 생각하고 앉는다.

⑦ 터치가 된 다음 친구 2명은 같은 방식으로 앉았다 일어나기를 실시한다.

    ↳ 출발선에서 정확히 터치하며 앉았다 일어나기를 정확하게 실시한다.

⑧ 먼저 도착한 친구가 의자를 차지한다.

⑨ 같은 방식으로 4명의 인간바둑돌이 의자에 앉도록 한다.

⑩ 4명이 다 앉고 나서부터는 릴레이하는 친구가 팀과 협력하여 자리 옮길 친구와 터치한다.

⑪ 자리를 옮길 인간바둑돌과 의자 주변에서 앉았다 일어나기를 5회 실시 후 자리를 옮긴다.

⑫ 빙고를 만들 때까지 릴레이를 하며 활동을 계속한다.

⑬ 1줄 빙고가 먼저 나온 팀이 이긴다.

## 놀이 유의사항

① 앉았다 일어나기 횟수를 정했다면 정확하게 실시하도록 감독한다.

② 릴레이 활동이니 만큼 출발선에서 정확한 터치가 되도록 한다.

③ 의자 주변에서 앉았다 일어나기를 실시할 때 주변 사람이 다치지 않게 옆으로 나와서 할 수 있게 한다.

### 놀이활용 TIP

① 놀이 전에 빙고놀이에 대한 사전 이해가 필수이므로 충분히 설명한다.

② 앉았다 일어나기 실시 여부 및 횟수 등은 재량으로 정한다.

③ 참여 인원에 따라 빙고판(3×3, 4×4, 5×5 등)을 달리할 수 있다.

실내+의자

활동 영상 보러가기

# [건강] 인간숫자 릴레이 놀이

📍 **상세 준비물 : 의자 또는 마커(인원의 절반)**

#누가_1번일까?! #숫자기억_팀협력 #인간숫자_활용        ▾   🔍

### 놀이 소개

뻔한 릴레이에서 벗어나 팀과 협력하는 릴레이 어떤가요? 인간숫자팀이 숫자를 정하면 도전팀은 인간숫자를 번호에 맞게 데리고 와야 하는 놀이입니다. 누가 몇 번인지를 도전팀 모두 기억하고 알아야 하는 놀이로 달리기만 잘해서 끝나는 릴레이가 아닌 머리를 활용해야 합니다. 인간숫자를 활용해야 하는 놀이로 반 전체가 인간숫자팀과 도전팀으로 나눠 돌아가며 진행합니다.

## 놀이 방법

① 1팀당 5~7명씩 4팀으로 나눈다.

② 2팀은 인간숫자팀, 2팀은 도전팀으로 경쟁한다.

③ 릴레이 도전팀(A팀, B팀)은 출발선에 한 줄로 선다.

④ 인간숫자팀은 원형으로 앉아 도전팀 모르게 숫자를 정한다.

   ↳ 놀이 시작 전 선생님이 숫자(1~6)를 확인한다.

⑤ 시작 신호에 도전팀은 인간숫자팀에게 달려와 한 명을 터치한다.

   ↳ 한 번에 한 명을 터치할 수 있다.

⑥ 인간숫자 순서대로 터치해서 출발선으로 데리고 와야 한다.

   ↳ 인간숫자 1, 2, 3, 4, 5, 6 순서대로 터치해서 데리고 온다.

   ↳ 출발선으로 인간숫자를 데리고 갈 때는 손잡고 간다.

⑦ 인간숫자팀은 도전팀이 터치하면 자신의 숫자를 외치며 손으로 표시한다.

⑧ 도전팀 주자는 출발선에서 다음 주자와 손 터치로 교대를 한다.

⑨ 먼저 모든 인간숫자를 데리고 온 팀이 이긴다.

⑩ 인간숫자팀과 도전팀이 역할을 바꿔가며 풀리그로 놀이를 진행한다.

## 놀이 유의사항

① 인간숫자팀은 도전팀이 모두 보이게 손가락으로 숫자를 표시한다.

② 도전팀원 중 주자가 아닌 학생도 놀이에 집중해서 인간숫자를 기억하고 데리고 온다.

### 놀이활용 TIP

① 각 팀의 인원은 재량으로 정한다.

② 운동장에서 활용한다면 넓은 거리를 뛰게 할 수 도 있다.

③ 뛰어 가는 방법을 한발 뛰기, 옆으로 뛰기, 뒤로 뛰기 등으로 다양하게 변형할 수 있다.

# 초등체육수업 왜 힘든가?

초등체육수업을 힘들어 하는 이유 중의 하나가 초등학교 체육수업의 형태가 다양하기 때문입니다. 초등학교에는 담임선생님이 일부를 제외한 거의 모든 교과를 지도하는 경우가 많습니다. 그 일부 교과 중에 전담교사가 체육을 지도하는 학교는 그 해는 체육수업을 전혀 안 하는 경우도 있고 또는 주당 3시간 중 일부 시수만 하는 경우가 있습니다.

| 담임선생님 체육 여부 | 형태 | 특징 |
|---|---|---|
| 담임 체육 | 담임 주당 3시간 체육<br>담임 + 체육 전담 혼합<br>담임 체육 + 스포츠 강사 보조 | 주당 1시간 이상의 체육수업을 위해 많은 준비 필요 |
| 비담임 체육 | 체육 전담 100% + 담임 체육 0시간 | 비연속적 체육 전담인 경우 체육수업을 위해 많은 연구 필요 |

체육수업을 담임선생님이 일부 또는 전체 시수를 맡아 하는 경우 1시간 체육수업을 위해 많은 준비와 과정이 필요합니다. 또한, 체육 전담이 체육을 맡아서 하는 경우에도 체육 전담을 처음 한다면 많은 연구와 분석이 필요합니다. 물론, 초등선생님은 모든 교과에 전문성을 갖고 있으며 초등학생의 발달 단계에 따른 성향을 잘 알고 있습니다. 하지만 현실적으로 체육교과는 타 교과와 다른 특성이 많기 때문에 갑자기 체육을 맡게 된다면 어려움을 겪는 것도 사실입니다.

초등학생이 가장 좋아하는 시간이 체육이고, 체육수업이 있는 날 가장 많이 질문하는 것이 "오늘 체육시간 뭐해요?"입니다. 학생들이 좋아하는 체육이 선생님도 좋아하면 좋겠지만 걱정거리와 고민거리로 다가오는 건 초등체육수업의 형태의 다양성 및 비연속성 때문이 아닐까요.

이러한 걱정이 체육수업 실태조사에도 나타났습니다. 체육수업을 위해 학교 현장에서 필요한 것으로 '체육전담선생님 의무배치'(60%, 84명 중 50명 체크)를 꼽았습니다. 현실적으로 모든 학교가 체육전담선생님을 의무적으로 배치하기는 어렵겠지만 앞으로도 많은 고민을 해봐야 할 점입니다.

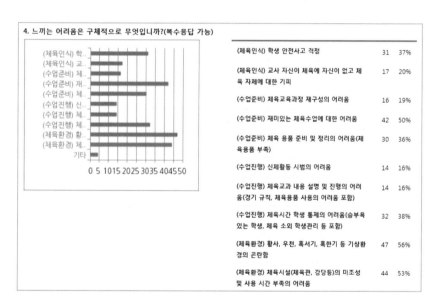

체육수업을 위해 학교 현장에 필요한 것(실태조사 결과)

# 쏭쌤의 놀이체육 자료는 어떻게 만들어졌지?

#제작과정_설명

쏭쌤의 놀이체육 자료는 어떻게 만들어질까요? 친현장, 친선생님, 친학생을 위한 자료를 만들기 위해 크게 6단계의 과정을 거칩니다. 자료를 만드는데 가장 큰 도움을 준 놀이체육부 학생 및 놀이체육 서포터즈 선생님들에게 감사드립니다.

## 1단계 _ 실태조사 결과 분석을 통한 자료 제작의 방향 설정(선생님, 학생)

체육에 대한 선생님과 학생의 인식 조사를 통해 현장에서 필요하고 원하는 놀이체육 자료의 방향을 파악하고 설정합니다.

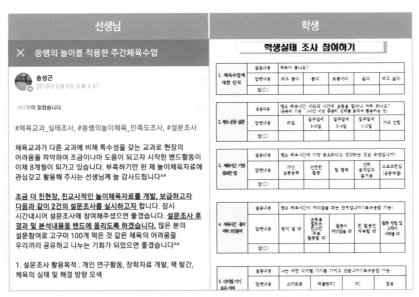

선생님 실태조사 네이버 밴드 사진            학생 실태조사 설문지 사진

선생님 실태조사 항목별 통계        학생 실태조사 참여 사진

## 2단계 _ 체육자료 분석을 통한 놀이체육 아이디어 생성 및 기록

놀이체육을 만들기 위한 핵심은 놀이의 형태 및 방법에 대한 아이디어 생성입니다. 체육용품의 특성, 기존에 있는 놀이의 원리, 체육 교육과정 등을 분석하여 새롭게 변형된 놀이체육을 만들고 있습니다. 아이디어는 생각이 날 때마다 메모해 활용하고 있습니다.

교과서 및     장학자료 분석     놀이체육 서적        휴대폰 메모장에 기록
교육과정 분석   (경기도 놀이체육)   분석(11종 분석)        (아이디어 메모)

## 3단계 _ 놀이체육 아이디어 수업 적용 및 수정, 보완

생성한 놀이체육 아이디어가 모두 성공하지는 않습니다. 쏭쌤의 놀이체육 주요 체육용품만을 활용하여 실제로 적용해 보며 수정, 보완합니다. 실제로 놀이에 참여한 학생들과 협의하여 공수의 밸런스 조절, 안전한 활동, 모두를 위한 체육시간 등을 위해 규칙을 변경하여 다시 수업에 적용합니다. 학생들의 의견을 받아들여

251

놀이를 수정함으로써 학생들은 활동에 보다 적극적으로 참여하며 놀이를 평가합니다. 체육시간에 어떤 놀이가 좋은 활동인지 스스로 생각하고 판단할 수 있는 능력이 길러집니다.

놀이체육 주요 자료
(맨손, 마커, 공, 팀조끼, 점수판 등)

놀이체육 장소 분류
(어디든, 교실, 실내 : 다목적교실, 강당, 운동장)

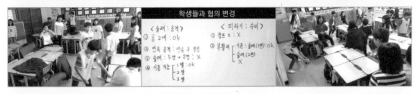

아이디어 체육 수업 적용

적용 후 아이디어 수정
(공격과 수비 밸런스 조절,
규칙 변경 등)

보완한 아이디어로
다시 수업 적용(촬영)

## 4단계 _ 촬영 및 편집

본 책에 나와 있는 모든 동영상은 제가 직접 활동을 촬영하고 편집했습니다. 제가 영상에 대해 전문적인 지식이 많지 않아 누구나 쉽게 사용할 수 있는 스마트폰으로 촬영하고 동영상 편집 어플을 이용하여 편집합니다. 동영상 촬영 및 편집을 할 때 주안점은 학생들의 실제 활동을 중심으로 누구나 쉽게 동영상만 보고도 활동을 이해할 수 있도록 제작하고 있습니다.

촬영장비(스마트폰, 삼각대 등)　　　　　편집 프로그램(어플 : 키네마스터)

학생 초상권 사용 학부모 동의서　　　　편집 시 사용 매체　　　　　동영상 편집 작업
(2017년,2018년　　　　　(스마트폰, 블루투스 키보드,
지도 학생 : 85명)　　　　　아이디어 노트)

## 5단계 _ 놀이체육 자료 사전 평가

### (네이버 밴드 '놀이체육 서포터즈' 밴드 자료 탑재 및 평가, 20명의 초등선생님)

놀이체육을 일반화하기 전에 서포터즈 선생님들에게 평가를 받습니다. 놀이체육
자료에 대한 매력도 평가 및 자유의견을 통해 마지막으로 자료를 수정하거나 활
용 TIP 및 유의사항에 반영하고 있습니다.

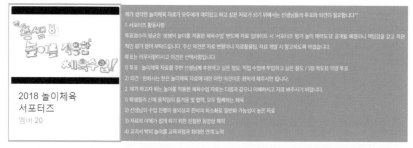

밴드 커버 사진　　　밴드 공지 글(공고 모집 한 초등선생님 20명에게 놀이체육 자료 사전 평가)

253

놀이체육 자료 매력도 투표
(추천하고 싶은 정도 / 5점 척도)

자료에 대한 의견
(자료에 대한 자유 의견 제시 / 변형, 수정, 유의사
항 등)

## 6단계 _ 놀이체육 자료 일반화

쏭쌤의 놀이체육 자료는 제가 운영하고 있는 네이버 밴드 및 인디스쿨을 통해 보실 수 있습니다. 매주 한 차례씩 시기 및 날씨를 고려하여 게시하고 있습니다.

### 1. '쏭쌤의 놀이를 적용한 주간체육 수업' 네이버 밴드 자료 탑재

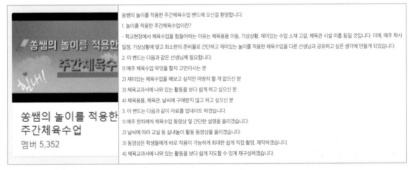

밴드 커버 사진                    밴드 공지 글(밴드 가입 후 리더의 승인 필요)

| 놀이분류 및 공지사항 | QR코드 자료 게시글 | 예) 3월 4주차) 릴레이<br>빙고 놀이 | 예) 3월 5주차) 벽치기<br>피구 놀이 |

## 2. '인디스쿨' 초등선생님 수업자료 공유 사이트 자료 탑재

| 인디스쿨 작성 글 총 모음<br>(총:35건 / 2018년 6월 17일 기준) | 게시글에 대한 초등선생님의 댓글 (평가 및 응원) |

## PART 06
# 운동장 놀이

#선생님_학생_모두
#행복한_놀이체육

"선생님과 학생 모두 행복한 체육시간이 되길 기대하며…"
by 송성근

# 운동장+맨손 놀이

활동 영상 보러가기

# [건강] 벌려라! 모여라! 릴레이 놀이

**♀ 상세 준비물 : 선 1m 정도, 바톤(팀조끼 대체 가능)**

#몸+머리_활용 #팀협력_굿 #우리편이야?

2. 두 팀이 서로 다른 방향을 보고 손을 잡고 한 줄로

5. 선은 중앙의 선을 중심으로 늘렸다가 모였다 움직인다

8. 마지막 주자가 먼저 중앙에 도착한 팀이 이긴다

7. 우리편이 지날 때는 모이고 상대편이 지날 때는 벌린다

## 놀이 소개

운동장에서 하는 뻔한 릴레이보다 팀이 협력해야 이기는 릴레이는 어떤가요? 뛰는 주자만 활동하고 나머지는 지켜봐야 하는 릴레이는 달리는 주자의 능력에 많이 의존하는 경향이 있습니다. 이 놀이는 뛰는 주자가 짧은 거리를 뛸 수 있게 나머지 학생이 함께 움직여줘야 하는 팀 협력 릴레이 놀이입니다. 놀이에 참여하는 모든 학생이 순발력과 민첩성 등 운동 체력 증진에도 도움이 됩니다.

## 놀이 방법

① 가운데에 선을 긋고 두 팀(한 팀당 5~10명)이 준비한다.

② 두 팀이 서로 다른 방향을 보며 손을 잡고 한 줄로 선다.

③ 각 팀의 첫 번째 주자는 맨 끝에 서 있는 학생이다.

④ 시작 신호와 함께 첫 번째 주자는 줄을 한 바퀴 반 돈다.

　↳ 주자는 정해진 한 바퀴 반을 정확히 돈다.

⑤ 팀원은 중앙의 선을 중심으로 늘렸다가 모였다 옆으로 움직인다.

　↳ 팀원은 자기 팀과 상대팀을 잘 파악하여 움직인다.

　↳ 두 팀 모두 중앙의 선을 넘지 않고 활동한다.

⑥ 첫 번째 주자가 중앙에 도착하면 두 번째 주자가 출발한다.

　↳ 주자가 중앙에 도착한 것을 확인하고 다음 주자가 출발한다.

⑦ 자기 팀이 지날 때는 모이고 상대팀이 지날 때는 벌려 뛰게 하는 거리를 조절한다.

　↳ 잡은 손이 떨어지면 반칙으로 패한다.

　↳ 자기 팀에게는 짧은 거리를 상대팀에게는 긴 거리를 뛰게 한다.

⑧ 마지막 주자가 먼저 중앙에 도착한 팀이 이긴다.

## 놀이 유의사항

① 상대팀의 진로를 몸으로 방해하지 않는다.

② 양끝 학생들이 팔을 벌리지 않게 하여 안전하게 활동한다.

### 놀이활용 TIP

① 반 전체가 팀으로 나눠 풀리그 형식으로 여러 번 경쟁해도 된다.

② 주자가 돌아야 하는 바퀴 수는 재량(1바퀴 반, 2바퀴 반 등)으로 정한다.

③ 다음 주자 터치 시 바톤을 사용하는 경우 안쪽에서 바깥쪽으로 전달 후 다음 주자가 출발하게 한다.

# [건강] 인간숫자 찾아라! 놀이

● 상세 준비물 : 없음

#유산소놀이_취향저격 #손터치_살살 #인간숫자_확인철저

1. 인간숫자 팀이 자신의 숫자와 운동장에 설 위치를 정한다.

2. 인간숫자 팀의 숫자와 선 위치

11. 도전 팀은 서로 협력하여 인간 숫자의 위치를 공유한다.

5. 도전 팀은 각자 숫자를 알아내서 함께 모여 출발한다.

## 놀이 소개

인간숫자 관련한 놀이는 준비물 없이 편하게 할 수 있고 상대의 숫자를 파악해야 해서 재미있는 요소가 많습니다. 4팀으로 나눠 한 팀은 인간숫자 역할을 맡고, 한 팀은 도전팀 역할을 맡아 도전팀원 모두 한 줄로 서서 인간숫자 순서에 맞게 터치를 해야 하는 놀이입니다. 놀이가 시작되면 팀원이 모두 흩어져 운동장 곳곳에 펼쳐져 있는 인간숫자를 확인 후 모두 모여 각자가 알아낸 숫자를 협력하여 다른 팀보다 먼저 순서대로 터치를 해야 하는 팀 전략 협력놀이입니다. 도전팀 3팀에게 각 팀마다 인간숫자를 터치하는 순서를 달리하여(예 : 1234567순, 7654321순,

4567123순 등) 다른 팀을 따라서 뛰는 것을 방지합니다. 시간 대비 운동량이 많아 간단하게 유산소 준비놀이로도 좋습니다.

## 놀이 방법

① 인간숫자팀(7명) 1팀은 자신의 숫자와 운동장에 설 위치를 협의 후 선생님이 인간숫자팀의 숫자를 확인한다.
② 인간숫자는 팀과 협의해서 계획한 장소로 흩어진다.
③ 도전팀(7명×3팀)은 모여서 전략을 짠다.
  ↳ 각자 누구의 숫자를 알고 올지, 어디에 모여서 출발할지 등을 협의한다.
④ 출발 신호와 함께 도전팀은 인간숫자의 위치를 파악한다.
⑤ 도전팀은 인간숫자팀의 손을 터치해 숫자를 알아낸다.
  ↳ 인간숫자팀은 손바닥을 앞으로 내밀고 있고 도전팀이 손을 터치하면 자신의 숫자를 말한다.
⑥ 도전팀은 각자 숫자를 알아내서 미리 정한 장소에서 함께 모여 출발한다.
⑦ 팀이 협력해 한 줄로 숫자의 순서대로(1번~7번) 인간숫자팀을 터치해야 한다.
  ↳ 각 팀마다 정해진 순서로 인간숫자를 터치한다. (예 : 1234567순, 7654321순, 4567123순 등)
  ↳ 다른 도전팀과 부딪치지 않도록 주의한다.
⑧ 팀이 모두 함께 한 줄로 뛰며 인간숫자와 정해진 순서로 손 터치를 해야 한다.
  ↳ 만약 터치하다가 순서가 틀리면 순서에 맞게 터치 시도를 한다.
  ↳ 팀원과 뛰는 중간중간 인간숫자 순서에 대한 협의를 한다.
  ↳ 팀원을 서로 챙겨가며 끝까지 함께 뛴다.
⑨ 인간숫자팀은 도전팀이 순서대로 터치하는지 확인한다.
⑩ 출발선으로 도착해 "성공!"을 함께 외치며 먼저 도착한 팀이 이긴다.
  ↳ 끝까지 최선을 다해 뛴다.
⑪ 등수대로 점수제를 적용하며[예 : 1등(3점), 2등(2점), 3등(1점) 등] 인간숫자팀은 돌아가며 역할을 맡는다.

## 놀이 유의사항

① 인간숫자 역할을 돌아가며 실시한다.
② 인간숫자 확인 과정 없이 다른 팀을 따라 뛰지 않는다.
③ 놀이 방법을 익혔으면 각 팀별로 인간숫자 터치 순서를 달리한다.

## 놀이활용 **Tip**

① 유산소 준비놀이는 활동시간 5분 이내가 적절하다.

② 도전팀마다 인간숫자 터치 순서를 다르게 정할 수 있다.

　예) A팀 : 1234567순, B팀 : 7654321순, C팀 : 4567123순 등

Chapter

02

# 운동장+공 놀이

# [경쟁] 인간네트 쓰로볼(배구형) 놀이

📍 상세 준비물 : 공 1개, 팀조끼(인원의 절반), 점수판, 라인

#네트없이_배구형놀이 #던져라!_잡아라! #빈공간을_찾아라! 🔍

① 2. 각팀의 인간네트는 인간네트 영역안 상대편쪽에 선다.

② 공격은 인간네트를 위로 넘겨 상대편 빈공간에 던진다.

④ 5. 인간네트는 점프하여 상대편이 던진 공을 손으로 막는다.

③ 4. 수비는 상대가 던진 공이 바닥에 떨어지지 않도록 잘 잡는다.

## 놀이 소개

교실에서 하는 쓰로볼 놀이는 앉아서 하기 때문에 답답함이 있죠? 실내에서 벗어나 넓은 운동장에서 하는 배구형 놀이인 쓰로볼은 어떤가요? 쓰로볼은 공격팀이 패스를 해서 상대팀 빈 공간에 공을 던지는 배구형 놀이로 던지고 받는 형식으로 이루어집니다. 배구형 놀이를 할 때 네트를 설치해야 하는 점과 반 전체 인원이 함께 참여하지 못하는 어려움을 극복하기 위해서 인간네트 역할을 만들었습니다. 중앙에 인간네트 영역을 주고 상대팀이 던진 공을 점프하며 블로킹처럼 방해하면 1 득점합니다. 넓은 운동장 한쪽에서 네트 없이 공 1개만을 가지고 해보길 바랍니다.

## 놀이 방법

① 놀이 전 다음과 같이 준비한다.
  ⤷ 가로 21m, 세로 9m의 직사각형을 그리며, A팀과 B팀 영역은 한 변이 9m인 정사각형이다.
  ⤷ 가운데 3m×9m 영역은 인간네트 영역이다.
  ⤷ 각 팀 영역의 절반에 라인을 그어 전위와 후위로 나눈다.
  ⤷ 경기장 한쪽에 점수판을 준비한다.
② 다음과 같이 선수가 위치한다.
  ⤷ 각 팀의 선수들은 위치에 맞게 선다.
  ⤷ 각 팀의 인간네트는 중앙의 인간네트 영역 안 상대팀을 바라보고 선다.
③ 공 1개를 가지고 3초 이내에 패스 2~3회 실시 후 상대팀 영역에 공을 던진다.
  ⤷ 패스 없이 바로 공격하면 상대팀의 득점이 된다.
  ⤷ 같은 팀원끼리 한 패스가 바닥에 떨어지면 상대편 득점이다.
④ 공격은 인간네트 위로 넘겨 상대팀 빈 공간에 던진다.
  ⤷ 상대 영역의 빈 공간에 공이 떨어지면 득점한다.
  ⤷ 상대팀원의 신체를 맞고 나간 공도 득점한다.
⑤ 수비수는 상대가 던진 공이 바닥에 떨어지지 않도록 잘 잡는다.
  ⤷ 전위, 후위는 정해진 영역에서만 활동한다.
⑥ 인간네트는 점프하여 상대팀이 던진 공을 손으로 막는다.
  ⤷ 상대팀 공격을 손으로 막을 시 1점을 득점한다.
  ⤷ 득점이 되면 인간네트 학생이 자기 팀의 점수를 올린다.
⑦ 전반전 중간의 시간에 전위와 후위의 위치를 바꾼다.
⑧ 절반의 시간에 인간네트와 선수가 위치를 바꾸며, 후반전을 진행한 후 다득점한 팀이 이긴다.

## 놀이 유의사항

① 무리하게 공을 잡다가 넘어지지 않도록 한다.

② 인간네트 영역 안의 인간네트는 서로 몸이 부딪치지 않도록 조심한다.

③ 인간네트 사이로 공이 지나가는 것은 실점으로 인간네트 위로 공을 던진다.

### 놀이활용 TIP

① 공의 개수는 1~2개가 적당하다.
② 2팀 경쟁을 3팀으로 역할을 바꾸어가며 할 수 있다.
③ 공격 방법을 뒤로 던지기(2점) 등과 같이 다양하게 할 수 있다.

# [경쟁] 점수제 발야구 놀이

📍 **상세 준비물** : 공 2개(배구공, 축구공), 베이스 4개, 점수판, 라인

#공2개_집중! #여학생도_즐겁게 #한번에_2명 🔍

① 3. B팀 공격 여자는 1루쪽에 2~3명씩 직선위에 선다.
② 선생님의 휘슬 소리에 남학생, 여학생 동시에 발로 찬다.
④③ 4. 수비는 공을 던져받기와 공을 가지고 직접 뛰는 방법이 있다.
2. 발로 찬 후 여학생은 1루쪽으로, 남학생은 3루쪽으로 뛴다.

### 놀이 소개

기존 발야구에서는 한 번에 한 번씩 찬다는 점, 공격 상황에서 남학생과 여학생 중 멀리 찰 수 있는 남학생의 공격이 더 유리하다는 점, 수비 상황에서 남학생이 주로 플레이를 이끄는 점, 주루 플레이가 어려워 점수를 쉽게 못 내는 점 등이 있어서 이를 보완하기 위해 만든 놀이입니다. 점수제 발야구는 시간당 경기에 참여하는 학생 수를 늘리기 위해 한 번에 남학생 1명, 여학생 1명이 동시에 찹니다. 동시에 차기에 한 명이라도 파울(1루와 3루 쪽으로 넘겨서 공을 찬 경우만)이 되면 다시 차게 되고, 합산 3번 파울이 되면 '0'점 처리(아웃)됩니다. 그리고 남학생 공은

남학생이 수비를, 여학생 공은 여학생이 수비를 하여 수비와 공격에서 남녀 차이를 둬 여학생의 참여도를 높였습니다. 주루 플레이가 아닌 점수를 선택하게 되어 수비 상황을 보고 1~3점까지 낼 수 있습니다. 수비용, 공격용 베이스가 따로 있기 때문에 안전하며 박진감 넘치는 놀이가 가능합니다.

## 놀이 방법

① 놀이 전 다음과 같이 준비한다.
   ↳ 홈을 중심으로 직선 2개가 직각으로 만나게 그리며 점수판을 한쪽에 놓는다.
   ↳ 중앙 쪽에 대각선(수비 제한선)을 그리며, 공을 차기 전 제한선 안쪽으로 들어와 수비하지 않는다.
   ↳ 공격용 베이스 1개, 수비용 베이스 1개씩 2세트(남학생, 여학생 용) 설치하며, 공격용 베이스 위에 공 1개(여학생 ; 배구공, 남학생 ; 축구공)를 올린다.
   ↳ 홈 쪽과 멀어지게 직선을 3개 긋고 홈 쪽과 멀어지면서 1점, 2점, 3점이며 공격팀이 직선 위에 서 있는다.
   ↳ 1루 쪽 직선 3개(여학생 득점용)는 3루 쪽보다 가깝게 그린다.
② 선수는 다음과 같이 위치한다.
   ↳ 수비팀은 수비 지역에 넓게 퍼져서 효율적으로 수비한다.
   ↳ 남자 공격수는 3루 쪽에 2~3명씩 점수별 직선 위에 서며, 여자 공격수는 1루 쪽에 2~3명씩 직선 위에 선다.
   ↳ 공격수(남자 1명, 여자 1명)는 공 찰 준비를 한다.
③ 선생님의 휘슬 소리에 맞춰 남학생, 여학생 동시에 공을 찬다.
   ↳ 동시에 차지 않고 시간 차이가 나게 차면 파울이다.
   ↳ 둘 중 한 명의 공이라도 1루, 3루를 벗어나면 파울이다.
   ↳ 합산해서 3번의 파울이 나오면 둘 다 아웃 처리한다.
④ 공을 찬 후 여학생은 1루 쪽으로, 남학생은 3루 쪽의 점수로 뛴다.
   ↳ 1, 3루 쪽에 있는 같은 팀 공격수는 공의 방향과 위치를 보며 몇 점의 점수로 뛸지 말해준다.
   ↳ 공을 찬 공격수는 수비 상황을 보고 점수를 선택하여 점수에 있는 자기 팀원을 한 바퀴 돌고 공격용 베이스로 돌아온다.
⑤ 남자 공은 남학생, 여자 공은 여학생이 수비하며 공을 이어받기와 공을 가지고 직접 뛰는 방법 중 선택하여 수비용 베이스로 뛴다.
   ↳ 뜬 공을 바로 잡으면 아웃된다.
   ↳ 공이 두 개이므로 집중해서 잡고 서로의 공만 보고 뛰다가 부딪치지 않게 조심한다.
⑥ 수비와 공격 베이스 중 누가 먼저 밟은 것에 따라 득점이 결정나며, 점수는 남자와 여자 따로 계

산하여 점수판에 올린다.

⑦ 점수를 올린 후 다음 타자의 위치(점수 자리)로 가며 다음 타자 2명이 준비 후 빈 공간에 최대한 멀리 찬다.

⑧ 공격팀 전원이 모두(전원 타격제) 공격이 끝난 후 공수 교대하며 지정된 회를 진행 후 다득점 팀이 이긴다.

## 놀이 유의사항

① 공격팀 남자 1명, 여자 1명은 휘슬 소리에 맞춰 동시에 공을 찬다.

② 공격팀원은 공의 위치와 수비 상황을 보고 몇 점을 선택할지 서로 협력한다.

③ 수비팀은 남자 공, 여자 공 두개이므로 두 개 모두 집중하여 서로 부딪치지 않도록 주의한다.

### 놀이활용 TIP

① 파울로 인한 아웃은 없다.

② 공의 종류는 킥런볼, 피구공 등으로 할 수 있다.

③ 남녀 구분이 아닌 피구 능력 차이로 팀을 나눌 수 있다.

운동장+공

# [경쟁] 인간숫자 피구 놀이

🔵 상세 준비물 : 공 2개, 팀조끼(인원의 절반), 라인

활동 영상 보러가기

#1번_누구야?! #아웃은_공격으로 #번호를_맞춰라!    Q

경기장 설명
① 2. 원 안쪽으로 원을 3등분하는 Y자형 직선을 그린다.

선수 위치 설명
② 각 팀의 인간숫자(수비수)는 상대팀 모르게 숫자를 정한다.

④ 11. 팀이 패스하며 협력하여 1번을 맞춘다.

③ 7. 공에 맞은 학생은 자신의 번호를 외치며 손카락으로 표시한다.

### 놀이 소개

실내 공간에서 소개한 인간숫자 피구 릴레이는 한 팀의 인간숫자를 대상으로 두 팀의 도전팀이 승부를 내는 놀이입니다. 운동장에서의 인간숫자 피구는 릴레이 식이 아닌 2개의 원형 경기장에서 두 팀이 동시에 피구를 진행해 상대팀의 인간 숫자를 많이 아웃시키면 이기는 놀이입니다. 보통 피구에서는 공을 던져 맞히면 바로 아웃되지만 인간숫자 피구는 숫자의 순서대로 맞혀야 아웃시킬 수 있어 수 비의 입장에서는 보디가드Bodyguard가 되고 공격의 입장에서는 원하는 학생을 정확 히 맞혀야 하는 재미있는 놀이입니다.

① 경기장에 다음과 같이 그린다.

　　↳ 9m 원(공격자용)을 그린 후 안쪽으로 8m 원(수비자용)을 그린다.

　　↳ 원 안쪽으로 원을 3등분하는 Y자형 직선을 그리고 똑같은 형태로 2개를 그린다.

② 선수는 다음과 같이 위치한다.

　　↳ 두 팀으로 나눈 후 각 팀의 공격과 수비로 나누며, 공격수는 상대팀 수비 영역의 원형 밖에 선다.

　　↳ 각 팀의 인간숫자(수비수)는 상대팀 모르게 숫자를 정하고 한 칸에 2~3명씩 들어간다.

③ 공 1개를 가지고 같은 팀과 패스하며 상대팀을 맞힌다.

④ 공에 맞은 학생은 자신의 번호를 외치며 손가락으로 표시한다.

　　↳ 던진 공에 연속해서 2명이 맞으면 모두 자신의 번호를 말한다.

　　↳ 공에 맞아 번호가 공개된 학생 또는 뒤쪽 번호인 학생은 팀을 위해 일부러 공에 맞아도 된다.

⑤ 공격수는 알아낸 번호를 잘 기억해 두며 숫자 ‘1’번을 찾아내 맞히기 위해 노력한다.

⑥ 공격수는 팀원과 협력하여 패스하며 첫 번째 ‘1번’, 두 번째 ‘2번’을 맞혀 아웃시킨다.

　　↳ ‘1번’인 학생은 공에 맞지 않도록 자기 팀 친구 뒤로 숨는다.

⑦ 반대편 영역의 원에서도 같은 방식으로 경기를 하며 아웃된 학생은 상대팀 수비 영역으로 가서 공격에 참여한다.

⑧ 영역당 인원이 1명만 남았을 때는 수비 공간의 제한을 풀고 제한이 풀어진 공간에서만 자유롭게 공을 피한다.

⑨ 정해진 시간(15분)이 지나고 남은 인원이 많은 팀이 이기며, 수비와 공격의 역할을 바꿔 다음 라운드를 진행한다.

① 공격팀은 인간숫자를 일부러 공으로 세게 던져 맞히지 않는다.

② 인간숫자가 공에 맞았을 때마다 자신의 번호를 크게 말하고 손으로 표시한다.

③ 인간숫자는 공에 맞는 것을 피하기 위해 같은 팀원의 몸 사이에 껴서 무리하게 수비하지 않는다.

### 놀이활용 TIP

① 공의 개수는 1~2개가 적당하다.

② 원의 크기는 참여하는 인원에 따라 적절하게 조절한다.

③ 경기장이 원 하나일 경우 20분씩 공격과 수비를 돌아가며 한다.

활동 영상 보러가기

운동장+공

# [경쟁] 보디가드 부활피구 놀이

📍 상세 준비물 : 공 2개, 팀조끼(인원의 절반), 라인

#보디가드_팀협력 #막아라!_잡아라! #보디가드_부활권

1. 보디가드는 팀조끼를 안입으며 공에 맞아도 아웃되지 않는다.

2. 보디가드는 상대의 공에 아웃되지 않아 공격을 방해한다.

11. 보디가드가 공을 바로 잡으면 부활권이 생긴다.

4. 일반수비는 공에 맞거나 스쳐도(바운딩공 포함) 아웃된다.

### 놀이 소개

보디가드 피구 많이 해보았죠? 비슷한 형태로 공에 맞아도 아웃되지 않는 보디가드<sup>Bodyguard</sup>가 상대의 공을 잡으면 부활권이 생기는 놀이입니다. 경기를 진행할수록 보디가드가 많은 부활권을 가져오면 아무리 아웃을 많이 시켜도 이길 수 없어 경기가 엎치락뒤치락 되는 재미가 있습니다. 공이 2개이므로 보다 많은 활동량과 집중력이 필요하며, 보디가드 뒤에 숨는 수비수는 상대팀의 공(바운딩 공 포함)을 피하면서도 공격을 막는 보디가드를 잘 활용해야 해서 팀원끼리 유대감이 형성되는 놀이입니다.

① 놀이 전 다음과 같이 준비한다.
　　↳ 가로 18m, 세로 9m인 직사각형의 중앙에 선을 그리고 정사각형 영역별로 한 팀씩 들어간다.
　　↳ 각 팀의 3명은 공격수이며, 공 1개씩을 가지고 상대팀의 영역 바깥쪽으로 선다.
　　↳ 수비수는 팀조끼를 입으며 공에 맞으면 아웃된다.
　　↳ 보디가드는 팀조끼를 안 입으며 공에 맞아도 아웃되지 않는다.
② 각 팀의 공격수 3명과 같은 팀 보디가드는 공 2개를 가지고 수비수(팀조끼 입은 학생)를 맞힌다.
③ 보디가드는 상대의 공에 아웃되지 않아 공격을 방해하며 손으로 공을 쳐내거나 잡는다.
④ 보디가드가 공을 바로 잡으면 부활권이 생기며 아웃된 수비수의 이름을 불러 부활시킨다.
⑤ 수비수는 공에 맞거나 스쳐도(바운딩공 포함) 아웃되며, 아웃된 수비수는 공격수가 되어 공격에 참여한다.
　　↳ 수비수는 공을 잡지 못하며 보디가드 뒤로 잘 피한다.
⑥ 정해진 시간 후에 수비수를 더 많이 아웃시킨 팀이 이기며, 다음 라운드는 팀별로 협의하여 역할을 바꿔 경기를 진행한다.

① 공이 2개이므로 공의 위치를 파악하며 집중해서 활동한다.
② 보디가드에게 일부러 세게 던지지 않는다.
③ 수비수가 보디가드 뒤에 둘러싸여 무리하게 수비하지 않는다.

**놀이활용 TIP**

① 공의 개수는 1~2개가 적당하다.
② 공격수, 보디가드 숫자는 재량으로 정한다.
③ 여학생 보디가드가 공 잡으면 부활권 2개를 줄 수 있다.

운동장+공

# [경쟁] 보디가드 찜피구 놀이

📍 상세 준비물 : 공 2개, 팀조끼 2개, 점수판, 라인

#보디가드_팀협력 #가벼운 벌칙_점수제 #터치피구+던지기피구

7. 팀조끼 팀은 공격수 1명은 상대팀 영역안으로 들어간다.

2. 안의 공격은 공을 받고 1발만 움직이며 공으로 터치시킨다.

11. 점수판에서 1점(실점)을 올리고 경기장으로 들어간다.

4. 보디가드는 선밖에서 던진 공에 맞아도 아웃되지 않는다.

## 놀이 소개

2명이 짝이 되어 공을 막고 피하는 보디가드 피구를 아시지요? 일반 보디가드 피구는 실제로 보디가드 뒤에 있는 수비수를 공으로 맞히기가 생각보다 어렵습니다. 보디가드 찜피구 놀이는 일반 던지기 형식의 보디가드 피구 방식에 영역 안에 들어간 1명의 공격수가 공으로 터치하면 아웃되는 형식을 포함하여 만든 놀이입니다. 2개의 공에 집중하여 상대가 던진 공은 보디가드가 잡거나 쳐내고, 영역 안 공격수의 터치 시도는 잘 피해야 합니다. 다양한 공격 방식으로 더욱 재미있게 보디가드 찜피구를 해보길 바랍니다.

① 놀이 전 다음과 같이 준비한다.

　↳ 가로 18m, 세로 9m인 직사각형의 중앙에 선을 그리고 정사각형 영역별로 한 팀씩 들어간다.

　↳ 인원을 두 팀으로 나눈 후 각 팀별로 공격수 4명을 정하고, 공격수 중 1명은 팀조끼를 입고 상대 영역 안으로 들어가고 나머지 3명은 상대 영역의 각 변마다 1명씩 바깥쪽으로 선다.

　↳ 나머지 학생은 수비수로 2명씩 짝이 되며 두 명 중 한 명은 보디가드 역할을 맡는다.

　↳ 경기장 한쪽에 벌칙존과 점수판을 준비한다.

② 각 팀마다 공을 1개씩(총 2개) 들고 준비하고, 상대팀 영역 안의 공격수는 공을 받고 한 발만 움직이며 공으로 수비팀을 터치시킨다.

　↳ 영역 안의 공격수는 공을 던지지 않고 터치시키는 방식으로 공격한다.

　↳ 영역 안의 공격수는 공으로 둘 중 한 명이라도 터치하면 두 명 모두 아웃된다.

③ 수비는 2명씩 짝이 되어 보디가드와 수비수 역할을 맡는다.

　↳ 보디가드는 선 밖에서 던진 공에 맞아도 아웃되지 않아 공을 쳐내거나 잡는다.

　↳ 수비수는 선 밖에서 던진 공(바운딩 공 포함)에 맞으면 아웃된다.

　↳ 수비수는 보디가드의 허리를 잡으며 떨어지면 아웃된다.

④ 아웃이 되면 두 명 모두 벌칙존으로 나와 팔벌려 뛰기를 한다.

⑤ 점수판에서 1점(실점)을 올리고 경기장으로 들어간다.

⑥ 보디가드는 상대 공격을 방해하여 공을 뺏을 수 있으며, 상대 수비수를 향해 공을 던져 공격할 수 있다.

⑦ 공이 두 개이므로 공의 위치를 파악해 활동하며 정해진 시간 후 다실점 팀이 진다.

① 보디가드에게 공을 일부러 세게 던지지 않는다.

② 영역 안의 공격수는 상대를 공으로 터치시킬 때 다치지 않게 살살한다.

③ 보디가드는 자신의 허리를 잡고 있는 수비수를 위해 천천히 움직인다.

### 놀이활용 TIP

① 공의 개수는 1~2개가 적당하다.

② 가벼운 벌칙은 재량으로 정한다.

③ 선 안의 찜피구 공격수는 1~2명이 적당하다.

활동 영상 보러가기

운동장+공

# [경쟁] 득점제 원피구 놀이

📍 상세 준비물 : 공 1개, 팀조끼(두가지 색깔로 전원), 점수판, 라인

#여학생도_즐겁게 #원하나_원하나요?! #우리팀?_상대팀?

② 남학생이 던진 공은 수비수가 잡아 수비할 수 있다.

12. 여학생이 던진 공은 스처도 아웃된다.

7. 벌칙 후 자기편 점수를 1점 올리고 다시 경기장으로 들어온다

## 놀이 소개

'득점제 원피구 놀이'는 대체로 남학생이 주도하는 피구를 여학생도 재미있게 참여시키기 위해 만든 놀이입니다. 이 놀이는 경기장에 10m 정도의 원을 그리고 원 안쪽에는 두 팀의 수비수가, 원 밖에는 두 팀의 공격수가 4명씩 섞여서 서게 됩니다. 상대팀만을 향해 공을 던지지만 잘못해서 자기 팀이 맞아도 아웃되므로 공격과 수비 모두 공 하나하나에 집중해야 합니다. 여학생이 피구를 잘하는 남학생에게만 패스하는 경우가 많아지겠죠? 이 놀이에서는 옆으로 패스할 수 없으며, 무조건 원 안으로 던져야 합니다. 특히, 남자 공은 바로 맞은 경우에만 아웃이지만 여

자 공은 바운딩된 공에도 아웃이 됩니다. 남학생이 던진 공에 아웃되면 1점을, 여학생이 던진 공에 아웃되면 2점의 득점으로 차등해서 여학생도 패스만 하지 않고 열심히 참여하게 됩니다. 원 안과 밖에 두 팀의 학생이 모두 섞여 있어 공을 협력해서 차지해야 하는 재미있는 놀이입니다.

### 놀이 방법

① 놀이 전 다음과 같이 준비한다.
   ↬ 지름이 약 10m인 원을 한 개 그리고 두 팀(A팀, B팀)의 수비수가 다른 색깔 팀조끼를 입고 모두 원 안으로 들어간다.
   ↬ 두 팀의 공격수 각 4명(총 8명)은 서로 섞여서 원 밖에 선다.
② 공격수는 공 1개를 가지고 원 안의 상대팀을 향해 던진다.
   ↬ 남학생이 던진 공은 수비수가 잡아 수비할 수 있으므로 바로 맞는 경우에만 아웃되며 1점이다.
   ↬ 여학생이 던진 공은 잡을 수 없으며, 몸에 맞거나(바운딩 공 포함) 닿으면 아웃되며 2점이다.
   ↬ 같은 팀원이 던진 공에도 아웃되므로 공에 집중한다. (팀킬 가능)
③ 남학생이 던진 공을 잡으면 원 밖의 자기 팀에게 패스한다.
④ 공격수는 옆으로 패스는 안 되며, 원 안으로 무조건 공을 던져야 한다.
⑤ 수비수는 남학생이 던진 공만 바로 잡아 수비할 수 있으며, 공에 맞아 아웃된 학생은 원 밖으로 나가 팔벌려 뛰기를 한다.
⑥ 벌칙 후 자기 팀 점수를 1점(실점) 올리고 다시 경기장으로 들어온다.
⑦ 같은 팀원이 맞은 공을 땅에 닿기 전에 잡으면 아웃이 아니다.
⑧ 원 안과 밖의 같은 팀은 공을 차지하기 위해 협력하며 정해진 시간 후 다득점 팀(실점)이 진다.

### 놀이 유의사항

① 남자 공은 바로 맞은 경우만 아웃이지만 여자 공은 무조건 피해야 한다.
② 원 밖의 공격수는 옆으로 패스할 수 없으며, 무조건 원 안으로 공격한다.
③ 남자가 던진 공(1점)에 맞았는지, 여자가 던진 공(2점)에 맞았는지 파악한다.

> ### 놀이활용 TIP
> ① 간단한 벌칙은 재량으로 정한다.
> ② 남학생, 여학생 모두 같은 득점(1점 등)으로 할 수 있다.
> ③ 남녀 구분이 아닌 피구 능력 차이로 팀을 나눌 수 있다.

Chapter

# 03

# 운동장+기타 놀이

활동 영상 보러가기

운동장+고무줄

# [건강] 나이먹기 놀이 1

📍 상세 준비물 : 고무줄 1봉, 팀조끼(절반의 인원만큼)

#내나이가_어때서?! #나이늘리기 #혼자_때론_함께

5. 나이에 따라 고무줄을 끼워간다. (고무줄 1개=10살) ①

10. 같은 팀원 1명~3명까지 자유롭게 다닐 수 있다. ②

21. 놀이 후 개인이 아웃된 횟수(0살)를 모두 더한다 ④

16. 합산 나이가 적을시 자신의 고무줄 1개(10살)를 준다. ③

## 놀이 소개

넓은 공간에서 전략적으로 활동할 수 있는 술래잡기 놀이는 어떤가요? 술래가 일방적으로 쫓는 술래잡기가 아닌 상대팀원의 나이를 추측해서 쫓고 쫓기며 팀원과 전략적으로 활동하는 놀이입니다. 나이가 많은 사람이 적은 사람을 터치하면 고무줄 '1'개(10살)를 상대편에게 주고 고무줄 '0'개(0살)가 되면 아웃되어 가벼운 벌칙 후 다시 경기장에 들어가 활동할 수 있습니다. 일정 시간 경과 후 아웃된 횟수가 많은 팀이 지게 되어 나이가 적은 학생을 팀에서는 보호해 줘야 하는 팀 협력 전략 놀이입니다.

## 놀이 방법

① 두 팀으로 나눈 후 한 팀만 팀조끼를 입는다.

② 각 팀은 앉아번호로 한 줄에 2~3명으로 맞춘 후 친구끼리 가위바위보로 등수를 매긴다.

③ 등수에 따라 나이가 정해지며, 나이에 따라 고무줄을 가져간다.

    ↳ 고무줄 1개 : 10살 단위

    ↳ 1등 : 30살 / 2등 : 20살 / 3등 : 10살 등

    ↳ 각자 나이에 맞게 고무줄을 양심껏 가져간다.

④ 자신의 나이를 알 수 없게 고무줄을 손목에 착용한다.

⑤ 놀이 시작 전 두 팀은 경기장의 맞은편에 위치하며, 시작과 함께 상대팀을 터치하기 위해 움직인다.

    ↳ 같은 팀원 1~3명까지 자유롭게 다닐 수 있다.

    ↳ 2~3명이 손을 잡고 다닐 경우 각자의 나이가 합해진다.

⑥ 자유롭게 움직이며 상대팀원을 터치한다.

⑦ 서로의 나이를 합산해서 나이가 많은 팀이 적은 상대팀원에게 고무줄 '1'개(10살)를 받는다.

    ↳ 고무줄을 합산하여 승부를 내며, 진 팀은 고무줄 1개를 준다.

       2~3명이 손을 잡고 다닐 경우 졌다면 그중 1명이 고무줄 '1'개를 준다.

⑧ 고무줄이 '0'개(0살)가 되면 아웃되며 벌칙존에서 팔벌려 뛰기 5회를 한다.

⑨ 고무줄 '1'개를 가지고 다시 경기장으로 들어가 활동한다.

⑩ 놀이 중간 시간에 휴식 및 작전 시간을 갖게 해 나이가 적은 팀원을 보호해 주는 전략을 짠다.

    ↳ 나이가 많은 학생이 적은 학생 손잡고 다니기

    ↳ 상대팀의 나이를 서로 공유해서 전략적으로 쫓기

⑪ 팀원과 협력하며 전략적으로 활동해 나이를 늘리며, 놀이 후 개인이 아웃된 횟수(0살)를 모두 더해 더 적게 아웃된 팀이 이긴다.

## 놀이 유의사항

① 개인보다 팀원과 협력하며 활동한다.

② 나이가 적은 팀원을 보호하며 활동한다.

③ 중간에 휴식시간을 갖고 전략을 세우며 활동하게 한다.

### 놀이활용 TIP

① 같은 팀원과 손잡기는 1~2명이 적당하다.

② 고무줄 대신에 공기돌이나 바둑돌 등으로 대체할 수 있다.

③ 간단한 벌칙 및 놀이 구획은 재량으로 정한다.

활동 영상 보러가기

# [건강] 나이먹기 놀이 2

📍 상세 준비물 : 팀조끼, 고무줄, 기둥

#내나이가_어때서?! #기둥_지켜라! #혼자_때론_함께

2. 각 팀의 지역 및 지켜야 할 기둥을 정한다. ①

3. 나이가 많은 사람이 적은 사람의 고무줄을 한개를 가져온다. ②

4. 팀 승패무승부는 이상 지속적으로 수비만 할 때 진다. ④

3. 상황을 살펴 상대 기둥터치를 시도한다. ③

## 놀이 소개

'나이먹기 놀이 1'은 넓은 공간에서 자유롭게 돌아다니며 전략적인 술래잡기라면, '나이먹기 놀이 2'는 자기 팀의 영역과 기둥을 지키며 활동을 해야 하는 놀이입니다. 상대팀의 기둥 2개를 수비를 비집고 들어가 터치하면 고무줄 3개(30살)를 받게 되는 놀이로 상대팀의 공격을 잘 차단하기 위해서 팀이 협력하여 수비를 병행해야 하는 팀 전략 술래잡기입니다.

## 놀이 방법

① 충분히 뛸 수 있는 일정한 구역(직사각형 등)을 정하며, 각 팀의 지역 및 지켜야 할 기둥을 정한다.

② 두 팀으로 나눈 후 3명(또는 2명)씩 줄을 서고 같은 줄 친구(2~3명)끼리 가위바위보를 한다.

③ 등수에 따라 나이가 정해지며 양심껏 자기 나이에 맞게 고무줄을 가져가 손목에 착용한다.

    ↳ 각자 해당된 나이만큼 고무줄을 가져간다. (1개 : 10살 등)

    ↳ 1등 : 30살, 2등 : 20살, 3등 : 10살

④ 시작과 함께 1~3명까지 자유롭게 다닐 수 있으며, 상대팀과 터치가 되면 서로 고무줄 개수(나이)를 확인한다.

    ↳ 2~3명이 손잡고 터치한 경우 모두의 나이를 합산해서 승부를 낸다.

    ↳ 상대 터치 때 나이가 같을 시 가위바위보로 승부를 결정한다.

⑤ 나이가 많은 사람이 적은 사람의 고무줄을 한 개 가져온다.

    ↳ 나이가 '0'살이 되면 자기 팀의 기둥을 지키는 역할만 한다.

⑥ 상황을 살펴 상대 기둥 터치를 시도하며, 상대의 기둥을 터치하면 30살을 먹을 수 있다.

⑦ 자기 팀의 기둥은 지키고 상대팀의 기둥 터치를 시도해야 하며 기둥과 관련한 상황은 다음과 같다.

    ↳ 수비수(기둥 지킴이)가 기둥을 잡고 공격수를 터치하면 나이와 상관없이 무조건 이긴다.

    ↳ 수비수(기둥 지킴이)는 기둥을 잡고 손잡아 연결하여 상대팀의 공격을 막을 수 있다.

⑧ 고무줄 주고받기 후 자기 팀 기둥을 터치하고 나와야 한다.

⑨ 때론 혼자, 때론 함께 손잡고 다니며 전략적으로 활동한다.

⑩ 1분 이상 지속적으로 수비만 할 때는 진다.

⑪ 가장 나이를 많이 먹은 개인 우승자를 확인하여 칭찬한다.

## 놀이 유의사항

① 상대방 터치 시 너무 세게 치지 않고 살살 치도록 한다.

② 개인보다 팀원과 협력하며 활동하며, 자기 팀 기둥 수비에도 신경을 쓴다.

③ 기둥을 터치할 때 무리하게 기둥을 지키는 수비를 밀거나 부딪치지 않도록 한다.

### 놀이활용 TIP

① 같은 팀원과 손잡기는 1~2명이 적당하다.

② 지켜야 할 기둥 개수는 1~3개가 적당하다.

③ 고무줄 대신에 공기돌이나 바둑돌 등으로 대체할 수 있다.

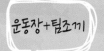

# [건강] 원형 코코 술래잡기 놀이

📍 상세 준비물 : 팀조끼 4개, 초시계 또는 스마트폰

#팀조끼_사수 #술래피해_오래버티기 #술래터치_빠르게  🔍

### 놀이 소개

코코 술래잡기를 변형하여 원형으로 바꿔 본 놀이입니다. 술래팀은 원 안과 밖을 자유롭게 다니지 못하고 원 중심을 향해 안쪽을 보는 학생을 터치하고 그 학생이 원 안에서 밖을 향해 보고 있는 학생을 터치하면 아웃시킬 수 있습니다. 술래를 피하는 팀은 팀조끼를 들고 자유롭게 들고 다니며 10초 내에 팀원 중 다른 사람에 게 전달하고 술래의 추격을 피해야 합니다. 코코 술래잡기를 기본적으로 지도한 후 이 놀이를 하면 좋습니다. 기존 코코 술래잡기에 비해 움직임과 팀 협력 플레이 가 더 많으며 따로 경기장을 만들지 않고 원 형태만 잘 유지하면 되는 놀이입니다.

### 놀이 방법

① 두 팀은 라운드별로 경기 시작할 때 술래 2명, 피하는 학생 4명을 정한다.

② 술래를 피하는 팀은 큰 원형으로 간격을 맞춰 선다.

③ 큰 원형 안으로 술래팀은 작은 원형으로 앉는다.

    ↳ 술래팀은 원의 중심을 향해 안쪽, 바깥쪽을 번갈아 보고 앉는다.

④ 경기를 시작할 때 피하는 학생 4명은 팀조끼를 들고 준비한다.

    ↳ 시작 신호에 맞춰 피하는 학생 4명은 원 안에서 자유롭게 술래를 피한다.

    ↳ 팀조끼를 같은 팀원에게 잘 전달해 주며 술래의 추격을 따돌린다.

    ↳ 팀조끼를 10초 이상 들고 있을 수 없으며, 10초 내에 술래를 피해 큰 원에 서 있는 같은 팀원에게 팀조끼를 건네준다.

    ↳ 팀조끼를 든 학생이 술래에게 터치 당하면 팀조끼를 선생님께 주고 다시 경기장으로 들어간다.

    ↳ 4개의 팀조끼(뭉)가 다 아웃될 때의 시간을 측정한다.

⑤ 경기를 시작할 때 술래 2명은 서 있다가 경기가 시작되면 팀조끼를 든 학생을 잡기 위해 뛴다.

    ↳ 술래팀은 앉아 있다가 기존의 술래가 등을 치면 술래가 바뀐다.

    ↳ 술래는 원 안과 밖을 자유롭게 움직일 수 없으며, 원 밖으로 나가고 싶으면 원 밖을 보는 학생 등을 터치하고, 원 안으로 가고 싶으면 원 안을 보고 있는 학생을 터치한다.

    ↳ 새로운 술래는 피하는 학생을 터치해서 아웃시키기 위해 상대팀의 움직임을 보고 팀이 함께 협력한다.

⑥ 피하는 팀 학생 4명이 모두 아웃되는 시간을 재며, 술래팀과 피하는 팀의 역할을 그대로 한판 더 한다.

⑦ 한 번에 2판(시간은 합산)을 실시한 후 더 오래 버틴 팀이 이기며 다음 라운드 진행 후 결과를 낸다.

### 놀이 유의사항

① 놀이 전에 놀이 방법과 규칙을 이해한다.

② 술래팀은 상대팀을 잡기 위해 빠른 등 터치로 빠르게 움직인다.

③ 팀조끼를 10초 이내에 패스를 통해 빠르게 전달하며 술래를 잘 피한다.

---

### 놀이활용 TIP

① 술래 수, 피하기(팀조끼) 수는 재량으로 정한다.

② 술래는 앉아 준비를 서서 준비로 바꿀 수 있다.

③ 피하기 팀이 팀조끼 가지고 있는 시간을 10~20초 사이로 자유롭게 정할 수 있다.

# PART 07

# 부록

#모두_안전하게
#모두_움직이게
#모두_협력하게
#모두_즐기게

"좋은 체육수업은 모두 안전하게 움직이고 협력하며 즐기는 시간입니다."
by 송성근

# 비슷한 형태 놀이 묶음

비슷한 형태 놀이의 특징을 종합적으로 파악해 보고 조금씩 다
르게 변형된 각각의 놀이를 이해해 봅시다.

비슷한 형태의 놀이로 연속해서 교육과정을 계획, 실행 시 놀이
의 원리나 특성이 비슷해 수업 준비와 학생들의 이해도가 높아
쉽게 적용시킬 수 있습니다.

# 비슷한 형태 및 시기 놀이

## 1. 인간숫자 놀이

인간숫자팀은 도전팀 모르게 자신의 숫자를 정하며 그 숫자를 알기 위해 도전팀은 신체를 활용해 활동합니다. 다양한 활동 속에 첫 번째 주자는 숫자 '1', 두 번째 주자는 숫자 '2'와 같이 자기 순서에 맞는 숫자를 순서대로 찾거나 맞추는 등의 활동을 합니다. 인간숫자팀은 자기 팀을 위해 팀원의 숫자가 공개되지 않게 협력해야 하며, 도전팀은 서로 협의하며 순서에 맞는 도전팀원을 공략하는 전략형 협력 놀이입니다.

| 놀이이름 | 놀이방법 | 준비물 | 페이지 |
|---|---|---|---|
| [교실+맨손] 건강_ 원형 인간숫자 터치 놀이 | • 인간숫자가 원형으로 서 있고 도전팀은 원 밖에서 한 명씩 들어와 순서에 맞게 인간숫자팀을 터치하는 릴레이 | 없음 | 114 |
| [실내+맨손] 건강_인간숫자 맞추기 릴레이 놀이 | • 인간숫자가 일정한 거리에 한 줄로 서 있고 도전팀은 순서에 맞게 인간숫자를 찾아 확인하여 먼저 모든 학생이 인간숫자를 맞추기 | 없음 | 192 |
| [실내+공] 건강_ 인간숫자 피구 릴레이 놀이 | • 인간숫자가 원형 경기장에 서 있고 도전팀 2명씩 공 1개를 가지고 패스하며 순서에 맞게 인간숫자를 맞혀서 데려오기 | 마커, 공 | 202 |
| [실내+의자] 건강_ 인간숫자 릴레이 놀이 | • 인간숫자가 원 형태로 앉거나 서 있고 도전팀은 순서에 맞게 인간숫자를 터치해서 데려오기 | 의자 또는 마커 | 246 |
| [실내+책] 건강_ 책 연결 가위바위보 놀이 | • 상대팀 진영으로 책을 한 권씩 옮겨가며 이동하여 상대와 가위바위보하여 득점하는 놀이 | 폐교과서 | 241 |
| [운동장+공] 경쟁_ 인간숫자 피구 놀이 | • 원형 경기장 2개에 인간숫자(수비)가 그 안에 서 있고 공격수가 원 밖에서 순서에 맞게 인간숫자를 공으로 맞혀 아웃시키는 놀이 | 공, 라인 | 271 |

## 2. 학기 초 놀이(협력, 팀빌딩 놀이)

학기 초는 앞으로 1년간 체육시간 동안 배울 체육적 가치와 태도를 학습시키기 좋은 시기입니다. 모두가 즐거운 체육시간이 되기 위해서는 혼자가 아닌 함께하는 체육의 즐거움을 익혀 협력의 중요성을 깨닫게 하는 것이 좋습니다. 자기 팀을 위해 함께 활동하며 생각했던 목표를 달성한다면 그 과정에서 팀원의 소중함과 배려가 중요하는 것을 느끼게 될 것입니다. 학기 초 다양한 팀 협력 놀이를 통해 혼자가 아닌 모두가 즐거운 체육시간이 되길 바랍니다.

| 놀이이름 | 놀이방법 | 준비물 | 페이지 |
|---|---|---|---|
| [어디든+맨손] 건강_ 지그재그 릴레이 놀이 | • 같은 팀끼리 원형으로 손을 잡고 선 상태에서 한 명씩 자기 팀원을 지그재그로 통과하는 릴레이 | 없음 | 82 |
| [어디든+공] 건강_ 원바운딩 놀이 1, 2, 3 | • 같은 팀끼리 원형으로 선 상태에서 공의 아랫부분을 손바닥으로 쳐서 원바운딩(주로 사용하지 않는 손, 시계방향 돌기, 손+손 이외의 신체 부위 번갈아 사용, 팀 경쟁활동 등)을 오랫동안 유지하기 | 공 | 95, 97, 99 |
| [교실+공] 건강_ 원바운딩 놀이 | • 책상 6개를 붙여 경기장을 만들고 책상 주위로 같은 팀끼리 둘러 선 후 공의 아랫부분을 손바닥으로 쳐서 원바운딩 오랫동안 유지하기 | 책상, 공 | 133 |
| [교실+우산] 건강_ 우산 세우기 놀이 | • 우산을 한 개씩 잡고 원형으로 선 후 박자에 맞춰 가지고 있는 우산은 잘 세워두고 옆으로 이동해 옆의 친구의 우산을 쓰러지기 전에 잡기 | 우산 | 179 |
| [실내+공] 건강_ 공 연결 릴레이 놀이 | • 같은 팀끼리 한 줄로 서서 공을 연결(공을 가지고 지그재그 통과, 공을 다리 사이로 뒤로 보내기, 공을 위 아래로 전달하기 등)시켜 목적지에 먼저 도착하기 | 라인, 공 | 210 |
| [실내+팀조끼] 건강_ 팀조끼 던지고 잡아라! 놀이 | • 같은 팀끼리 원형으로 선 후 박자에 맞춰 가지고 있는 팀조끼는 머리 위로 던지고 옆으로 이동해 옆의 친구가 던진 팀조끼를 떨어지기 전에 잡기 | 팀조끼 | 220 |
| [운동장+맨손] 건강_ 벌려라! 모여라! 릴레이 놀이 | • 두 팀의 상대팀끼리 서로 다른 방향을 보고 손을 잡고 선 상태에서 안쪽의 주자가 자기 팀과 상대팀을 한 바퀴 반을 돌고(자기 팀이 뛸 때는 모아주고 자기 팀과 상대팀이 뛸 때는 벌리기) 자기 팀의 맨 끝으로 가며 릴레이 하기 | 라인, 바톤 | 260 |
| [운동장+맨손] 건강_ 인간 숫자 찾아라! 놀이 | • 운동장에 인간숫자가 흩어져 서 있고 도전팀은 인간숫자 순서에 맞게 한 줄로 서서 터치하고 먼저 출발선에 도착하기 | 없음 | 262 |

## 3. 학기 말 놀이

학기 말 또는 학년 말에 교과 진도가 끝나고 자투리 시간이 있죠? 교실이나 실내 공간에서 버릴 교과서를 이용해 신체를 활용한 놀이를 통해 자투리 시간이나 체육시간을 활용해 친구들끼리 즐겁고 의미 있는 시간을 갖기 바랍니다.

| 놀이이름 | | 놀이방법 | 준비물 | 페이지 |
|---|---|---|---|---|
| [교실+맨손] 건강_ 공부를 열심히 가위바위보 놀이 | | • 두 명씩 짝이 되어 상대를 달리하며 가위바위보하여 자신의 단계(유치원-초등학생-중학생-고등학생-대학생)를 올리는 놀이 | 없음 | 118 |
| 교실+ 책기둥 놀이 | 건강_ 책기둥 세우기 놀이 | • 진도가 끝난 교과서로 책기둥을 만들고 팀원이 협력하여 책기둥을 높게 쌓는 놀이 | 책기둥 | 162 |
| | 건강_ 다시 모이자! 놀이 | • 교실 여기저기 책기둥을 세워 놓고 놀이(과일 샐러드 놀이, 나는 ㅇㅇㅇ을 좋아합니다.)를 진행하며 책기둥을 쓰러뜨리거나 늦게 앉은 학생이 술래가 되며 처음의 같은 팀원이 다시 만나면 승리하는 놀이 | 책기둥 | 164 |
| | 건강_ 책기둥 여가놀이 | • 쉬는 시간이나 점심시간 등 틈새시간을 활용하여 책기둥을 이용한 높이 쌓기, 성 쌓기, 볼링놀이 등 학생들이 스스로 놀이를 만들어 하기 | 책기둥, 공 | 167 |
| | 건강_ 책기둥 달팽이 놀이 | • 교실에서 책기둥을 달팽이 형태로 놓고 달팽이 밖과 안쪽에 두 팀이 서서 2명씩 짝이 되어 상대를 가위바위보로 이겨 득점하는 놀이 | 책기둥 | 169 |
| 실내+ 책 놀이 | 건강_ 책 치기 놀이 | • 손바닥 위에 책 1권씩을 올려놓고 상대의 책은 손으로 쳐서 떨어뜨리고 자신의 책은 지키는 서바이벌 놀이 | 폐교과서 | 236 |
| | 건강_ 책 연결 릴레이 놀이 | • 같은 팀 두 명이 책을 징검다리 삼아 이동하고 돌아올 때는 등 사이에 책을 끼워 돌아오는 릴레이 | 마커, 폐교과서 | 239 |
| | 건강_ 책 연결 가위바위보 놀이 | • 상대팀 진영으로 책을 한 권씩 옮겨가며 이동하여 상대와 가위바위보하여 득점하는 놀이 | 마커, 폐교과서 | 241 |

# 경쟁형(스포츠 종목) 놀이

## 1. 터치형 피구 놀이

터치형 피구 놀이는 공으로 던져 맞히는 피구가 아닌 공이나 팀조끼로 상대를 터치시키는 피구입니다. 교실이나 간이체육실에서 공을 직접 던지는 활동은 위험성이 내재되어 있지만 터치형 피구는 보다 안전하게 활동할 수 있습니다. 빠르게 피하는 수비팀을 터치시키기 위해서는 보다 빠르고 협력적인 패스가 필요해 팀의 협력도가 높아집니다. 공격수가 자유롭게 다니다가 공이나 팀조끼를 잡는 순간 한 발을 내밀며 터치를 시도하는 자세에 대한 사전 연습을 한다면 다양한 방법으로 피구를 즐길 수 있습니다.

| 놀이이름 | 놀이방법 | 준비물 | 페이지 |
|---|---|---|---|
| [교실+팀조끼] 건강_ 팀조끼 터치 피구 놀이 | • 원 형태로 의자에 공격팀이 앉고 그 안으로 수비팀이 들어간 후 팀조끼를 패스하며, 팀조끼로 수비팀의 하체를 터치하여 득점하는 놀이 | 의자, 팀조끼, 점수판 | 145 |
| [실내+공] 경쟁_ 원형 터치 피구 놀이 | • 원 형태로 의자에 공격팀이 앉고 그 안으로 수비팀이 들어간 후 공을 패스하며 공으로 상대팀을 터치하여 아웃시키는 놀이 | 의자, 공 | 206 |
| [실내+팀조끼] 경쟁_ 팀조끼 터치 피구 놀이 | • 영역을 두 개로 나눠 각각의 영역에 수비수와 공격수가 들어간 후 팀조끼를 패스하며, 팀조끼로 수비팀의 하체를 터치하여 득점하는 놀이 | 마커, 팀조끼, 점수판 | 230 |
| [운동장+공] 경쟁_ 보디가드 찜피구 놀이 | • 두 명씩 짝이 되어 한 명은 공에 맞아도 아웃이 되지 않는 보디가드, 한 명은 보디가드의 허리를 잡고 공을 피해야 하는 수비수가 되며, 상대 영역에 공격수 한 명이 들어와 공으로 상대를 터치시키거나 영역 밖에서 공을 던져 상대를 맞혀 득점하는 놀이 | 라인, 공, 점수판 | 275 |

## 2. 바운딩 피구 놀이

바운딩 피구는 공으로 던져 맞추는 피구가 아닌 공을 바운딩시키거나 굴려 상대를 맞혀야 하는 피구입니다. 공격팀이 수비팀을 공으로 직접 던져 맞히는 건 반칙이므로 적절한 바운딩과 굴리기로 상대의 하체를 맞혀야 합니다. 공을 마음껏 던지기 힘든 실내 공간에서 바운딩과 굴리며 하는 피구로 재미와 안전의 두 마리 토끼를 잡아보기 바랍니다.

| 놀이이름 | 놀이방법 | 준비물 | 페이지 |
|---|---|---|---|
| [교실+공] 경쟁_바운딩 피구 놀이 | • 원 형태의 의자에 공격팀이 앉고 그 안으로 수비팀이 들어간 후 공을 패스하며 공을 굴리거나 바운딩시켜 수비팀을 맞혀 득점하는 놀이 | 의자, 공 | 135 |
| [교실+공] 경쟁_벽치기 피구 놀이 | • 교실 뒤편 사물함을 기준으로 반원 형태로 공격팀이 앉고 그 안으로 수비팀이 들어간 후 공을 굴리거나 벽에 맞고 나온 공으로 수비팀의 하체를 맞혀 아웃시키는 놀이 | 공 | 137 |
| [교실+공] 경쟁_공굴려 부활피구 놀이 | • 책상을 모둠 형태로 붙이고 공격팀이 공을 굴려 수비팀의 발목을 맞혀 아웃시키고 아웃된 학생은 팀조끼로 공격팀을 맞혀 부활하는 놀이 | 책상, 공, 팀조끼 | 139 |
| [실내+공] 경쟁_공굴려 무한피구 놀이 | • 공 5~6개를 여기저기 흩어 놓고 코끼리코 3바퀴를 돌고 난 후 공을 굴려 상대의 하체를 맞히는 서바이벌 놀이 | 공 | 204 |
| [실내+공] 경쟁_바운딩 피구 놀이 | • 두 영역을 두 개로 나눠 각각의 영역에 수비수와 상대 공격수가 들어간 후 공을 패스하며 공을 굴리거나 바운딩시켜 수비팀을 맞혀 득점하는 놀이 | 마커, 공, 점수판 | 208 |

## 3. 던지기 피구 놀이

전통적인 피구 방식은 역시 공을 직접 던져 상대를 맞히는 것이죠? 실내 공간인 간이체육실이나 교실에서 공을 잘못 던지면 주변 사물에 맞아 파손될 위험이 있습니다. 공이 아닌 팀조끼를 활용하면 안전하며 잡기도 편해 쉽게 피구를 할 수 있습니다. 공을 던져 상대를 맞히는 단순한 형식은 공을 던지고 받기가 뛰어난 학생이 놀이를 주도하기 쉽습니다. 다양한 형식의 방법과 규칙의 놀이로 여러 명이 함께 즐길 수 있는 피구를 해보시기 바랍니다.

| 놀이이름 | 놀이방법 | 준비물 | 페이지 |
|---|---|---|---|
| [교실+팀조끼] 경쟁_ 팀조끼 피해라! 놀이 | • 술래 2명(남1, 여1)이 팀조끼 1개를 패스하여 공격하며 아웃된 학생은 책상 위에 올라가 팀조끼를 잡아 부활하는 놀이 | 팀조끼, 책상 | 147 |
| [실내+공] 경쟁_ 등을 노려라!(피구형) 놀이 | • 원 형태로 공격팀이 앉고 그 안으로 수비팀이 무릎을 세워 앉고 난 후 공격팀은 패스하며 수비팀의 등이나 무릎을 맞혀 득점하는 놀이 | 의자, 공 | 213 |
| [실내+팀조끼] 경쟁_ 팀조끼 피해라! 놀이 | • 영역을 두 개로 나눠 각각의 영역에 수비수와 상대 공격수가 들어간 후 팀조끼를 패스하며 상대팀에게 던져 맞히며 아웃시키는 놀이 | 마커, 팀조끼 | 228 |
| [실내+팀조끼] 경쟁_ 무한 팀조끼 피해라! 놀이 | • 팀조끼 6~7개를 여기저기 흩어 놓고 코끼리코 3바퀴를 돌고 난 후 팀조끼를 던져 상대를 맞히는 서바이벌 놀이 | 팀조끼 | 232 |
| [운동장+공] 경쟁_ 인간숫자 피구 놀이 | • 원형 경기장 2개에 인간숫자(수비수)가 그 안에 서 있고 공격수가 원 밖에서 순서에 맞게 인간숫자를 공으로 맞혀 아웃시키는 놀이 | 라인, 공 | 271 |
| [운동장+공] 경쟁_ 보디가드 부활피구 놀이 | • 영역을 두 개로 나눠 각각의 영역에 수비(공에 맞아도 아웃되지 않는 보디가드, 공에 스치기만 해도 아웃되는 수비)가 들어가고 영역 밖에 공격수가 공으로 상대를 맞히며 보디가드가 공을 잡으면 부활권이 생기는 놀이 | 라인, 공, 팀조끼 | 273 |
| [운동장+공] 경쟁_ 득점제 원피구 놀이 | • 큰 원 안에 두 팀의 수비수가 섞여 서 있고 원 밖에는 두 팀의 공격수가 섞여 서서 여학생 공격공은 몸에 스치는 공에도 아웃(2득점)되며, 남학생 공격공은 바로 맞은 경우만 아웃(1득점)되어 득점하는 놀이 | 라인, 공, 팀조끼, 점수판 | 277 |

## 4. 배구형 놀이(쓰로볼 놀이)

배구는 초등학교 현장에서 지도하기 어려운 활동입니다. 기본능력 향상 없이는 제대로 된 배구를 즐기기 어려우며 네트 설치 등의 환경구성에도 어려움이 따르기 때문입니다. 공을 받고 올리고 치는 형식의 배구가 아닌 Throw ball(쓰로볼) 형태의 놀이(공을 네트 위로 던지고 받는 형태의 인도 배구형 스포츠)를 활용해 간이체육실, 교실에서도 안전하고 쉽게 즐길 수 있습니다. 네트 설치의 어려움을 극복하기 위해서 교실 책상을 네트로 활용하거나 인간네트 영역 안에 학생들이 들어가 공을 손으로 막아내며 네트 역할을 하여 즐겨보시기 바랍니다.

| 놀이이름 | 놀이방법 | 준비물 | 페이지 |
|---|---|---|---|
| [교실+공] 경쟁_ 쓰로볼(배구형) 놀이 | • 두 개의 영역 가운데 책상을 네트 삼아 놓고 각 영역에 앉아 공을 패스 후 상대의 빈 공간에 던져 바닥에 닿으면 득점하는 놀이 | 책상, 공, 점수판 | 122 |
| [교실+공] 경쟁_ 4칸 쓰로볼(배구형) 놀이 | • 책상으로 교실의 영역을 4칸으로 나눈 후 각 영역(같은 팀끼리 서로 맞주보고 앉기)에 앉아 공을 앞의 자기 팀 영역에 패스 후 좌우에 있는 상대의 빈 공간에 던져 바닥에 닿으면 득점하는 놀이 | 책상, 공, 점수판 | 124 |
| [실내+공] 경쟁_ 인간네트 쓰로볼 놀이 | • 두 개의 영역 가운데 의자를 놓고 상대팀을 바라보게 두 팀의 인간네트가 섞여 앉은 후 공격수는 서서 공으로 자기 팀에게 패스 후 상대의 빈 공간에 던져 바닥에 닿으면 득점하는 놀이 | 의자, 공, 점수판 | 215 |
| [운동장+공] 경쟁_ 인간네트 쓰로볼(배구형) 놀이 | • 두 개의 영역 가운데 인간네트 영역(인간네트가 서서 상대의 공을 손으로 막는 활동을 할 수 있는 공간)이 있고 각 팀의 영역에서 같은 팀끼리 패스 후 상대의 빈 공간에 던져 바닥에 닿으면 득점하는 놀이 | 라인, 공, 점수판 | 266 |

## 5. 기타(농구형, 핸드볼, 야구형 놀이)

초등 경쟁영역 활동에는 다양한 활동이 있죠? 농구형, 핸드볼형, 야구형 게임을 교실에서 보다 쉽게 즐길 수 있게 각 종목의 요소가 포함된 놀이는 어떠신가요? 농구 골대가 없이도 가능한 교실 농구형 놀이, 신체 접촉 없이 안전하게 즐길 수 있는 교실 핸드볼형 놀이, 남학생과 여학생 모두 즐길 수 있는 발야구형 놀이로 팀 협력을 통한 전략적인 경쟁영역 활동을 즐겨보시기 바랍니다.

| 놀이이름 | | 놀이방법 | 준비물 | 페이지 |
|---|---|---|---|---|
| 농구형 | [교실+공] 경쟁_ 넣어라 막아라(농구형) 놀이 | • 원 형태의 의자에 수비수가 앉아 손을 뻗어 수비하고, 의자 안쪽에 인간골대 역할을 하는 공격수 2명이 서서 원 밖에서 던지는 공을 잡아 득점하는 놀이 | 의자, 공, 점수판 | 126 |
| | [교실+팀조끼] 경쟁_ 팀조끼 농구형 놀이 | • 교실 빈 공간의 각 구석마다 우산을 가지고 골대를 만든 후 두 팀의 공격수가 바닥에 섞여 앉아 팀조끼를 패스하며 상대의 골대에 던져 넣어 득점하는 놀이 | 의자, 공, 우산, 팀조끼 | 149 |
| 핸드볼형 | [교실+공] 경쟁_ 신과 함께(핸드볼형) 놀이 | • 책상으로 골대와 신의 영역을 만든 후 서서 활동하는 신을 활용한 패스를 하며 상대의 골대에 공을 던져 넣어 득점하는 놀이 | 책상, 의자, 공, 점수판 | 128 |
| | [교실+공] 경쟁_ 신과 함께(핸드볼형) 변형 놀이 | • 책상으로 골대와 신의 영역을 만든 후 서서 활동하는 신을 활용한 패스를 하거나 바닥에 앉아 있는 각 영역의 같은 팀에게 패스하며 상대의 골대에 공을 던져 넣어 득점하는 놀이 | 책상, 의자, 공, 점수판 | 131 |
| 야구형 | [운동장+공] 경쟁_ 점수제 발야구 놀이 | • 1루, 3루 쪽에 각각 거리마다 인간점수(1점, 2점, 3점)가 서 있고 공격팀 남자 1명, 여자 1명이 동시에 공을 차며 남자가 찬 공은 남자가 수비를, 여자가 찬 공은 여자가 수비를 하여 공격과 수비 중 누가 먼저 베이스를 밟느냐에 따라 득점하는 놀이 | 라인, 공, 점수판, 베이스 | 268 |

# 교실 놀이

교실 놀이는 공간과 신체 움직임이 제한적이기 때문에 안전사고 예방 및 공간 활용적인 측면을 가장 우선시해야 됩니다. 책상과 의자를 어떻게 활용하냐에 따라 공간적인 제한을 극복할 수 있으며, 한 시간 동안 비슷한 형태의 경기장을 두고 다양한 놀이를 즐길 수 있습니다. 놀이 순서는 책상을 조금 움직여 모둠 형태로 만든 '교실 책상놀이', 책상과 의자를 교실 한쪽을 밀고 즐기는 '교실 책상 밀고 놀이', 책상과 의자를 모두 민 상태에서 의자를 놓고 즐기는 '교실 원형 의자놀이'로 제시하였습니다.

## 1. 교실 책상 놀이(모둠책상 놀이)

교실에서 체육을 하기에는 책상과 의자 때문에 어려움이 많죠. 체육시간 책상과 의자가 공간 활용적인 측면에서 단순히 장애물이 된다면 비효율적이겠지만 체육용품 및 공간의 일부로 활용이 된다면 두 마리 토끼(공간활용+체육용품)를 잡을 수 있습니다. 책상을 조금만 움직여 모둠 형태의 경기장으로 활용한다면 수업시간 언제든 바로 놀이체육을 할 수 있습니다. 지금 바로 다음의 놀이를 즐겨보시기 바랍니다.

| 놀이이름 | 놀이방법 | 준비물 | 페이지 |
|---|---|---|---|
| [교실+공] 건강_ 원바운딩 놀이 | • 책상 6개를 붙여 경기장을 만들고 책상 주위로 같은 팀끼리 둘러 선 후 공의 아랫부분을 손바닥으로 쳐서 원바운딩 오랫동안 유지하기 | 책상, 공 | 133 |
| [교실+공] 경쟁_ 공굴려 부활피구 놀이 | • 책상을 모둠 형태로 붙이고 공격팀이 공을 굴려 수비팀의 발목을 맞혀 아웃시키고 아웃된 학생은 팀조끼로 공격팀을 맞혀 부활하는 놀이 | 책상, 공, 팀조끼 | 139 |
| [교실+팀조끼] 경쟁_ 팀조끼 던져라! 막아라! 놀이 | • 책상을 모둠 형태로 붙이고 공격팀은 책상 위에 앉아 목적 지점으로 팀조끼를 옮기고, 수비팀은 책상 사이마다 의자에 앉아 공격팀이 던지는 팀조끼를 손을 뻗어 낚아 채 수비하는 놀이 | 책상, 의자, 팀조끼 | 142 |
| [교실+팀조끼] 경쟁_ 팀조끼 피해라! 놀이 | • 술래 2명(남1, 여1)이 팀조끼 1개를 패스하여 공격하며 아웃된 학생은 책상 위에 올라가 팀조끼를 잡아 부활하는 놀이 | 책상, 팀조끼 | 147 |
| [교실+책] 건강_ 책기둥 세우기 놀이 | • 진도가 끝난 교과서로 책기둥을 만들고 팀원이 협력하여 책기둥을 높게 쌓는 놀이 | 책기둥 | 162 |
| [교실+책] 건강_ 다시 모이자! 놀이 | • 교실 여기저기 책기둥을 세워 놓고 놀이(과일 샐러드 놀이, 나는 000을 좋아합니다.)를 진행하며 책기둥을 쓰러뜨리거나 늦게 앉은 학생이 술래가 되며 처음의 같은 팀원이 다시 만나면 우승하는 놀이 | 책상, 의자, 책기둥 | 164 |

## 2. 교실 책상 밀고 놀이

교실의 책상과 의자를 밀고 나면 대략 교실의 3/4 정도의 빈 공간이 나옵니다. 그 공간에서 신체 움직임이 활발한 놀이는 어렵겠지만 조금은 정적이면서도 앉아서 하는 활동은 가능합니다. 제한된 공간에서 학생의 신체 움직임의 효율성 극대화 및 즐거움, 안전사고의 최소화를 목표로 한 다양한 놀이를 즐겨보시기 바랍니다. 체육 환경의 미비로 어쩔 수 없이 교실에서 체육을 하는 경우와 타 교과시간을 활용해 재미있게 활동해 보시기 바랍니다.

| 놀이이름 | 놀이방법 | 준비물 | 페이지 |
|---|---|---|---|
| [교실+맨손] 건강_원형 인간숫자 터치 놀이 | • 인간숫자가 원형으로 서 있고 도전팀은 원 밖에서 한 명씩 들어와 순서에 맞게 인간숫자팀을 터치하는 릴레이 | 없음 | 114 |
| [교실+맨손] 건강_공부를 열심히 가위바위보 놀이 | • 두 명씩 짝이 되어 상대를 달리하며 가위바위보하여 자신의 단계(유치원→초등학생→중학생→고등학생→대학생)를 올리는 놀이 | 없음 | 118 |
| [교실+공] 경쟁_ 벽치기 피구 놀이 | • 교실 뒤편 사물함을 기준으로 반원 형태로 공격팀이 앉고 그 안으로 수비팀이 들어간 후 공을 굴리거나 벽에 맞고 나온 공으로 수비팀의 하체를 맞혀 아웃시키는 놀이 | 공 | 137 |
| [교실+팀조끼] 경쟁_ 팀조끼 농구형 놀이 | • 교실 빈 공간에 각 구석마다 우산을 가지고 골대를 만든 후 두 팀의 공격수가 바닥에 섞여 앉아 팀조끼를 패스하며 상대의 골대에 던져 넣어 득점하는 놀이 | 의자, 공, 우산, 팀조끼 | 149 |
| [교실+팀조끼] 도전_ 팀조끼 & 우산 표적 놀이 1, 2 | • 칠판 앞쪽으로 우산을 펼쳐 의자 위에 놓아 표적을 만들고 거리에 따라 점수나 획수를 정하고 팀조끼를 던져 넣어 개인 도전 활동이나 팀 도전 활동하기 | 의자, 우산, 팀조끼, 칠판 | 151, 153 |
| [교실+책] 건강_ 책기둥 세우기 놀이, 여가 놀이 | • 쉬는 시간이나 점심시간 등 틈새시간을 활용하여 책기둥을 이용한 높이 쌓기, 성 쌓기, 볼링놀이 등 학생들이 스스로 놀이를 만들어 하기 | 책기둥, 공 | 162, 167 |
| [교실+책] 건강_ 책기둥 달팽이 놀이 | • 교실에서 책기둥을 달팽이 형태로 놓고 달팽이 밖과 안쪽에 두 팀이 서서 2명씩 짝이 되어 상대를 가위바위보로 이겨 득점하는 놀이 | 책기둥, 공 | 169 |
| [교실+인쇄물] 건강_ 열려라 사물함 놀이 | • 사물함에 주제와 관련된 인쇄물 10장(5장은 정답, 5장은 오답)을 붙여 놓고 신체도전 활동을 통과한 학생이 단어의 위치를 기억하여 정답인 사물함만 열기 | 사물함, 인쇄물 | 176 |
| [교실+우산] 건강_ 우산 세우기 놀이 | • 우산을 한 개씩 잡고 원형으로 선 후 박자에 맞춰 가지고 있는 우산은 잘 세워두고 옆으로 이동해 옆의 친구의 우산을 쓰러지기 전에 잡기 | 우산 | 179 |

## 3. 교실 원형 의자 놀이

교실의 빈 공간에 의자를 원 형태로 놓고 할 수 있는 놀이 어떠신가요? 경기장이 원형인 놀이는 체육시간 다양한 활동에서 활용할 수 있는 장점이 많은 형태입니다. 원형으로 의자를 놓으면 그 자체가 수비와 공격 영역이 구분된 경기장이 되기도 하고 상대를 바꿔가며 1대1 대결을 할 수 있는 경기장이 되기도 하며, 원 안에서만 놀이를 할 수 있는 활동장이 되기도 합니다. 한 차시의 체육시간 동안 원형으로 의자를 놓고 다양한 놀이를 바꿔가며 즐겨보시기 바랍니다.

| 놀이이름 | 놀이방법 | 준비물 | 페이지 |
|---|---|---|---|
| [교실+공] 경쟁_넣어라 막아라(농구형) 놀이 | • 원 형태의 의자에 수비수가 앉아 손을 뻗어 수비하고 의자 안쪽에 인간골대 역할을 하는 공격수 2명이 서서 원 밖에서 던지는 공을 잡아 득점하는 놀이 | 의자, 공, 점수판 | 126 |
| [교실+공] 경쟁_ 바운딩 피구 놀이 | • 원 형태의 의자에 공격팀이 앉고 그 안으로 수비팀이 들어간 후 공을 패스하며 공을 굴리거나 바운딩시켜 수비팀을 맞혀 득점하는 놀이 | 의자, 공 | 135 |
| [교실+팀조끼] 경쟁_ 팀조끼 터치 피구 놀이 | • 원 형태로 의자에 공격팀이 앉고 그 안으로 수비팀이 들어간 후 팀조끼를 패스하며, 팀조끼로 수비팀의 하체를 터치하여 득점하는 놀이 | 의자, 팀조끼, 점수판 | 145 |
| [교실+맨손] 건강_ 강강술래 가위바위보 놀이 | • 원형의 의자 경기장에서 가위바위보를 이긴 학생은 의자에 앉고 진 학생은 의자 밖에서 손을 잡고 강강술래를 하여 상대를 바꿔가며 가위바위보하기 | 책상, 의자, 종 | 116 |
| [교실+팀조끼] 건강_ 강강술래 3종놀이 | • 원형의 의자 경기장에서 1대 1종목(팀조끼 먼저 잡기, 손뼉씨름)을 돌아가며 진행하여 이긴 학생은 의자에 앉고 진 학생은 의자 밖에서 손을 잡고 강강술래를 하며 상대를 바꿔가며 대결하기 | 책상, 의자, 종, 팀조끼 | 156 |
| [실내+공] 경쟁_ 원형 터치 피구 놀이 | • 원 형태로 의자에 공격팀이 앉고 그 안으로 수비팀이 들어간 후 공을 패스하며, 공으로 상대팀을 터치하여 아웃시키는 놀이 | 의자, 공 | 206 |
| 과일 샐러드 놀이 | • 원형의 의자 경기장(전체 인원수보다 1개가 적게 의자 설치)의 가운데 술래 1명이 서 있고 정해진 과일(동물, 색깔 등 재량)을 부르면 해당된 학생이 다른 자리로 이동하며 늦게 앉은 학생이 술래가 되는 놀이 | 의자 | 유튜브 검색 |
| 손님 모시기 놀이 | • 원형의 의자 경기장(전체 인원수보다 1개가 많게 의자 설치)에 빈 의자의 양 옆 학생이 손님(의자에 앉아 있는 학생 1명)을 데려오고 또 빈자리가 생긴 양 옆 학생이 손님 데려오기를 반복하다가 음악이 끝나는 순간 손님을 못 모셔온 학생이 술래가 되는 놀이 | 의자, 음악 | 유튜브 검색 |
| 기타 당신의 이웃을 사랑합니까? | • 원형의 의자 경기장(전체 인원수보다 1개가 적게 의자 설치)의 가운데 술래 1명이 서서 의자에 앉아 있는 학생 1명에게 가서 "당신의 이웃을 사람합니까?"의 질문에 "아니오"(다른 학생에게 다시 질문하기)와 "예"(객관적인 기준의 답변을 하면 해당 학생이 자리 옮기기)로 답하며 자리를 못 옮긴 학생이 술래가 되는 놀이 | 의자 | 유튜브 검색 |
| 개미 술래잡기 | • 원형의 의자 경가장(전체 인원수보다 1개가 많게 의자 설치)에 술래 1명이 서서 걸어 다니며 비어 있는 의자에 앉는 걸 의자에 앉은 학생끼리 서로 협력하며 술래가 자리에 못 앉도록 계속해서 자리를 채우는 놀이 | 의자 | 유튜브 검색 |

Chapter

02

# 선생님과 학생 모두 행복한 놀이체육 QR 코드집

# #수업준비_최소화 #수업효과_극대화 #가성비_갑 #체육_소통거리

밴드 초대

쏭쌤의 놀이를 적용한
주간체육수업

• 쏭쌤의 놀이체육 수업의 방향?

최소한의 준비로 최대의 수업효과를 낼 수 있는 놀이체육 : 환경(체육시설, 기상상황)의 영향을 덜 받으며 선생님의 준비(체육용품, 교육과정 재구성)와 진행은 최소화, 학생들의 신체 움직임(ALT-PE) 및 흥미, 재미는 극대화

• '쏭쌤의 놀이를 적용한 주간체육수업' 네이버 밴드 소개

2017년 11월에 개설한 밴드로 '이번 주 체육 수업 뭐하지?'의 고민거리를 해결해 드리고자 매주 한차시 놀이체육 자료를 업데이트하고 있습니다.

| 구분 | 놀이 종류 |
|---|---|

**학기초**

[태도] 골고루 즐기는 체육
(#체육은_볶음밥?!)

[태도] 함께하는 즐거움
(#다같이즐기자!)

[운영] 집중 & 질서
(#휘슬_하나면 돼!)

[운영] 앉아번호 & 팀 나누기
(#랜덤_팀나누기)

**준비놀이**

[어디든] 관절풀기 가위바위보 준비놀이
(#레벨업_가위바위보 활용)

[어디든] 가위바위보
준비놀이
(#어디서든_그레잇)

[운동장] 시험지 걷어와
준비놀이
(#즐거운_유산소_준비놀이)

[운동장] 오른발, 왼발
준비놀이
(#즐거운_유산소_준비놀이)

**학급운영놀이**

[인사] 안녕! 가위바위보 놀이
(#이름_불러줘!)

[친교] 하이파이브
가위바위보 놀이
(#레벨업_가위바위보 활용)

[발표] 집중 & 발표 연습
(#박자_활용)

[타교과] 교실 지진대피 놀이
(#지진대피훈련_그레잇)

**어디든**

[건강+맨손] 지그재그
릴레이 놀이
(#지그재그_민첩성)

[건강+공] 다리 벌려
3종 놀이
(#공_왔다리갔다리)

[건강+팀조끼] 돌아라!
잡아라 놀이
(#팀협력_그레잇)

[건강+팀조끼] 돌아라!
잡아라!
변형 놀이
(#순발력_민첩성)

"체육수업은 가성비와의 싸움. 놀이로 체육이 더 이상 고민거리가 아닌 소통거리가 되길 바란다." by 송성근

#친_현장&선생님 #친_절한동영상 #친_구같은_소통거리

| 구분 | 놀이 종류 | | |
|---|---|---|---|
| 어디든 | [건강+공] 원바운딩 놀이 1 (#팀_협력놀이) | [건강+공] 원바운딩 놀이 2 (#방법_다양) | [건강+공] 원바운딩 놀이 3 (#팀_대결놀이) |
| 교실+맨손 | [건강] 가위바위보 씨름 5종 놀이 (#씨름_종합세트) | [건강] 원형 인간숫자 터치 놀이 (#인간숫자_활용) | [건강] 강강술래 가위바위보 놀이 (#유대감형성_학기초) | [건강] 공부를 열심히 가위바위보 놀이 (#짝과함께_그레잇) |
| 교실+공 | [경쟁] 쓰로볼(배구형) 놀이 (#빈공간을_찾아라!) | [경쟁] 4칸 쓰로볼(배구형) 놀이 (#공격방향_어디로?) | [경쟁] 넣어라 막아라 (농구형) 놀이 (#인간골대_활용) |
| 교실+공 | [경쟁] 신과 함께 (핸드볼형) 놀이 (#신활용_그레잇) | [경쟁] 신과 함께(핸드볼형) 변형 놀이 (#칸농구형식_활용) | [건강] 원바운딩 놀이 (#책상이용_협력) |
| 교실+공 | [경쟁] 바운딩 피구 놀이 (#바운딩공_아웃) | [경쟁] 벽치기 피구 놀이 (#벽활용_그레잇) | [경쟁] 공굴려 부활피구 놀이 (#부활_팀협력) |

"놀이는 변형을 위해 존재. 선생님이 생각하는 게 곧 답입니다." by 송성근

# #미세뭔지?!_놀이체육알지?! #교과서밖_학교안_놀이체육

| 구분 | 놀이 종류 |
|---|---|

**교실 + 팀조끼**

[경쟁] 팀조끼 던져라! 막아라! 놀이
(#팀조끼_체육용품)

[경쟁] 팀조끼 터치 피구 놀이
(#하체를_노려라)

[경쟁] 팀조끼 피해라! 놀이
(#부활을_노려라)

[경쟁] 팀조끼 농구형 놀이
(#앉아서_농구를)

**교실 + 팀조끼**

[도전] 팀조끼 & 우산 표적 놀이1
(#개인표적_도전)

[도전] 팀조끼 & 우산 표적 놀이2
(#단체표적_도전)

[건강] 강강술래 3종 놀이
(#민첩성_운동체력)

**교실 + 책**

책기둥 만드는 방법

[건강] 책기둥 세우기 놀이
(#팀전략_협력)

[건강] 다시 모이자! 놀이
(#우리_다시만나자!)

**교실 + 책**

[건강] 책기둥 여가 놀이
(#책기둥_볼링)

[건강] 책기둥 달팽이 놀이
(#돌고돌아_가위바위보)

책기둥 분리수거 방법

**교실 + 기타**

[건강+인쇄물] 열려라! 사물함 놀이
(#위치를_기억해)

[건강+우산] 우산 세우기 놀이
(#위치를_기억해)

"미세먼지가 와도 교과서 밖의 놀이체육으로 학교 안에서 체육을 즐겨 봅시다." by 송성근

# #신선놀음_freshPlay #신_나는&선한_놀음

| 구분 | 놀이 종류 |
|---|---|

**실내+맨손**

[도전] 릴레이 3종 놀이
(#달인을_이겨라!)

[건강] 인간숫자 맞추기
릴레이 놀이
(#번호_맞아?틀려?)

[건강] 인간바톤 & 바늘
릴레이 놀이 1
(#인간바톤_왔다갔다)

[건강] 인간바톤 & 바늘
릴레이 놀이 2
(#시침질_홈질_박음질)

**실내+공**

[건강] 인간숫자 피구
릴레이 놀이
(#번호를_진짜맞춰라!)

[경쟁] 공굴려 무한피구
놀이
(#무한_굴리고_피하고)

[경쟁] 원형 터치
피구 놀이
(#터치된공_아웃)

[경쟁] 바운딩
피구 놀이
(#아웃없어_굿)

**실내+공**

[건강] 공 연결
릴레이 놀이
(#공1개로_간단히)

[경쟁] 등을 노려라!
(피구형) 놀이
(#뒤를_조심해)

[경쟁] 인간네트 쓰로볼
(배구형) 놀이
(#인간네트_굿)

**실내+팀조끼**

[건강] 팀조끼 던지고
잡아라! 놀이
(#팀_협력놀이)

[건강] 팀조끼 민첩성 놀이
(#숫자_반응)

[건강] 빨래 릴레이 놀이
(#팀조끼_빨래)

**실내+팀조끼**

[경쟁] 팀조끼 피해라! 놀이
(#팀조끼로_피구를)

[경쟁] 팀조끼 터치
피구 놀이
(#하체를_노려라)

[건강] 무한 팀조끼 피해라!
놀이
(#무한_던지고_피하고)

"신선놀음(fresh play) : 선생님, 학생 모두 아무 걱정 없이 체육시간 신선한 놀이에 열중하는 것" by 송성근

# #선생님_학생_모두 #행복한_놀이체육

| 구분 | 놀이 종류 | | |
|---|---|---|---|
| 실<br>내<br>+<br>책 | [건강] 책 치기 놀이<br>(#피자_배달놀이) | [건강] 책 연결 릴레이<br>놀이<br>(#상대진영_먼저가기) | [건강] 책 연결 가위바위보<br>놀이<br>(#책연결_지네) |
| 실<br>내<br>+<br>의<br>자 | [건강] 릴레이 빙고 놀이<br>(#몸+머리_활용) | [건강] 인간숫자 릴레이 놀이<br>(#인간숫자_활용) | |
| 운<br>동<br>장<br>+<br>맨<br>손 | [건강] 벌려라! 모여라!<br>릴레이 놀이<br>(#우리편_남의편?!) | [건강] 인간숫자 찾아라! 놀이<br>(#찾고_모이고_찾아라) | |
| 운<br>동<br>장<br>+<br>공 | [경쟁] 인간네트 쓰로볼<br>(배구형) 놀이<br>(#네트없이_쓰로볼) | [경쟁] 점수제<br>발야구 놀이<br>(#한번에_두명이) | [경쟁] 인간숫자<br>피구 놀이<br>(#인간숫자_맞춰라) |

"선생님과 학생 모두 행복한 체육시간이 되길 기대하며..." by 송성근

#모두_안전하게  #모두_움직이게  #모두_협력하게  #모두_즐기게

| 구분 | 놀이 종류 | | |
|---|---|---|---|
| 운동장 + 공 | [경쟁] 보디가드 부활피구 놀이 (#잡아라_부활하라) | [경쟁] 보디가드 찜피구 놀이 (#맞춰라_찜해라) | [경쟁] 득점제 원피구 놀이 (#여학생도_열심히) |
| 운동장 + 기타 | [건강+고무줄] 나이먹기 놀이1 (#나이를_묻지마세요) | [건강+고무줄] 나이먹기 놀이2 (#나이먹기_팀대결) | [건강+팀조끼] 원형 코코 술래잡기 놀이 (#모두함께_코코) |

"선생님과 학생 모두 행복한 체육시간이 되길 기대하며..." by 송성근

올해 처음으로 체육수업을 하게 되었습니다. 송쌤의 밴드에 가입하면서 영상 업로드 될 때마다 보고 있습니다. 매우 창의적인 활동이 많아서 보기 좋았네요. 장점은 매우 많은데 영상 편집이 좀 더 간결하면 어떨까 싶어서요. 중간에 효과가 들어간 부분이 영상 보는 데 있어서 가끔은 헷갈리게 하는 듯해서요. 그것 말고는 너무 잘 활용고 있습니다. 특히 요즘 같이 미세먼지가 많을 때는 더욱더 도움이 되고 있네요~~ 책도 출간하시면 바로 구입하겠습니다. ㅎㅎㅎ 항상 감사드리고~~ 애써 주셔서 고맙습니다.

_전북 군산 당북초 이승훈 선생님

쏭쌤의 놀이체육은 쉽게 활용할 수 있고 갑자기 놀이시간이 생겼을 때 급하게 찾아서 영상 한번 보고 바로 수업에 적용할 수 있어서 좋습니다. 개인놀이 그리고 단체놀이도 골고루 있어 활용이 좋고 QR 코드까지 공유해 주셔서 편리성도 갖춰주셨습니다. 감사합니다.

_경기 성안초 김주희 선생님

1. 쉽게 접근할 수 있는 체육수업이라 적용하기 좋습니다.
2. 전 학년에서 수업할 수 있는 자료입니다.
3. 선생님의 아이디어가 돋보입니다.
4. 아낌없이 자료를 공유해 주셔서 감사드립니다.　　　_서울 우장초 김은자 선생님

쏭쌤의 놀이체육이 있어 미세먼지와 비가 와도 실내에서 학생들과 같이 재미있게 체육수업을 할 수 있어 너무나 좋습니다. 그리고 고가 수업도구 없이 간편한 도구 하나로 여러 가지 변형 놀이를 할 수 있어 좋습니다.　　　_경기 안산 학현초 이희두 선생님

날씨를 비롯하여 여건상 외부 체육활동이 어렵거나, 이모저모 활동 제약이 있을 때, 이젠 당황하지 않죠! 유비무환 체육활동 자료, 송쌤의 놀이체육이 있으니까요! 제 보물창고랍니다~.

_ 서울 중평초 송영선 선생님

운동장에도, 강당에도 갈 수 없는데, 아이들은 체육하자고 난리일 때 재빨리 송쌤의 놀이체육 교실에 들어오면 해결됩니다. 특히, 교실에서 아이들과 체육하며 즐거운 시간이 필요할 때 제격입니다. 동영상으로 소개가 잘되어 있어서 제가 따로 설명하는 부담이 줄어 더욱 좋았어요

_ 대구 달성 화원초 손동우 선생님

6학년 체육전담입니다. 작년에 쏭쌤의 놀이체육을 처음 접하고 올해 체육수업 아이디어에 절반은 차지하는 것 같습니다. 무엇보다 체육수업에 대한 시선이 달라졌고 주변 사물에 대한 관심이 생겼습니다. 기존 용도에서 다른 용도로의 전환에 많은 아이디어가 제공되는 것 같습니다. 또한 여학생에 대한 배려, 모두가 쉬지 않고 참여하는 수업, 어떤 장소에서도 할 수 있다는 것이 큰 장점이었습니다. 송쌤 덕분에 올 한 해 체육수업을 만족스럽게 진행하고 있습니다. 감사합니다!

_ 경기 남양주 진접초 신종순 선생님

간단한 재료로 협소한 장소에서도 활용할 수 있는 체육자료가 많았습니다. 여기 와서 자료를 얻어가는 게 미안할 만큼 고민한 흔적이 엿보이는 수업자료였습니다. 여러 명의 아이들이 모두 함께 참여하고 소외되는 아이들 없이, 개인차가 극명한 체육시간에 그런 차이를 느끼지 못하게 하는 그런 자료들, 체육시간이 부담스럽지 않았습니다. 아이들이 특히나 즐거워했고요. 늘 감사드립니다.^^ 책으로 펴낸다니 더 기쁘고 축하드립니다!

_ 경남 거제 국산초 임효진 선생님

간단한 소도구나 일상생활에서 활용할 수 있는 물건을 가지고 할 수 있다는 것이 신선했습니다.^^ 놀이체육은 공 1개라도 있어야 가능하다는 생각의 틀을 깨주셨어요.^^ 다만, 1~2학년 같은 저학년 아이들도 손쉽게 접근할 수 있는 놀이 지도법이 간혹가다 1개씩이라도 올려주신다면 너무나 감사할 것 같습니다.^^ 쏭샘님께 많이 배우고 언제나 감사드립니다.

_ 경남 양산 점프업 음악줄넘기 체육관 안형주 선생님

학기 초 친교활동, 전입생이 온 경우 학급 분위 조성 등에 도움이 많이 되었습니다. 특히 교실체육, 교실 놀이활동이 인상적이었고, 무엇보다 대단한 교구 준비 없이 주변에서 쉽게 구할 수 있는 준비물로 놀이를 할 수 있어서 좋았어요.

_ 경기 김포 신곡초 신호철 선생님

체육시간이 다가오면 아이들은 정말 좋아하지만 저는 체육시간을 전보다 더 재밌게 해야 한다는 부담감 때문에 늘 잠을 뒤척였습니다. 우연히 친구가 알려준 선생님의 체육 동영상 및 설명으로 다시 한 번 힘을 얻어 체육을 열심히 지도하고 있습니다.^^ 늘 감사드립니다.

_ 서울 숭신초 한지영 선생님

체육시간이 항상 두려웠던 초임교사입니다. 우연한 계기로 송쌤의 놀이체육 밴드를 알게 되어 접하게 된 이후로 체육시간은 가장 행복한 시간입니다. 선생님도 아이들도요. 쏭쌤 항상 감사드립니다. 여러분도 같이 느껴보아요!

_ 경상 제황초 김민중 선생님

신길초에 오고 나서 몇 년 만에 처음으로 체육복 갈아입고 운동장과 강당으로 체육수업을 하러 갑니다. 체육수업에 대한 부담도 큰 편이었는데, 아이들이 제일 기다리고 좋아하는 체육시간인데 교과서 내용으로만 수업을 하면 아이들이 지루해하는 경우가 많았습니다. 밴드에 올라온 송쌤의 놀이체육 수업자료가 저에게는 구세주였습니다. 아이들도 재미있어 하고 저도 뿌듯한 수업을 할 수 있었습니다. 동영상으로 직접 볼 수 있어서 방법을 이해하기도 쉬웠습니다. 앞으로도 많은 도움 받을 것 같습니다. 감사합니다.

_ 서울 신길초 김미영 선생님

체육시간이 늘 고민이었던 교사에게 희망과도 같았던 쏭쌤의 체육놀이는 체육이 정말 교사에게도 체육이 놀이임을 깨닫게 해주셨습니다. 친학생, 친교사 놀이들을 소개해 주셔서 감사합니다. 무엇보다 놀이가 단순하지 않고 다양한 변형이 있어서 좋았고, 단계별로 진행할 수 있게 안내해 주셔서 이해하기 편했습니다. 사진과 영상도 한몫했고요. 그리고 주의사항도 미리 주셨기에 게임에서 발생할 수 있을 여러 돌발 상황을 먼저 생각하고 고민할 수 있었던 것 같습니다. 정말 감사합니다. ^^

_ 경북 달전초 유진주 선생님

미세먼지, 우천으로 인해 곤란한 체육수업을 잘 진행할 수 있도록 다양하면서도 알찬 수업 팁을 제공해주셔서 감사하다는 말씀 올립니다. 체육관 시설 이용이 어렵더라도 좁은 실내에서도 아이들에게 유용하면서도 흥미 있는 수업이 많은 도움을 주었습니다.

_ 경기 송호초 임용덕 선생님

우선 책 발간을 진심으로 축하드려요!!^^ 쏭쌤의 놀이체육을 애정으로 애용하고 있는 서울 근무 교사입니다. 저희반 아이들도 선생님의 동영상을 매우 사랑해서 체육시간만 목빠지게 기다립니다. 놀이체육을 이용하면서 좋았던 점들은 매 활동들이 이해하기 쉽게 동영상으로 잘 설명되어 있다는 점, 표로도 활동 순서 및 방법이 자세히 정리되어 있다는 점, 놀이를 응용할 수 있게 추가 방법도 제시된 점이 정말 좋았습니다. 거의 없었지만 군이 수정할 점을 찾아본다면 놀이 동영상에서 나오는 배경음악을 빼고 그냥 수업 자체의 소리를 넣으면 더 좋을 것 같아요. 그리고 운동장에서 할 수 있는 놀이들이 더 많이 소개되면 좋을 듯 합니다. 또 체육시간의 기초 능력이 부족하거나 뛰어난 학생들에게 따로 적용할 만한 난이도 표시가 된다면 더 유용할 것 같아요. ^^

_ 서울 면중초 김주희 선생님

미세먼지로 운동장 체육을 할 수 없던 시기, 쏭쌤의 놀이체육은 희망이었어요. 3학년 친구들과 교실에서 쏭쌤의 놀이체육을 많이 활용했어요. 즐거운 놀이로 짜인 쏭쌤의 놀이체육은 체육 수업의 부담을 덜어준 체육 수업의 마중물 같은 존재였어요.

_ 전북 송북초 손경화 선생님


현장에서 교사가 쉽게 아동에게 적용 가능한 자세한 설명과 영상 자료가 인상적입니다. 또한 활동 시 유의점 및 공유를 통한 더 발전적인 방안을 끊임없이 탐색함으로써 놀이체육의 큰 방향을 제시했다 봅니다.

_ 경기 이현초 정혜진 선생님


짧은 동영상과 놀이활동에 대한 간단한 설명으로 초등체육수업에 적용할 만한 좋은 자료입니다. 난이도와 게임 적용법에 대하여 안내가 되어 좋았습니다. 초등 체육수업을 하시는 많은 선생님에게 도움이 될 수 있습니다. 학년별 영역별 구분해서 정리해 놓으면 수업에 적용하기 더 좋을 것 같습니다. 정의적 영역의 체육 인성요소를 추가해 보면 더 좋은 체육자료가 될 것 같습니다.

_ 경기 북내초 이준호 선생님


저는 세종시 도담초등학교 교사 한벼리입니다. 놀이체육을 쉽게 영상으로 설명해주서서 보기만 해도 아이들이 따라할 수 있는 점과 학급이 너무 많고 학교가 작은 탓에 강당을 자주 사용할 수 없는 환경인데 쏭쌤 덕분에 아이들이 놀이 체육시간을 참 좋아하여 날씨가 좋지 않아 밖에 못 나가는 체육시간도, 대강당에 못 가도 인기 많은 선생님이 되었습니다. 특히 5학년 바름반 학생들은 발피구를 참 좋아합니다~. 책 받으면 더 활용할 수 있을 것 같아요.

_ 세종시 도담초 한벼리 선생님


저는 밴드를 통하여 송샘의 체육활동을 알게 되었고 제가 체육수업은 하지 않아 스포츠클럽 시 가끔 적용해 보았습니다. 야외 스포츠클럽이지만 미세먼지와 비 등으로 체육을 못하는 경우 딱이었답니다. 특히, 제가 기억나는 놀이는 가위바위보 5종 놀이인데, 이 놀이는 준비도 전혀 없는 상황에서 할 수 있었고, 아이들은 본인이 잘할 수 있는 것을 선택해서 재미있게 할 수 있었답니다. 그날 아침 교실 스포츠클럽으로 했던 놀이가 한동안 쉬는 시간마다 아이들의 놀이가 되어서 생활지도가 힘든 고학년인데, 교실에서 시끌벅적 이지만 전혀 위험하지 않고 즐거운 쉬는 시간이 되었습니다. 또 가운데 팀조끼를 놓고 먼저 잡기놀이도 급할 수 있었으면서도 아이들이 참 좋아하는 놀이였습니다. 자투리 시간 활용에 좋은 놀이도 알려주면 다들 대박이라고 좋아했답니다. 저도 송쌤이지만, 차원이 다른 쏭쌤의 책 출간, 진심으로 축하드립니다.　　　　　　　　　　_ 경기 용인 정평초 송정희 선생님

돌아 돌아 공 던지기 활용해 봤어요. 저학년, 고학년 친구들 모두가 재밌어하더라고요.^^ 제자리 돌기는 5번을 하니 친구들이 중심을 못 잡아 3번이 좋은 듯해요.^^ 팀게임으로 협동과 배려를 배우는 유익한 놀이였습니다.^^ 쌤 덕분에 아이들과 추억을 만들었습니다. 감사합니다. ^^　　　　　　　　　　　　　　　_ 경기 덕양 신원초 이경란 선생님

체육수업 기피하던 교사입니다. 그래서 늘 피구, 발야구만 했었구요.. 교과교사와 휴직, 스포츠 강사 덕분에 체육수업을 할 일이 없었다가 올해 체육수업을 하게 되어 너무나 난감했던 차에 알게 된 쏭쌤의 놀이체육 덕에 요즘엔 아이들에게 다양한 활동을 할 수 있게 해줘서 너무나 감사하답니다. 아이들도 체육시간에 하는 활동들을 너무 좋아하구요. 동영상으로 안내해 주셔서 더 감사합니다. ^^　　　　　　　　_ 서울 서교초 권혜련 선생님

최근 들어 미세먼지로 인해 야외 체육활동 자주 할 수 없을 때 실내에서 할 수 있는 다양한 활동을 소개해주셔서 유용하게 사용하고 있습니다. 특히 활동방법을 동영상을 통해 안내해 주셔서 그대로 혹은 학급 상황에 맞게 변형하여 사용할 수 있어 활용하는 데 큰 도움이 된 것 같아요. 앞으로도 계속 좋은 활동 소개 부탁드리며 응원하겠습니다.

　　　　　　　　　　　　　　　　　　　　　_ 전남 보길동초 박근환 선생님

쏭쌤의 체육활동은 기존의 놀이와 다르게 기본기에 매우 튼튼하여 매일매일 똑같은 놀이를 해도 아이들이 정말로 즐거워합니다~♡.

_울산 명덕초 김병기 선생님

쏭쌤의 놀이체육의 가장 큰 장점은 소외되거나 기회가 제한되는 학생이 생기지 않고 누구나 쉽고 즐겁게 참여할 수 있다는 점입니다. 현재 저학년 담임이라 별도의 체육시간은 없지만 통합교과, 국어, 수학 등 모든 교과에 아이디어를 접목시켜 활용하기가 참 좋습니다.^^ 쏭쌤 덕분에 아이들에게 인기 만점입니다.^^

_인천 백석초 전성하 선생님

작년부터 저희 반은 매주 금요일 아침활동 시간에 교실놀이를 진행합니다. 아이들이 학교를 즐겁게 오길 바라는 마음과 공동체성, 협동성 등을 길러줄 수 있는 좋은 방법이라고 생각했기 때문입니다. 그래서 교실놀이 연수도 듣고, 책도 사서 읽어 보고 여러 가지 방법을 적용해왔습니다. 그러던 중 선생님의 놀이체육 영상과 글을 본 후에 교실에 적용했을 때, 아이들이 다른 어떤 놀이보다 적극적으로 즐겁게 참여하는 모습을 봤습니다. 오랜 시간 교실놀이를 해오다 보니 2~3번 반복하다보면 아이들이 질리는 놀이가 있는데요. 쏭쌤의 놀이체육은 할수록 즐거워하는 아이들을 만나실 수 있으실 거예요. 학업과 교우관계, 가정에 상처받은 아이들이 조금이라도 더 행복해지길 바라는 선생님들께서 꼭 해보셨으면 좋겠습니다.^^

_충북 제천 문예진 선생님

와이프와 저는 부부교사입니다. 와이프는 3학년 담임, 저는 5학년 담임을 맡고 있습니다. 학교가 근처라 같이 대화를 나누며 출근을 한답니다. 학교 이야기도 하고 맡고 있는 반의 어떤 아이에 대한 이야기 등등. 하루는 쏭쌤의 놀이체육 이야기를 하다가 조끼피구 이야기를 해주며 한번 해보라고 권유해줬답니다. 다음 날 성공적이었다면서 쏭쌤의 놀이체육 거의 성공이라며… 어떻게 저렇게 연구하고 개발해낼까에 대해 토론을 하다 결론을 냈습니다. 우리 부부 둘 다는 저렇게는 못 하겠다고. 대단하다는 결론을 내며 출근을 시킨 기억이 나네요. 항상 도움 많이 받습니다. 열정과 노력에 감사드립니다.

_부산 용소초 신기훈 선생님

체육시간의 목적이 무엇일까 다시 한 번 생각하게 되었습니다. 아이들이 즐겁게 몸을 움직이고 심신이 건강하게 되는 것이 목적이라면 그것을 충족시켜주는 활동들이라는 생각이 들었습니다. 교사에게 아이들이 즐거워하는 수업만큼 보람된 일은 없습니다. 아이들의 웃음이 끊이지 않는 활동들이어서 아이들에게도 교사에게도 기다려지는 체육시간입니다.

_전북 전주 한들초 김지연 선생님

임신으로 인해 아이들 체육지도가 정말 고민이었습니다. 체육 영역에서 기르고자 하는 다양한 능력도 길러주고 무엇보다 아이들이 정말 기대하는 체육시간을 만들 수 있도록 해주셔서 감사해요. 또한 수준별로도 다양하게 변형하여 수업을 운영할 수 있도록 계획하신 섬세한 배려에 저도 아이들도 행복한 수업을 하고 있습니다. 정말 감사드리구요~. 우리 반 아이들은 쏭쌤이 제 친한 선생님인줄 알아요. ㅎㅎ

_부산 대천초 오지현 선생님

미세먼지로 야외수업이 하기 힘들 때 교실 수업을 주로 하였습니다. 좁은 공간이지만 학생들이 집중력 있게 즐길 수 있어 기분이 좋았습니다. 체육기구를 활용한 수업과 맨손 수업, 더 많은 내용을 배우고 싶습니다.

_경기 동양초 안경모 선생님

체육 전담으로 항상 어떻게 더 좋은 체육수업을 만들까 하던 중에 알게 되었습니다. 다양한 놀이체육과 교육과정 재구성을 위한 아이디어를 얻는 데 참 좋았습니다!

_경기 이천 장호원초 강상학 선생님

우리 반에서 가장 재미있는 수업시간으로 쏭쌤 체육이 뽑혔습니다. 쏭쌤 체육을 하고 나면 다음 날 일기장에 신났었다는 후기가 가득합니다. 고학년이 되면 체육을 못 한다고 생각하는 학생이 생기는데, 그런 아이들도 모두 즐겁게 참여할 수 있는 새로운 체육 프로그램입니다. 쏭쌤을 외치며 체육시간을 기다리는 아이들이 있어 저도 설레는 시간입니다.

_경기 용인 심곡초 김준미 선생님

올해 처음으로 체육 전담을 맡았습니다. 봄에는 미세먼지 때문에 운동장 수업을 거의 하지 못했습니다. 하지만 쏭쌤의 놀이체육 밴드 덕분에 학생들에겐 즐거움을, 저에겐 또 다른 체육수업에 대한 열정을 갖게 해주셨습니다. 항상 노력하시는 모습 본받겠습니다.

_경기 금광초 송현석 선생님

아이들은 교과서 체육활동보다는 즐겨하는 피구를 하자고 매번 졸라대고, 저는 특정 친구들만 활동하는 피구 활동은 정말 싫은데 교과서 체육은 재미없고…. 강의도 듣고 책도 보고…. 여러 교실 체육을 기웃거리다 밴드를 통해 쏭쌤의 놀이체육으로 들어왔어요. 부담없이 밴드 열어보고 올라온 여러 놀이 게임을 동영상으로 보고 나름 재정립하여 아이들과 활동하고 있답니다. 매주마다 달라진 활동으로 아이들도 신나고 저도 신나게 체육수업을 부담 없이 준비하고 아이들 활동에 참여하고 있습니다. 감사합니다.

_서울 잠실초 오수정 선생님

유난히 미세먼지가 심했던 2018년의 1학기 체육시간, 혹시 저처럼 실내 체육에 고민하는 선생님들이 계시지 않을까 하여 인터넷을 검색하던 시간이 있었습니다. 6교시라는 지루한 시간을 책상에 앉아 몸을 구부리던 학생들에게, '실내에서도 이렇게나 즐거운 체육활동을 할 수 있구나!' 라는 뿌듯한 땀방울을 흘리게 해주신 고마운 쏭쌤에게 마음 가득 박수를 보냅니다. 즐거운 마음으로 수업을 준비할 수 있게 해주시고, 나도 모르게 체육수업에 대해 창작 의욕을 부리게 해주신 것도 제게 일어난 고마운 변화입니다.

_부산 신도초 한상훈 선생님

경쟁에 너무 익숙한 아이들이라 저도 놀이를 지향하는 편입니다만 늘 '어떻게 놀아보지?'를 고민했는데 선생님의 자료가 샘물이었습니다. 동영상 자료가 놀이를 이해하는 데 더욱 도움 되었습니다. 책에서도 영상자료를 볼 수 있도록 되겠지요? 3학년이라 술래잡기 변형 놀이만 해도 즐겁게 했답니다. 좋은 놀이 고민해서 공유해주셔서 한 번 더 고맙습니다. 출판 축하드립니다.

_부산 개원초 정미나 선생님

체육수업에 대해 고민이 많았습니다. 그냥 공 던져주기는 싫고, 교과서 그대로 보다는 더 즐거운 방법은 무엇일까 생각했었는데, 쏭샘의 놀이체육 자료로 도움을 많이 받았습니다. 간단한 준비로 아이들에게는 큰 즐거움을 주니 만족도 100퍼! 많은 분들게 추천하고 싶습니다.

_ 대전 자운초 박선경 선생님


체육 엄청 싫어하는 교사지만 체육을 재미있게 해주고는 싶은데 운동을 잘하지 못하다보니 어려움이 많았어요. 하지만 쏭샘 덕에 많은 도움을 받았어요. 체육 아이디어가 '이렇게 다양할 수 있구나'를 느껴요. 짱껨뽀처럼 그냥 가위바위보도 더 재미있게 할 수 있는 아이디어가 있구나 하면서요. 쏭샘의 놀이체육을 통해 많이 배우고 그로 인해 아이들도 다양하게 체육활동을 접할 수 있게 되었습니다. 늘 감사합니다.    _ 서울 강명초 이은영 선생님


쏭샘의 놀이체육은
{학급에 평화다.} 아이들이 다함께 어울려 놀다보니 친해지고 다툼이 주니까. {아이들에게 새로운 발견이다.} 체육 때 소극적이고, 잘 참여 않던 아이도 좋아하는 자신을 발견하니까. {교사에겐 구급상자다.} 갑자기 필요할 때 요긴하게 이용되니까.

_ 경기 안산초 강석도 선생님